W0396225

Mosaik bei
GOLDMANN

Buch

Dr. med. Esther Schoonbrood führt seit über zehn Jahren die »Ärztinnenfragestunde« an Schulen durch. Dabei macht die Ärztin die Erfahrung, dass Mädchen in der Pubertät weit weniger aufgeklärt sind, als sie wirken. Sie wissen oft nicht einmal, was während der Tage in ihrem Körper passiert und dass man auch durch Petting schwanger werden kann. Viele von ihnen sind schon früher mit Sex konfrontiert, als ihnen lieb ist. Andere fragen sich, an wen sie sich wegen Verhütung wenden sollen. Häufig glauben Eltern, dass sie ihren Töchtern nichts mehr erklären müssten, dabei brauchen diese dringender denn je ihre Begleitung, Erfahrung und ihr liebevolles Interesse. Gerade Mütter müssen den ersten Schritt tun. Aber wie?

Für alle Eltern, Erzieherinnen und Lehrerinnen, denen sich diese Frage stellt, wurde dieses umfassende und persönliche Aufklärungsbuch geschrieben. Es bereitet ausführlich und fundiert alle relevanten Informationen auf und gibt Anregungen zum Gespräch über alle Fragen, die sich jungen Mädchen zu Liebe, Sex und ihrem eigenen Körper stellen.

Autorinnen

Dr. med. Esther Schoonbrood ist Fachärztin für Allgemeinmedizin, verheiratet und Mutter von zwei Töchtern. Im Auftrag der Ärztlichen Gesellschaft zur Gesundheitsförderung der Frau (ÄGGF) führt sie seit 1997 »Ärztinnenfragestunden« durch, hält entsprechende Vorträge und ist eine geschätzte Expertin im Radio und im Fernsehen. Sie ist Mitglied der Arbeitsgemeinschaft Kinder- und Jugendgynäkologie e.V.

Barbara Dobrick hat unter anderem fünf Jahre als Lehrerin gearbeitet. Seit 1985 ist sie Hörfunkjournalistin sowie Autorin von Romanen und psychologischen Sachbüchern. Sie wurde bereits mehrfach ausgezeichnet.

Dr. med Esther Schoonbrood
Barbara Dobrick

Erklär mir die Liebe!

Gefühle, Körper, Sex

Worüber Frauen mit Mädchen sprechen sollten

Mosaik bei
GOLDMANN

Alle Ratschläge in diesem Buch wurden von den Autorinnen und vom Verlag sorgfältig erwogen und geprüft. Eine Garantie kann dennoch nicht übernommen werden. Eine Haftung der Autorinnen beziehungsweise des Verlags und seiner Beauftragten für Personen-, Sach- und Vermögensschäden ist daher ausgeschlossen.

FSC
www.fsc.org
MIX
Papier aus verantwortungsvollen Quellen
FSC® C014496

Verlagsgruppe Random House FSC-DEU-0100
Das für dieses Buch verwendete FSC-zertifizierte Papier *Classic 95*
liefert Stora Enso, Finnland.

1. Auflage
Vollständige, überarbeitete und aktualisierte Taschenbuchausgabe Januar 2011
Wilhelm Goldmann Verlag, München,
in der Verlagsgruppe Random House GmbH

Umschlaggestaltung: Uno Werbeagentur, München
Umschlagfoto: © Getty Images/Thomas Barwick
Illustrationen: Johann Brandstetter, Marion Feldmann
Bildrecherche: Elisabeth Franz
Redaktion: Karin Kerber, Verena Ludorff, Karen Guckes-Kühl
Satz: Barbara Rabus
Druck und Bindung: GGP Media GmbH, Pößneck
CB · Herstellung: IH
Printed in Germany
ISBN 978-3-442-17200-9

www.mosaik-goldmann.de

Inhalt

Vorwort

Liebe Leserin, lieber Leser,

zum ersten Mal sah ich Dr. med. Esther Schoonbrood im Fernsehen. Im April 2007 war sie Gast in der ARD-Talkshow »Menschen bei Maischberger«. Das Thema war »Früher, härter, unromantischer – Sex ohne Liebe«.

Esther Schoonbrood sagte: »Eltern und Lehrer haben keine Ahnung, was wirklich abgeht bei Kindern und Jugendlichen.« Ich hatte es auch nicht gewusst: Grundschüler, die Songs von Porno-Rappern hören; Kinder, die sehen, dass Sexualität mit Gewalt gekoppelt wird und nicht mit Liebe und Zärtlichkeit, die aber kaum etwas wissen über ihre eigene körperliche Entwicklung.

Ich war wütend und traurig. Beschämt war ich auch. Meine Vorstellung, junge Leute könnten sich heute gut aufgeklärt und ziemlich entspannt aufmachen in ein schönes Liebesleben, entpuppte sich als wirklichkeitsfremd.

Ich wollte etwas machen aus meiner Empörung. Deshalb saß ich Esther Schoonbrood ein paar Wochen später für ein Hörfunkgespräch gegenüber. Ich war beeindruckt. Diese Ärztin war seit einem Jahrzehnt in Schulen aller Art unterwegs und hatte im Rahmen der ÄGGF e.V. (Ärztliche Gesellschaft zur Gesundheitsförderung der Frau) mehr als 1500 »Ärztinnen-Fragestunden« für etwa 25 000 Schülerinnen zwischen 10 Jahren und Anfang 20 bestritten.

Sie wusste ganz genau, wie Mädchen fühlen, was sie denken und wovon sie träumen, welche Fragen und Probleme sie bewegen. Es sind viele, oft auch verblüffende Fragen, viele Probleme, und auf alle hatte die Ärztin lebensnahe, einleuchtende, oft auch überraschende Antworten. Mich begeisterte ihr ganzheitlicher Ansatz, ihr Anliegen, Informationen so zu vermitteln, dass Mädchen sie tatsächlich mit ihrem eigenen Körper und mit ihren Gefühlen in Einklang bringen können.

Beeindruckt war ich auch von der Art, wie Esther Schoonbrood über Mädchen sprach, ernsthaft und herzlich, nachdenklich, humorvoll und überaus lebendig und dabei selbst ein klein wenig mädchenhaft.

Das, was diese liebenswürdige Expertin weiß, ist so überaus wichtig, so überzeugend und leicht zu verstehen, ihr großer Erfahrungsschatz so kostbar, dass man all das unbedingt vielen zugänglich machen müsste, dachte ich.

»Wollen Sie nicht ein Buch schreiben?«, fragte ich.

»Wie schreibt man ein Buch?«, fragte sie zurück.

So begann unsere Zusammenarbeit …

Barbara Dobrick

... eine wunderbare Zusammenarbeit, liebe Leserin, lieber Leser. Mich als Ärztin verlockte die Vorstellung, Erwachsenen über Elternabende hinaus von meinen Erfahrungen mit Mädchen zu erzählen und zu zeigen, welche Fragen sie haben und welche Antworten heute möglich, ja, nötig sind.

Mädchen brauchen in der übersexualisierten und durch Pornografie beeinflussten Gegenwart dringend Unterstützung! Sie brauchen Hilfe von Erwachsenen, die Aufklärung mit Wertungen und Maßstäben verbinden, sodass Mädchen zuversichtlich und selbstbewusst reif werden können für ein erfülltes Leben und ein erfüllendes Liebesleben. Allein können sie das schwerlich schaffen.

Ich allein hätte wahrscheinlich gar kein Buch geschrieben. Und es ist ein Glücksfall für mich, dass die renommierte Buchautorin und Hörfunkjournalistin Barbara Dobrick nicht nur die Idee dazu hatte, sondern sie auch mit mir zusammen zielstrebig, begeistert und tatkräftig umgesetzt hat.

Sie hat mich davon überzeugt, dass es richtig sei, meine Erfahrungen in den Vordergrund zu stellen, und deshalb spricht ein Ich aus diesem Buch zu Ihnen.

Barbara Dobrick war nicht nur weitgehend zuständig für die Textgestalt, die sie aus ungezählten Interviews und Diskussionen mit mir erarbeitete. Mit ihrem Wissen über Erziehungs- und Familienthemen hat sie auch inhaltlich viel beigetragen. Mit anderen Worten: Wir haben uns fabelhaft ergänzt.

Als Ärztin, aber auch als Mutter von zwei Töchtern, liegt mir am Herzen, Mütter dazu zu ermutigen, ihre Töchter selbst umfassend aufzuklären und ins Erwachsenwerden zu begleiten. Wir sprechen deshalb Mütter in diesem Buch direkt an und möchten sie – mit vielen Beispielen aus der Praxis, aber auch vielen Grundlageninformationen – fit machen für liebevolle und sensible Mutter-Tochter-Gespräche.

Das Buch ist darüber hinaus für alle gedacht, die für Mädchen Verantwortung tragen, mit ihnen über Gefühle, körperliche Veränderungen, Liebe und Sexualität sprechen möchten, sprechen müssen, also auch für Großmütter, Pädagoginnen, Tanten, Ärztinnen und last but noch least natürlich auch für Väter.

Dr. med. Esther Schoonbrood

»Muss man die Stellungen alle auswendig lernen?«

Sexuelle Aufklärung heute

»Wir küssen uns, mein Freund und ich, aber Geschlechtsverkehr machen wir noch nicht«, sagt die 11-jährige Jennifer, »das macht man ja erst mit 12.«

Anja widerspricht: »Nein, das macht man erst mit 13.«

»Warum eigentlich erst so spät?«, fragt Ivonne.

»Wenn man mit 12 oder 13 Geschlechtsverkehr hat, dann wäre das also schon im nächsten oder übernächsten Jahr. Wie stellt ihr euch das eigentlich vor? Mal ehrlich, wünscht ihr euch das wirklich?«, frage ich.

Viele rufen durcheinander: »Nein, überhaupt nicht«,»Ist doch voll eklig«, »Superpeinlich«.

»Warum solltet ihr das denn dann machen?«, frage ich.

»Muss man das gar nicht? Das ist ja gut!«

Es wird ruhiger. Carola lächelt: »Ich dachte schon, ich denk anders als alle anderen. Dann bin ich also doch ganz normal.«

Diese Szene in einer 5. Klasse zeigt, wie schwer es Mädchen heute fällt, die Einflüsse, die von außen auf sie einstürmen, mit ihren Gefühlen in Übereinstimmung zu bringen.

Sie sehen und hören viel, wachsen mit Bildern auf, die nicht selbstverständlich sein dürften, mit pornografischen Videoclips beispielsweise, auf Handy-Displays und im Internet. »Muss man die Stellungen alle auswendig lernen?«, fragte mich eine 10-Jährige. Ob deren Mutter weiß, was ihre Tochter beschäftigt?

Rätselhafte andere Umstände

Während ich an solche Mädchenfragen denke, sehe ich auf dem Heimweg eine hochschwangere junge Frau. Es ist ein heißer Tag, und über ihrem Kugelbauch trägt sie ein hautenges T-Shirt. Ihr vorgewölbter Nabel zeichnet sich in dem dünnen Stoff ab. Ein schönes Bild – aber noch vor gar nicht langer Zeit wäre es undenkbar gewesen, sich so in der Öffentlichkeit zu zeigen. »Umstandsmode« war ein Muss. Schwangerschaftsbäuche wurden unter weiten Blusen, Kleidern oder Jacken versteckt. Geredet wurde auch ganz anders: Eine Frau war in »anderen Umständen«. Die Umschreibung lenkte davon ab, dass »andere Umstände« eine Ursache haben, von der Kinder nichts erfahren durften.

Der Zeugungsakt gehörte zu den am besten und längsten vor ihnen gehüteten Geheimnissen. Wenn plötzlich ein Geschwisterkind in der Wiege lag, war das einem Engel zu verdanken oder dem Storch, auch mitten im Winter.

Aufklärung als peinliches Unterfangen

Bevor die 68er-Bewegung die sexuelle Revolution ausrief, machten die enormen Schamgefühle der Erwachsenen die Aufklärung des Nachwuchses zu einer höchst peinlichen Angelegenheit – für den Fall, dass sich überhaupt jemand dazu durchrang. Man wand sich und versuchte, die körperlichen Vorgänge mit Beispielen aus der Pflanzen- und Tierwelt zu erklären, ohne dabei direkt über Männer und Frauen und ihre Geschlechtsorgane zu sprechen. Aus dieser Zeit stammen auch die Witze über untaugliche Aufklärungsversuche mit Vokabeln wie »Bienchen« und »Blümchen«.

Und weil der Zeugungsakt, der Geschlechtsverkehr, so lange Zeit ein Tabu gewesen war, galt alle Aufmerksamkeit weiterhin nahezu ausschließlich ihm, auch als sich die Gesellschaft grundlegend wandelte und der Fernseher die Botschaften von Chef-Aufklärer Oswald Kolle in alle Wohnzimmer trug. »Bist du schon aufgeklärt?« Diese Frage zielte immer auf das Wissen über den Geschlechtsakt. Und eigentlich ist das so geblieben. Wenn man weiß, wie »es« geht, dann ist man aufgeklärt.

»Ich wollte unbedingt ein Kind von meinem Verlobten, denn ich hatte Angst, dass er als Soldat umkommen würde und mir nichts von ihm bliebe. Allerdings war ich als 17-Jährige noch vollkommen unaufgeklärt und dachte, dass ich vom Küssen schwanger werden könnte. Das hat natürlich nicht geklappt.«

Mathilde, 82 Jahre

Heute weiß jedes Grundschulkind nicht nur, was Geschlechtsverkehr ist, sondern kennt oft schon alle erdenklichen sexuellen Praktiken und das entsprechende Vokabular. Deshalb ist es verständlich, wenn Erwachsene davon ausgehen, die Kinder wüssten längst »alles«, wenn sie in die Pubertät kommen.

Einen Reim können sich Kinder allerdings auf all das, was sie hören und sehen, nicht machen. Und deshalb fragen sie mich beispielsweise: »Sex muss ja furchtbar sein; die Leute schreien manchmal richtig« (Janina, 11 Jahre) oder »Warum machen die das eigentlich, obwohl das so wehtut?« (Marie, 10 Jahre).

Ziele einer liebevollen Sexualerziehung

Was ihre eigene körperliche Entwicklung und deren Bedeutung anbelangt, ist die Unwissenheit der Mädchen, denen ich in Schulen begegne, bestürzend groß, nicht nur in Einzelfällen. Viele wissen beispielsweise nicht, warum sie irgendwann ihre Tage bekommen.

»Mit 13 bekam ich meine Regel. Die Blutungen waren meist sehr stark, aber meine Mutter sorgte längst nicht immer dafür, dass ich genug saubere Binden hatte; die mussten damals ja gewaschen werden. Sie hat mich völlig im Stich gelassen. Das nehme ich ihr heute noch übel.«

Gertrud, 81 Jahre

»Wissen ist Macht«, heißt es aber. Nur Wissen hilft Mädchen heute, nicht in unnötige Ängste und dauerhafte Unruhe zu geraten oder falschen Vorbildern zu folgen. Deshalb ist es wichtiger denn je, Mädchen umfassend über die Veränderungen in der Pubertät, über die damit verbundenen Gefühle, über Liebe und Sexualität aufzuklären.

Wenn eine Schule mich bittet, einen Elternabend zu bestreiten, ist der Zulauf enorm. Denn Eltern sind verunsichert. »Man weiß ja gar nicht, wo man anfangen soll« oder »Die blocken doch total ab«, sagen Mütter. Tatsächlich gibt es bislang wenig, was ihnen helfen könnte. Sie spüren, dass sachliche Informationen sein müssen – aber nicht reichen. In diesem Buch möchte ich Ihnen beides bieten: handfeste biologische und medizinische Fakten über den weiblichen Körper, Gesundheitsrisiken, Verhütung und vieles mehr. All das aber wird verbunden mit den tatsächlichen Fragen von Mädchen, so wie ich sie immer wieder als ärztliche Beraterin in Schulen – und manche auch als Mutter – gehört habe. Daraus ergibt sich ein Leitfaden dafür, wie Sie Ihre Tochter durch Gespräche auf dem Weg ins Erwachsensein bestmöglich unterstützen können.

Aufklärung ist Aufgabe und Privileg der Eltern

Aufklärung für Mädchen beinhaltet also weit mehr als Wissensvermittlung über den Geschlechtsakt, Menstruationshygiene und Verhütung. Sie ist ein überaus wichtiger Teil der Erziehung. Mütter tragen dafür nicht nur Verantwortung, sondern es ist ihr Privileg, mit ihren Töchtern über all das zu sprechen und ihnen vernünftige Maßstäbe mit auf den Weg zu geben. Früher brauchte man Mut, um nicht einfach nur die prüde Sexualmoral weiterzugeben. Heute braucht man Mut, um sich tatsächlich als Erzieher und Erzieherin der nachwachsenden Generation zu ver-

info

Was Sexualerziehung leisten sollte

Sexualerziehung sollte ...

... altersgerecht sein,

... von Mädchen auf ihren Körper bezogen werden können,

... körperliche Entwicklungen vorhersehbar machen,

... Veränderungen als sinnvoll und positiv erhellen,

... Gefahren nicht verschweigen,

... keine Kluft aufkommen lassen zwischen Wissen und Gefühlen,

... Schamgefühle ernst nehmen,

... die Intimsphäre respektieren,

... Maßstäbe vermitteln ...

und durch das alles Selbstbewusstsein bewirken.

stehen und zu verhalten. Nach meiner Überzeugung sind wir es unseren Kindern schuldig, diese Aufgabe anzunehmen und zu erfüllen.

Und in mancher Hinsicht ist das heute leichter. Es geht nicht mehr darum, sexuelle Regungen zu »unterdrücken«. Aufklärung heute sollte zum Ziel haben, Mädchen mit sich selbst vertraut zu machen, das heißt, ihnen dabei zu helfen, so viel Selbstvertrauen zu entwickeln, dass sie optimistisch an Liebesbeziehungen, an Sexualität, an ihr berufliches Leben, ans Muttersein denken können. Und nur Aufklärung kann sie vor Gefahren bewahren, vor gesundheitlichen, seelischen und sozialen Problemen (2007 brachten Minderjährige 5812 Kinder zur Welt, und 6175 ließen eine Schwangerschaft abbrechen).

Es ist wünschenswert, dass Mädchen vor allem von ihren Müttern aufgeklärt werden, aber einige können diese Aufgabe auch beim besten Willen nicht erfüllen. Dann ist es wichtig, dass andere Frauen oder der Vater in die Bresche springen, mit Mädchen sprechen, die sonst niemanden dafür hätten.

1.

Ins Gespräch kommen, im Gespräch bleiben

Was sollten Kinder wann über den Körper, über Sexualität und Liebe erfahren, und wie kann man ihnen dazu Wissen vermitteln? Zahlreiche Tipps für Gespräche helfen Ihnen dabei, Mädchen altersgerecht aufzuklären und Kommunikationsschwierigkeiten zu meistern.

»Meine Mutter sagt, ich soll die Pille nehmen«

Gespräche mit Ihnen stärken Ihre Tochter

»Ich hatte oft Bauchschmerzen. Meine Mutter hat dann wohl gedacht, dass ich bald meine Tage kriege, und hat mir Binden in die Schultasche gesteckt, aber gesagt hat sie nichts.« Die 12-jährige Annett ist nach der neuesten Mode gekleidet. Ihr Outfit sieht teuer aus, ihr Haarschnitt auch. Annett besucht ein Gymnasium in einer guten Gegend. Sie ist hübsch und gepflegt – und sie macht einen unglücklichen Eindruck, wie sie da in meiner Mädchenrunde sitzt.

Erziehung ist das A und O

Wohlstandsverwahrlosung nennt man es, wenn Eltern ihre Kinder materiell hervorragend versorgen, aber mit Medien und Markenklamotten, mit Taschengeld und Tennisstunden allein lassen.

Pädagogen und Psychologen schlagen seit geraumer Zeit Alarm, weil Kindern und Jugendlichen in zunehmender Zahl das, was sie wirklich brauchen, um sich seelisch gesund entwickeln zu können, vorenthalten wird: Erziehung und liebevoller Halt. Der Facharzt für Kinder- und Jugendpsychiatrie Dr. Michael Winterhoff berichtet in seinem Buch »Warum unsere Kinder Tyrannen werden. Oder: Die Abschaffung der Kindheit«: Immer mehr Kinder blieben inzwischen psychisch auf der Stufe von Dreijährigen stehen, weil Eltern (er betont, es ginge vor allem um normale Mittelschichtsfamilien) es gar nicht mehr als notwendige Aufgabe ansehen würden, ihre Kinder zu erziehen. Nicht aus Nachlässigkeit, sondern aus Unwissenheit oder eigener seelischer Bedürftigkeit. Sie glauben beispielsweise, dass schon dem Kleinkind eine partnerschaftliche Beziehung zu den Eltern dabei hilft, früh selbstbewusst zu werden. Eltern wollen Freunde ihrer Kinder sein, auf gleicher Augenhöhe mit ihnen leben. Viele fragen schon die Kleinsten immerzu nach ihren Wünschen und lassen sie selbst entscheiden.

Was ist Erziehung?

Erziehung setzt Grundannahmen voraus, die man kurz so zusammenfassen könnte: Ich bin erwachsen, und du bist ein Kind. Wie man leicht erkennt, ist das ein großer Unterschied. Meine Aufgabe ist es, dir zu zeigen, was du lernen musst, damit du mit mir, dir selbst und mit anderen gut zurechtkommst. Meine Aufgabe ist es, dich zu fördern und zu beschützen. Das heißt, dass ich dich nicht verwöhne, sondern zum Lernen auffordere, dir sage, was ich richtig und notwendig finde. Das wird weder für dich noch für mich bequem sein. Aber die Mühe lohnt sich, denn das, was du lernst, macht dich sicher, stimmt dich zufrieden. Ich erziehe dich gern, weil ich dich liebe und möchte, dass es dir gut geht im Leben, weil du ausdauernd, tatkräftig, ausgeglichen und liebesfähig bist und dich auch eine Enttäuschung nicht aus der Bahn wirft.

Nur wenn Eltern sich dem Entwicklungsstand des Kindes entsprechend verhalten, kann es seelisch reifen. Im ersten Lebensjahr heißt das, die Eltern versorgen das Baby zuverlässig und liebevoll, eine sichere Bindung entsteht und dadurch grundlegendes Vertrauen. Dabei muten sie ihm nicht dauernd wechselnde Eindrücke zu, tragen es nicht immerzu mit sich herum, sondern ermöglichen ihm, seinen eigenen inneren Rhythmus zu finden und seine Körpergrenzen zu erfahren.

Im zweiten Lebensjahr muss das Kind lernen, auf die Symbiose mit der Mutter zu verzichten. Es kann sich aus eigener Kraft ein kleines Stück entfernen und wiederkommen. Die Aufgabe der Eltern ist dabei, diese kleinen Trennungen ermutigend zu begleiten, das bedeutet zum Beispiel, Freude zu zeigen, wenn das Kind etwas Neues kann. Aber auch ein »Nein« ist immer mal wieder nötig. Warum das Kind etwas nicht darf, versteht es noch nicht, aber es erlebt, dass Mama und Papa Personen mit einem eigenen Willen sind, auf die es sich einstellen muss, und dass die Sache nicht grundsätzlich umgekehrt läuft. Dies ist ein überaus wichtiger Schritt. Je eindeutiger Eltern sich in diesem Punkt verhalten, umso besser geht's voran mit der Entwicklung der kindlichen Psyche. Eindeutig heißt: ernst, unzweifelhaft, heißt nicht: laut oder böse.

Vom zweiten bis vierten Lebensjahr entwickelt ein Kind enorm viele Fähigkeiten und gerät immer wieder in Konflikte mit den Eltern. In dieser Zeit muss ein Kind lernen, seine Impulse zu steuern, weil nicht nur seine eigenen Bedürfnisse zählen. Es trotzt und schreit, wenn es seinen Willen nicht bekommt, entdeckt sich so selbst als Individuum. Es lernt, wie sich Wut anfühlt und wie es sich wieder beruhigen kann. **Ein Kind, dem keine Grenzen gesetzt werden, lernt nicht, die Autorität und damit die berechtigten Forderungen der Eltern und anderer anzuerkennen.** Es wird dann unruhig und immer fordernd bleiben und so zeigen, dass Grenzenlosigkeit keineswegs Glück bedeutet.

Zwischen dem vierten und sechsten Lebensjahr beginnt das Kind, dem Vorbild der Eltern nachzueifern. Es wird vernünftiger, ist interessiert an Erklärungen. Ein verlässlicher Rahmen, liebevolle Wahrnehmung und konsequente Führung bieten ihm Orientierung, die innere Sicherheit wachsen lässt.

Kinder brauchen Führung

Neulich erzählte mir eine Mutter, ihre 5-jährige Tochter schlafe jede Nacht bei ihr und ihrem Mann im Bett. Dort sei es so eng, dass sie vor Müdigkeit am nächsten Tag oft gar nicht voll arbeitsfähig sei. Die Mutter hatte versucht, das zu ändern, aber die Tochter hat so lange wie am Spieß geschrien, bis die Mutter sie doch wieder ins Ehebett ließ. Der eigentliche Grund für die Nachgiebigkeit, so stellte sich im Gespräch heraus, war weniger das Wutgeheul des Kindes, sondern das schlechte Gewissen der Mutter. »Ich muss doch ihr Bedürfnis nach Nähe erfüllen«, sagte sie bedrückt.

Eine typische Situation: Eltern haben ein schlechtes Gewissen, wenn sie von ihrem Kind fordern, sich altersgemäß zu verhalten, aufs Klo zu gehen, im eigenen Bett zu schlafen, auf die Eltern zu hören. Es ist aber umgekehrt: Eltern müssen ein schlechtes Gewissen haben, wenn sie ihre Kinder durch Nachgiebigkeit und prompte Wunscherfüllung verunsichern, ihnen wichtige Entwicklungsschritte unmöglich machen.

Zwei Wochen später hörte ich, die Tochter schlafe nun in ihrem eigenen Bett, und es habe deswegen nicht mal Tränen, geschweige denn einen Wutanfall gegeben. Die Mutter hatte ihren Beschluss entschieden verkündet, und damit war die Sache zu ihrer Verblüffung erledigt. Für ein regelrechtes Wunder hielt sie es, dass ihre Tochter auch sonst ausgeglichener wirkte. Ich hielt es für die normale Antwort auf eine überfällige Grenzziehung.

Kinder brauchen also selbstbewusste Eltern und Erzieher, um sich gut zu entwickeln. Der Blick in Kindergärten und Schulklassen zeigt, dass viele Kinder darauf verzichten müssen. Deshalb bringen sie gar nicht mehr die Voraussetzungen mit, die nötig sind, um sich in eine Gruppe einzuordnen, um mit anderen zu spielen und sich zu konzentrieren. Ihnen wurde nicht beigebracht, sich führen zu lassen. »Würdest du bitte vielleicht mal ...«, so unentschlossen klingen Eltern heute oft. Gehorchen? Kein Mensch scheint sich mehr zu trauen, dieses Wort auch nur auszusprechen. Die Kinder machen Rabatz, die Eltern geben nach. Zu tief sitzt die Angst, die Liebe des Kindes zu verlieren oder in den peinigenden Erziehungsdrill früherer Zeiten zurückzufallen. Es ist ein Glück, dass die »Schwarze Pädagogik« hinter uns liegt, doch auch heute muss ein Kind lernen, sich selbst zu beherrschen und Hindernisse auch aus eigener Kraft zu überwinden. In seinem ganz eigenen Interesse, denn die normalen Situationen seines Lebens sicher bewältigen zu können, erfüllt ein Kind mit Zufriedenheit und Stolz.

Außerdem muss ein Kind lernen, was richtig und was falsch ist, damit sein eigenes Gewissen es leiten kann, wenn die Eltern nicht in der Nähe sind. Anders gesagt: Die Kontrolle der Eltern wird nach und nach zur Eigenkontrolle.

Ohne Gewissensbildung aber gäbe es keine Gewissensbisse. Das klingt bei älteren Kindern oder Jugendlichen dann vielleicht so: »Wieso rücksichtslos? Ist doch nicht meine Schuld, wenn sie zu schwach ist, um sich zu wehren!«, »Ich habe geklaut? Hier liegt doch genug von dem Zeug!«

Es herrscht Erziehungsnotstand

In Kindergärten und Schulen treffen Kinder oft auf Erzieherinnen und Lehrer, die sich entweder ebenfalls scheuen, Autoritäten für die Kinder zu sein, oder die von Eltern kritisiert werden, wenn sie Forderungen stellen. Kindliche Fehlentwicklungen verfestigen sich so. Und kommt mit einem Kind keiner mehr klar, wird das »verhaltensgestörte« Kind nicht etwa endlich erzogen, sondern zur Therapie geschickt, bekommt womöglich Medikamente.

Oder die Eltern reagieren auf Konflikte in der Schule mit Klagen: Der »Spiegel« berichtet (Heft 26/2008), Väter und Mütter torpedierten immer häufiger die Autorität der Lehrer, indem sie nach Sanktionen für unpassendes Schülerverhalten anwaltlich oder gerichtlich gegen sie vorgehen. Erwähnt wird auch eine Mutter, die es für traumatisierend hält, wenn eine Arbeit mit Rotstift korrigiert wird. Neulich erzählte mir eine Lehrerin von einem Elterngespräch, das anberaumt worden war, weil ein Mädchen etwas geklaut hatte. Obwohl ein Lehrer den Vorfall beobachtet hatte, sagte die Mutter: »Unsere Tochter klaut nicht!« Verrückte Kinderwelt!

Sie lesen dieses Buch vermutlich, weil Sie wissen, dass Erziehung notwendig und Sexualerziehung ein wichtiger Teil davon ist. Vielleicht lesen Sie dieses Buch auch, weil Sie erwarten, dass Ihre Tochter mit Kindern und Jugendlichen zusammentrifft, denen es an Erziehung mangelt und die sich entsprechend verhalten – und weil Ihnen das Sorgen macht. Diese Sorge ist berechtigt, denn **Kinder, die keine Grenzen kennen, die nicht gelernt haben, sich selbst zu beherrschen und in andere einzufühlen, haben bei der ohnehin schwierigen Aufgabe, mit ihrer erwachenden Sexualität klarzukommen, besonders große Schwierigkeiten.**

Sexualerziehung ist ein wichtiger Teil der Erziehung

In der Pubertät setzen sich Reifeprozesse fort – körperlich und seelisch. Durch eine umfassende Sexualerziehung helfen Sie Ihrem Kind zum einen, sich selbst gesund zu entwickeln, zum anderen können Sie es gegen schädliche Einflüsse wappnen.

Dazu ein Beispiel: Eine Lehrerin berichtete mir, dass einer ihrer ABC-Schützen einem anderen Jungen in der Klasse zugeschrien habe: »Fick deine Mutter!« Die Lehrerin war schockiert und klingt moralisch empört. »In der 1. Klasse!«, sagt sie immer wieder und schüttelt den Kopf. Und was hat die Lehrerin getan? Sie hat den kleinen Jungen entrüstet aufgefordert, ihr die Bedeutung seiner Äußerung zu erklären. Das konnte er nicht.

Der Satz hätte eine Steilvorlage für die Lehrerin sein können – für notwendige Erklärungen und den dadurch schlüssigen Hinweis, dass Sex-Sprüche in der Schule verboten sind. Aber sie hat nichts erklärt, sondern Erklärungen von dem Kind gefordert. Die Erstklässler haben nicht gelernt, warum der Satz vollkommen unmöglich war. Sie haben erfahren, dass Erwachsene sich über Worte, die mit Sex zu tun haben, aufregen, sie aber nicht erklären. Eine typische Situation: Ein Kind prescht vor – der Erwachsene zieht sich zurück, um dann festzustellen, das Kind sei verkorkst.

Das, was zu Hause und im Kindergarten an Erziehung, auch an Sexualerziehung versäumt wurde, kann für das Kind spätestens in der Schule zu einem Problem werden. Entweder aktiv, weil es durch möglichst schockierende Sprüche oder Handlungen auffällt, oder passiv, weil das Erste, was es über Sexualität hört, unverständlich und negativ ist. Auch deshalb sollten schon kleine Kinder einiges über ihren Körper und über Sexualität erfahren, natürlich auf altersgerechte Weise.

Was man Kindergartenkindern und Schulanfängerinnen sagen sollte

Für kleine Kinder sind der Körper und seine Funktionen selbstverständlich. Ein Kind, das auf dem Klo sitzt und ruft: »Ich bin fertig! Abwischen!«, kennt noch keine Peinlichkeiten. Die Mutter hilft nicht nur, sondern sie sagt dabei beispielsweise: »Guck mal, wir wischen den Popo jetzt schön nach hinten ab. Dann bleibt die Vulva (die Ritze, die Muschi – oder was auch immer Sie sagen mögen) schön sauber.«

Kinder sind neugierig und finden Erklärungen interessant. Die Mutter (und heute oft auch der Vater) hat automatisch die Rolle der Vertrauensperson, die auch den Genitalbereich erklärt. Sobald kleine Mädchen einigermaßen sicher zur Toilette gehen können, kann man sagen: »Komm, wir tupfen kurz, damit die Hose trocken bleibt.«

Wenn man sich angewöhnt, solches Tun mit Erklärungen zu verbinden, versteht das Kind zum einen den Sinn bestimmter Handlungen, und zum anderen üben sich Mutter und Kind im Sprechen über körperliche Dinge. Dabei lernt das Kind, die äußeren Geschlechtsorgane zu benennen, zunächst mit den in der Familie üblichen Namen. Im Kindergartenalter sollten dann auch die »offiziellen« Bezeichnungen gelernt werden: Vulva und Scheide, Penis und Hoden. Dann ist es irgendwann nur ein letzter Schritt, den Zeugungsakt zu erklären.

Wie ein Baby entsteht

Am besten ist es, dem Kind alle wesentlichen Informationen selbst zu geben, in den eigenen Worten, mit eigenen Wertungen. Das klappt aber nur, wenn das rechtzeitig geschieht. Bevor ein Kind in die Schule kommt, sollte es wissen, wie ein Baby entsteht, und einmal gehört haben, dass Männer und Frauen Sex haben und was das ist. Gesprächsanlässe kann das eigene Umfeld bieten. Beispielsweise, wenn die Kindergärtnerin oder die Nachbarin ein Baby bekommt.

Schwangerschaft und Geburt sind Themen, die Kinder zwischen 5 und 7 Jahren und darüber hinaus brennend interessieren. Immer wieder möchten sie dazu etwas hören, Bilder be-

» DAS MUTTER-TOCHTER-GESPRÄCH FÜR DIE KLEINEN «

»Frauen haben winzige Eier in ihrem Bauch und dazu eine gemütliche Höhle, in der Platz genug für ein Baby ist. Damit ein Baby entsteht und im Bauch einer Frau wächst, muss eines der Eier in ihrem Bauch befruchtet werden von einem Samen. Samen hat der Mann in den Hoden. Du bist entstanden, weil Papa und Mama ganz eng geschmust haben und der Samen von Papa bei mir zu einem Ei gelangen konnte. Du weißt ja, dass Männer einen Penis haben und Frauen eine Scheide. Das passt genau zusammen. Wenn sie sich ganz lieb haben und ganz eng kuscheln, dann fühlt es sich sehr schön an, wenn der Penis in die Scheide kommt. Dabei können die kleinen Samen vom Papa durch den Penis in die Scheide kommen und zu dem Ei in der Mama schwimmen und sich treffen, und dann entsteht ein neues Baby. Das wächst neun Monate im Bauch der Mama, und dann wird es geboren. So bist du entstanden. So entstehen alle Babys.«

trachten, die zeigen, wie das Kind in welchem Schwangerschaftsmonat aussieht, wie der Bauch immer größer wird. Das Kind sollte auch erfahren: Das Baby kommt durch die Scheide auf die Welt, die sich für die Geburt sehr stark dehnen kann, so, wie sich in der Schwangerschaft die Gebärmutter gedehnt hat. Eine Geburt ist anstrengend. Die Mutter hat Wehen, die das Kind hinausdrücken, sie muss aber auch selbst pressen, damit das Baby rausrutscht, und das kann wehtun. Aber wenn das Baby geboren ist, ist die Freude riesig. Das ist eine gute Gelegenheit, um dem Kind zu erzählen, wie glücklich die Eltern über seine Geburt waren, wie sehr sie darauf gewartet hatten. Nie sollte man einem Kind sagen, es verdanke sein Entstehen einem Unfall. Aber einem älteren Kind kann man, wenn es fragt, durchaus sagen: »Ich habe gar nicht damit gerechnet, schwanger zu werden.« Oder: »Eigentlich habe ich mir erst später ein Kind gewünscht.« Gerade, wenn das offensichtlich ist, zerstören Lügen in dieser für ein Kind überaus wichtigen Frage das Vertrauen. Solche Informationen sollten aber unbedingt mit Zusätzen versehen werden: »Als ich zum ersten Mal gemerkt habe, wie du dich in mir bewegt hast, dass es dich also wirklich gibt, von da an habe ich mich sehr gefreut.« Oder: »Als du geboren warst und ich dich gesehen habe, da war ich sehr, sehr glücklich, dass ich dich bekommen habe. Und das bin ich immer noch und werde es immer sein.«

Ein Wunder der Natur

Ihr Kind sollte verstehen, dass der menschliche Körper auf wunderbare Weise für Zeugung, Schwangerschaft, Geburt und das Stillen des Neugeborenen eingerichtet ist: Das Baby bekommt im Mutterleib durch die Nabelschnur alles vom Körper der Mutter, was es zum Wachsen braucht: Nahrung und Sauerstoff. Nach der Geburt kann es selber atmen und trinken. Dann braucht es die Nabelschnur nicht mehr, und sie wird durchgeschnitten. Weh tut das nicht, aber da, wo das Baby während der

Schwangerschaft mit der Mutter verbunden war, bleibt eine Narbe, der Bauchnabel.

Nach der Geburt hat die Mutter Milch in ihren Brüsten. Muttermilch ist besonders gesund für das Baby. Es nuckelt, es saugt an der Brust. Deshalb nennt man ein kleines Baby Säugling.

Was ist Sex?

Wenn Ihre Tochter in die Schule kommt, sollte sie von Ihnen erfahren haben, was Sex ist, bevor sie möglicherweise von anderen Kindern etwas Verwirrendes oder Unschönes darüber hört. Kinder haben zu diesem Zeitpunkt natürlich noch keine erwachsenen sexuellen Gefühle und finden Sexualität und Erotik deshalb befremdlich, ja, abstoßend.

Allerdings haben sie angenehme Gefühle, wenn sie selbst ihre Genitalien berühren, und beschäftigen sich ihrem Entwicklungsstand entsprechend interessiert mit ihren Ausscheidungen, mit ihrem Geschlecht und den Geschlechtsunterschieden. Selbsterkundungen, Doktorspiele – das sind wichtige Etappen der kindlichen Entwicklung, die aber weit entfernt sind von Erwachsenensexualität. **Es ist schön und wichtig, dass Kinder ihren Körper heute unbefangen erkunden dürfen.** Meist tun sie das angemessen, aber manchmal ist, etwa bei Doktorspielen, auch ein Kommentar angebracht. Sie könnten beispielsweise sagen: »Wenn der Doktor eine nackte Person untersucht, dann macht der das immer so, dass andere dabei nicht zusehen können, weil das etwas Privates ist. Und wenn ihr Doktor spielt, dann müsst ihr ins Untersuchungszimmer gehen. Das kennt ihr ja vom Arzt. Der untersucht euch auch nicht im Wartezimmer,

» DAS MUTTER-TOCHTER-GESPRÄCH FÜR DIE KLEINEN «

»Ein Mann und eine Frau, die sich ganz lieb haben und zusammen kuscheln, möchten manchmal auf besonders enge Weise zusammen sein, wenn sie ganz allein sind. Dann streicheln sich die beiden und berühren sich mit ihren nackten Körpern. Der Mann berührt die Frau auch mit seinem Penis und steckt ihn in ihre Scheide. Wenn Liebende so eng zusammen sind, nennt man das zusammen schlafen, weil man das meistens im Bett macht, oder Geschlechtsverkehr oder Sex. Das macht man, weil es schön ist. Dabei kann auch ein Baby entstehen.

Kinder haben keinen Sex. Die finden das noch nicht schön. Ich wollte dir das aber schon mal erzählen, denn es kann sein, dass andere Kinder in der Schule darüber reden. Einige Kinder sprechen hässlich darüber, weil sie cool sein wollen oder weil sie nicht genau Bescheid wissen. Sie benutzen dann manchmal Wörter wie ›ficken‹ oder ›bumsen‹ dafür.«

sondern wir gehen zum Doktor rein, und er macht dann die Tür zu.« Man kann auch sagen: »Achtet darauf, dass ihr euch nicht wehtut. Wenn der andere Au sagt, dann ist das schon zu viel.«

Ähnlich kann man genitales Fummeln kleiner Kinder in der Öffentlichkeit kommentieren: »Das macht man nur zu Hause, wenn das kein Fremder sieht.«

Kinder sind keusch

Kinder sprechen von Küsschen, nicht vom Kuss. Kinder möchten kuscheln und genießen es, wenn man ihnen den Rücken krault. Und auch wenn es offenkundig ist, ist es gut, wenn Eltern erwähnen, dass Schmusen Ausdruck von Sichliebhaben ist.

Kinder unterscheiden gefühlsmäßig richtig, was wohin gehört. Erstklässlerinnen können sich verlieben und mit großem Ernst verkünden, sie würden ihren Lehrer heiraten oder den Nachbarjungen, aber das sind völlig keusche Phantasien, die nicht das Geringste mit genitaler Sexualität zu tun haben. Die ist für Kinder unvorstellbar. Deshalb ist es für sie so irritierend, wenn sie hören, wie ein Kind gezeugt wird. Sie können und wollen sich das nicht vorstellen und sind froh, dass sie das erst als Erwachsene »machen müssen«. Ein Mädchen sagte mal zu mir: »Ich mache keinen Sex, ich mache künstliche Befruchtung, wenn ich mir ein Baby wünsche.«

»Bevor ich in die Schule kam, erklärte mir meine Mutter, wie ein Kind gezeugt wird. ›Wenn man sich sehr lieb hat, ist das wunderschön‹, sagte sie. Ich fand das höchst befremdlich. Aber später war ich meiner Mutter für diesen Satz immer dankbar, und irgendwann begriff ich, wie ungewöhnlich er für eine katholische Mutter im Jahr 1955 war.«

Uta, 59 Jahre

Wenn Sie Ihrem Kind, bevor es zur Schule kommt, in einfachen Worten den Geschlechtsakt und die Zeugung erklären, dann ist es sinnvoll, zu ergänzen: »Das kannst du dir jetzt noch gar nicht richtig vorstellen. Das klingt ganz merkwürdig, das weiß ich. Aber du sollst es schon mal wissen. Wenn du älter bist, kannst du irgendwann verstehen, warum das schön ist.«

Weil sich die Gefühle der Kinder im Lauf der Zeit so drastisch verändern, reicht es nicht, wichtige Informationen nur einmal zu geben, sondern es ist gut, sie später wieder aufzugreifen. Mit zunehmendem Alter werden sie dann jeweils anders aufgenommen. Dabei gilt es immer, auf die *aktuellen* Gefühle einzugehen. Wenn Ihr Kind früher etwas nicht essen mochte, was ihm nun aber schmeckt, dann können Sie sich darauf beziehen und sagen: »Mit manchen Dingen ist das so. Sie verändern sich, wenn man älter wird. Für Kinder ist Sex noch nicht schön. Und deshalb macht man das auch erst, wenn man erwachsen ist.« Dann ist das Befremden etwas geringer, weil es weit wegrutscht vom eigenen Ich.

Das Kind weiß ohnehin, dass es viele Dinge gibt, die Erwachsene tun, Kinder aber nicht, und akzeptiert das. Für Kinder ist das Befremden also ganz normal, und es ist *nicht* normal, wenn so getan wird, als wäre Sex auch für Kinder interessant. Kinder möchten wissen, wie ein Junge aussieht und ein Mädchen und warum sie unterschiedlich sind. Mehr nicht.

Es ist gut, jüngeren Kindern eine grundsätzliche Erklärung zum Thema Sex zu geben: »Erwachsene sind nicht immerzu mit Sex beschäftigt. Das siehst du ja. Die reden miteinander, essen zusammen, gehen zum Sport. Und auch wenn sie sich am Strand ausziehen, haben sie dort keinen Sex. Das macht man nur, wenn man sich sehr lieb hat und allein ist, sodass niemand zugucken kann.«

Eltern sollten Kinder nicht zu Zeugen ihrer Intimitäten machen, auch deshalb, weil Kinder das nicht einordnen können. Kuscheln, schmusen, Küsschen geben – das passt in kindliche Erlebniswelten. Alles andere ist für Kinder schockierend.

info

Schwangerschaft und Geburt

1. Die Befruchtung und die Einnistung der Eizelle

- Sobald Samenflüssigkeit in die Scheide einer Frau gelangt, kann sie – ohne Verhütung – schwanger werden. Die Eizelle verströmt einen maiglöckchenartigen Duft, durch den die Samen in den Eileiter gelockt werden. Das schnellste Spermium dringt in die Eizelle ein (siehe Abbildung 1.1, ❶).
- Im männlichen Samenkopf und in der weiblichen Eizelle zusammen sind bereits sämtliche Erbanlagen für einen neuen Menschen enthalten ❷, obwohl die befruchtete Eizelle zunächst nur so klein wie ein Pünktchen ist.
- Sechs Tage lang ist die befruchtete Eizelle unterwegs in die Gebärmutter. Dabei beginnt bereits das Wachstum: Aus einer Zelle werden zwei, aus zwei Zellen vier, dann acht, sechzehn und so weiter (siehe Abbildung 1.1 unten, ❸).
- Bei der Ankunft in der Gebärmutter hat sich der Keimling zur Blastozyste weiterentwickelt: Sie besteht einerseits

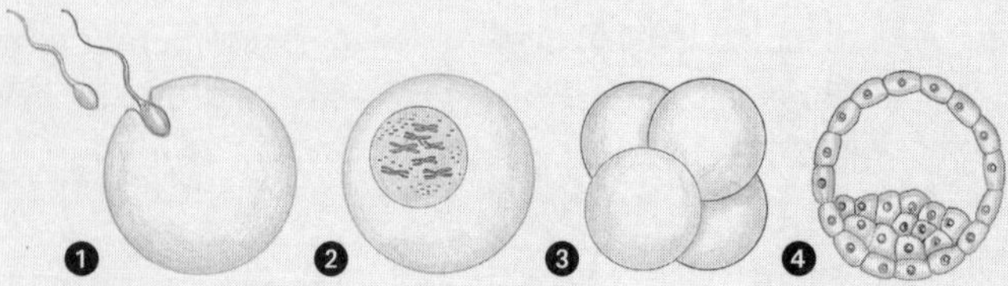

Abbildung 1.1: Befruchtung und Zellteilung

aus einer kleinen Blase, aus der später Fruchtblase, Eihäute und Mutterkuchen werden. Zum anderen befindet sich an einer Seite dieser Blase die Zellansammlung, aus der sich in den nächsten neun Monaten das Baby entwickeln wird (Embryoblast) ❹. Die Blastozyste nistet sich in die Gebärmutterschleimhaut ein.

2. Mutterkuchen und Nabelschnur

- Der bläschenförmige Teil der Blastozyste stülpt sich um den Embryoblasten und wird zur Fruchtblase. Diese besteht aus wasserdichten Eihäuten und ist mit Fruchtwasser gefüllt, das den Embryo (so nennt man das Kind in den ersten drei Monaten) schützt.
- Zellen der Gebärmutterschleimhaut und besondere Zellen der Blastozyste bilden zusammen den Mutterkuchen (Plazenta). Zwischen Embryo und Mutterkuchen entwickelt sich eine stielförmige Verbindung, die im Lauf der Zeit länger wird: die Nabelschnur mit drei Blutgefäßen. Ausgewachsen ist sie etwa daumendick, 50 bis 60 cm lang und sehr elastisch. Da sie keine Nerven enthält, ist sie gefühl-

los, und es ist nicht zu spüren, wenn sie nach der Geburt durchtrennt wird.

- Etwa 280 Tage wird das Kind über die Nabelschnur mit Nährstoffen und Sauerstoff (leider manchmal auch mit schädlichen Stoffen wie Alkohol oder Nikotin) versorgt. Die kindlichen Stoffwechselabfälle werden in den mütterlichen Blutkreislauf entsorgt. So bleibt das Fruchtwasser, in dem das Baby schwimmt, so sauber, dass es davon sogar trinken kann.

3. Das Baby wächst

- In den ersten drei Monaten entwickeln sich die inneren und äußeren Organe. Am 21. Tag – der Embryo ist erst wenige Millimeter groß – beginnt sein Herz zu pumpen.

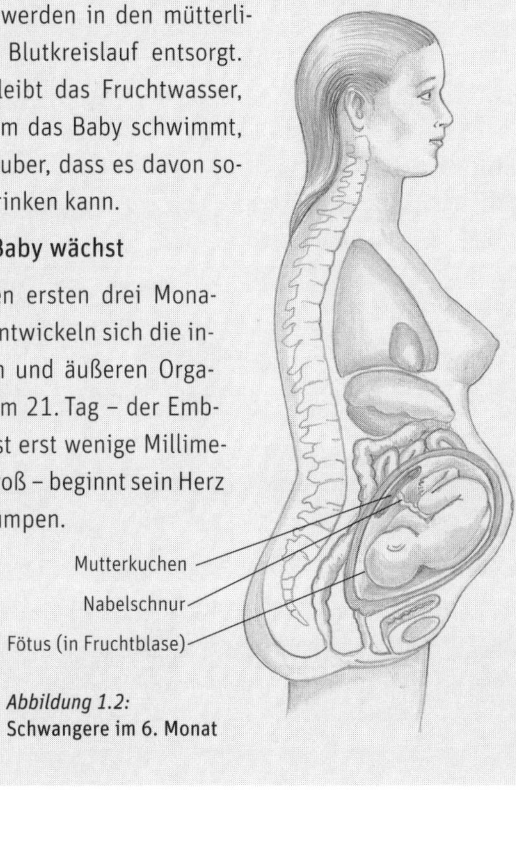

Abbildung 1.2:
Schwangere im 6. Monat

- Je nachdem, ob der befruchtende Same ein X- oder ein Y-Chromosom in die Eizelle gebracht hat, wird es ein Mädchen oder ein Junge. Durch die Einwirkung männlicher Hormone entwickelt sich bei männlichen Embryos der Penis. Etwa ab der 15. Woche kann man bei günstiger Lage im Ultraschall das Geschlecht erkennen. Sicher weiß man es aber erst nach der Geburt.
- Vom 4. Monat an nennt man das Baby Fötus oder Fetus. Der Fötus entwickelt schon allerlei Fähigkeiten: Für die Mutter besonders beeindruckend ist seine zunehmende Muskelkraft. Ab dem 5. Monat kann sie spüren, wie sich das Kind bewegt, wie es tritt und sich dreht, und merken, wenn es Schluckauf hat.
- Der Fötus hört die Stimme der Mutter, ihren Herzschlag und das Rauschen des Blutes in ihren Adern. Und er nimmt durch Hormonausschüttungen, die durch den Mutterkuchen zu ihm gelangen, am Gefühlsleben der Mutter teil.
- Das ausgewachsene Baby ist meist über 50 cm groß und wiegt 3 bis 4 Kilo.

4. Die Geburt

- Kindliche Hormone geben den Anstoß für den Geburtsbeginn. Die Gebärmuttermuskeln drücken mit den Wehen das Baby in Richtung Muttermund, der sich allmählich öffnet.

- Das kann einige Stunden dauern. Dann wird das Baby mit dem Köpfchen voran durch die Scheide hindurch geboren. Wenn es ganz schnell gehen muss, beispielsweise weil das Baby nicht genug Sauerstoff bekommt, kann auch ein Kaiserschnitt nötig sein.
- Sobald das Baby auf der Welt ist, muss es selbst atmen. Die Nabelschnur, die vom Bauch des Babys zunächst noch durch die Scheide der Mutter bis zur Plazenta in der Gebärmutter führt, wird durchgeschnitten.
- Die Gebärmuttermuskeln arbeiten noch einmal – diesmal fast unbemerkt – und drücken die Plazenta mit dem Nabelschnurrest durch Muttermund und Scheide hinaus.

Mama benutzt Tampons

Es ist gut, wenn Ihre kleine Tochter irgendwann mitkriegt, dass Sie Ihre Regel haben, und hört, wofür Binden und Tampons sind. Wenn die Kinder klein sind und der Mutter überallhin folgen, auch zur Toilette, dann sehen sie, die Mutter wechselt eine Binde, einen Tampon, und da ist Blut dran. Dann können Sie sagen: »Bei Frauen kommt an manchen Tagen etwas Blut aus der Scheide. Das ist normal und wichtig, damit sie ein Baby bekommen können.« Wenn es in Ihrer Familie anders läuft, ist es ratsam, das Thema Menstruation (siehe Seite 124) spätestens vor der Einschulung kurz aufzugreifen.

Auf die Veränderungen in der Pubertät (siehe ab Seite 74) sollten Sie im zweiten Schuljahr zu sprechen kommen. Bei manchen Mädchen beginnt die Pubertät sehr früh, das bekommen dann auch die in der Klasse mit, die selbst noch nicht so weit sind. Mädchen, die im Voraus Bescheid wissen, werden nicht durch Fehlinformationen verunsichert. Im Gegenteil, sie haben das Gefühl: »Ich weiß schon alles, und zwar richtig – von meiner Mutter.« Solchen Mädchen können vulgäre oder negative Äußerungen nichts anhaben.

Nicht alles muss erklärt werden

Je jünger Kinder sind, umso häufiger ist es nötig und ausreichend, dass Eltern einfach ohne weitere Erklärungen ihr Wissen, die Spielregeln in der Familie und in der Gesellschaft formulieren. »Kinder machen keinen Sex«, ist beispielsweise ein Satz, der nicht begründet werden muss, weil es die innere Wirklichkeit eines Kindes in diesem Fall gar nicht zulässt, Begründungen zu verstehen. Kleinen Kindern muss gesagt werden, was richtig und was falsch ist. Grundsatzdebatten überfordern und verunsichern sie. Wenn sie fragen, warum ein Kind dieses oder jenes nicht darf oder noch nicht tut, können Sie sagen: »Weil das schädlich ist« oder »Weil ein Kind das noch nicht kann«. Natürlich darf man Kinder nicht belügen. Aber es ist richtig, Informationen auszusparen, die noch nicht altersgemäß sind. Wenn man einer 6-Jährigen die Geburt erklärt, sollte man ihr noch keinen Film zeigen, in dem eine Geburt zu sehen ist. Kinder dürfen nicht überfrachtet werden. Sonst können sie die Informationen nicht verarbeiten.

Warnungen sind unerlässlich

Warnen Sie Ihr Kind vor sexuellen Belästigungen und Missbrauch: »Niemand darf dich anfassen oder küssen, wenn du es nicht willst!« »Niemand darf Kinder zwischen den Beinen, am Po oder, wenn sie größer sind, an der Brust berühren!«

Eltern unterlassen solche Warnungen oft mit der Begründung, sie möchten ihren Kindern keine Angst machen. Solche Schonung ist falsch, weil gefährlich! Zahlen zu sexueller Gewalt sind kaum zu erheben, da Fachleute von hohen Dunkelziffern

DAS MUTTER-TOCHTER-GESPRÄCH

»Es gibt ältere Jungen oder Männer, die wollen Kindern ihren Penis zeigen. Sie tun das, damit die Kinder sich erschrecken. Das ist schlimm und nicht normal. Wenn so etwas passiert, musst du mir oder einem anderen Erwachsenen so schnell wie möglich Bescheid sagen, auch wenn du den Mann oder den Jungen kennst. Wenn das irgendwo geschieht, wo keine Erwachsenen dabei sind, denen du das sagen kannst, dann musst du ganz schnell weglaufen. Noch schlimmer und sehr gefährlich ist es, wenn dich jemand anfassen will oder möchte, dass du mitgehst oder in sein Auto steigst. Das darfst du niemals erlauben oder tun, denn das könnte jemand sein, der Sex mit Kindern machen will. Das ist ganz streng verboten. Und deshalb kommt jemand, der das tut, dafür ins Gefängnis.«

ausgehen. Auch zurückhaltende Schätzungen sind so erschreckend, dass in vielen Schulen Prävention betrieben wird. Je älter ein Kind wird, umso weniger kann es ständig beschützt werden, umso besser muss es Gefahren selbst einschätzen können. Sobald Ihr Kind Wege allein meistert, muss es wissen, dass es sich von fremden Männern nicht ansprechen lassen, kein Geschenk annehmen und nicht zu Unbekannten ins Auto steigen oder in fremde Wohnungen mitgehen darf. Sexuelle Gewalt wird Kindern allerdings in den meisten Fällen von Männern angetan, die sie kennen. Deshalb müssen Sie unbedingt darauf hinweisen, dass *jeder* Übergriff böse und gefährlich ist und Kinder sich deshalb wehren sollen. Die Möglichkeiten dazu müssen Sie auch nennen: Nein sagen, Weglaufen, andere direkt ansprechen und um Hilfe bitten, so laut es geht um Hilfe schreien.

info

Was Kinder bis zum Ende der 4. Klasse wissen sollten

Im Kleinkindalter:

- Ein Baby wächst im Bauch der Mutter.
- Familiäre Namen für die Geschlechtsteile (zum Beispiel Ritze, Muschi).

Mit 5 Jahren:

- Körperliche Unterschiede zwischen Jungen und Mädchen.

- »Offizielle« Bezeichnungen der Geschlechtsteile (Vulva, Vagina, Scheide, Penis, Glied, Hoden).
- Kuscheln und Schmusen sind Zeichen besonderer Zuneigung.

Vor der Einschulung:

- Was Sex ist.
- Wie ein Kind entsteht.
- Nur Erwachsene machen Sex.
- Warum man Sex hat.
- Frauen menstruieren.
- Dafür brauchen sie Binden und Tampons.
- Warnung vor sexuellen Übergriffen.

Im 2. Schuljahr:
Pubertätsveränderungen ankündigen, die zwischen 8 und 13 Jahren beginnen:

- Die Brust wird empfindlich und langsam immer fraulicher.
- Weißfluss setzt ein.
- Mädchen bekommen ihre Regel ab 9 Jahren, meist mit 12 oder 13 Jahren. Die Regel kommt einmal im Monat für ein paar Tage bis zum Alter von etwa 50 Jahren. Sobald und solange ein Mädchen oder eine Frau die Regelblutung hat, kann sie schwanger werden, wenn sie Geschlechtsverkehr hat.

- Bei Jungen wird manchmal der Penis steif – ganz von selbst. Das heißt Erektion. Später lernen Jungen, ihre Erektionen zu beeinflussen.
- Jungen bekommen in der Pubertät zum ersten Mal einen Samenerguss, dabei kommt Samenflüssigkeit aus dem Glied. Das zeigt, dass sie Vater werden könnten.

Im 4. Schuljahr:

- Dass und wo es in der Schule Binden gibt.
- Wie Jungen sich in der Pubertät verändern.
- Dass Jungen manchmal sexuelle Dinge nachspielen, die sie im Fernsehen oder Internet gesehen haben. Solche Spiele gehören nicht in die Schule.
- Es ist normal, dass Mädchen solche Spiele, Grabschereien oder sexuelle Sprüche nicht mögen, deshalb sollten sie sie energisch zurückweisen.
- Schamgefühle sind normal, Schamlosigkeit ist nicht normal.
- Probleme mit Jungen in der Schule müssen mit dem Lehrer, mit der Lehrerin besprochen werden. Wenn das einem Mädchen zu peinlich ist, sollte sie zunächst mit Mutter oder Vater darüber sprechen.
- Was Pornografie ist.
- Was der Jugendschutz diesbezüglich fordert.

20 Tipps für Gespräche mit Mädchen in der Pubertät

Nach diesen einfachen und von kleineren Kindern offen und interessiert aufgenommenen Gesprächsinhalten kommen neue Herausforderungen auf Sie zu. Pubertierende Mädchen kündigen ihre enge und fraglose Verbundenheit mit der Mutter oft auf. Auf Äußerungen reagieren sie kritisch, manchmal sogar äußerst ablehnend. Wie damit umgehen?

Tipps und Ratschläge sind eine zweischneidige Sache. Beantworten sie einleuchtend eigene Fragen, dann ist man dankbar. Lenken sie den Blick auf Fragen, die man selbst noch gar nicht hatte, sind sie zumindest anregend. Sprechen sie aber etwas aus, was man für völlig selbstverständlich hält, dann sind sie banal und wirken belehrend. Bei Elternabenden erlebe ich immer wieder, wie ratlos Mütter und Väter oft sind und wie dankbar für Ratschläge. Deshalb habe ich mich entschlossen, möglichst umfassend Tipps für die Gespräche mit Mädchen zu formulieren. Die Überschriften zeigen Ihnen, was für Sie interessant sein könnte.

1. Setzen Sie nicht zu viel voraus!

Für jedes Kind, für jeden Jugendlichen ist heute alles genauso unbekannt und neu wie für frühere Generationen: von der Frage, woher die Babys kommen, über die körperlichen Veränderungen in der Pubertät bis zur ersten Liebe. Deshalb muss jedem Kind, jeder Jugendlichen auch alles erklärt werden.

Gehen Sie nicht davon aus, Ihre Tochter wüsste mehr, als Sie selbst ihr erzählt haben, oder könnte sich vieles ohne Erklärungen erschließen. Sie nehmen ja auch nicht an, sie verstünde die Verkehrsregeln von selbst, sondern erklären geduldig, wie man sich sicher auf Fußwegen bewegt, die Straße überquert und Fahrrad fährt.

Wenn Ihre Tochter Erklärungen hin und wieder mit dem Satz »Das weiß ich schon« kommentiert, können Sie sagen: »Prima, dann ist es ja gut.« **In wichtigen Fragen sollten Sie sich allerdings vergewissern, ob Ihre Tochter ausreichend und wirklich richtig informiert ist.** Sie können auch sagen: »Ich möchte gern, dass du dazu auch etwas von mir hörst.«

2. Warten Sie nicht auf Fragen!

In vielen Familien sind Mütter seit Jahren an eine Tochter gewöhnt, die ungeniert, manchmal sogar drastisch fragt oder erzählt. Aber wenn die Pubertät beginnt, ist das oft plötzlich vorbei. Dann kann der Eindruck entstehen, die Tochter habe gar keine Fragen. Das dürfte allerdings ein Trugschluss sein. **Wenn die Pubertät beginnt, müssen Sie selbst Gespräche initiieren und können sich nicht mehr darauf verlassen, dass Ihre Tochter sagt, was sie bewegt, und fragt, was sie wissen will.**

Wenn mich ein 12-jähriges Mädchen fragt: »Wie soll ich meiner Mutter sagen, dass ich mir gern einen BH kaufen möchte?«, dann liegt die Vermutung nahe, die Mutter habe es versäumt, der Tochter zu signalisieren, dass sie für alle Fragen zur Verfügung steht. Manchmal beklagen sich Mädchen aber zu Unrecht, weil sie sich nun scheuen, die Mutter etwas zu fragen. Es ist dann leichter, zur Freundin zu sagen: »Mit meiner Mutter kann man so was gar nicht besprechen«, als zu bitten: »Mama, ich möchte einen BH haben.«

Solche Klagen müssen also nicht Ausdruck einer schlechten Mutter-Tochter-Beziehung sein. Sie können auch zeigen, dass das Mädchen die Mutter kritisieren will, um sich gegen sie abzugrenzen. Damit dies (zum einen braucht die Tochter Informationen und Unterstützung, zum anderen möchte sie gerade die Mutter im Moment nichts fragen) nicht dazu führt, dass etwas versäumt wird, ist es wichtig, dass Sie von sich aus Informationen geben.

3. Berücksichtigen Sie den tatsächlichen Entwicklungsstand!

»Meine Mutter sagt, ich soll die Pille nehmen. Ich will aber noch gar keinen Sex«, erzählte mir eine 14-Jährige. Sie fühlte sich falsch eingeschätzt, nicht gekannt und deshalb verletzt.

Wenn Sie denken, die Pille sei nötig, dann sollten Sie sagen, *warum* Sie das denken: »Ich sehe, wie intensiv ihr schmust, wenn ihr hier seid, und dass ihr mit verwuschelten Haaren aus deinem Zimmer kommt, und deshalb mache ich mir Gedanken, wie das wohl weitergehen könnte.« Wenn Ihre Tochter antwortet: »Ich will noch keinen Sex«, sollten Sie darüber sprechen, dass es gar nicht immer leicht ist, die Kontrolle zu behalten, wenn Lust im Spiel ist. Informationen rechtzeitig im Voraus zu geben ist etwas anderes, als Entwicklungen vorauszusetzen, die noch gar nicht stattgefunden haben. Wenn Sie vermuten, dass es auf das erste Mal hinausläuft, sollten Sie über Verhütung (siehe ab Seite 70) sprechen oder grundsätzlich über Sexualität, aber nicht über die Gefühle Ihrer Tochter hinweggehen, indem Sie nur sagen: »Nimm die Pille!« oder ihr bloß ein Heftchen über Verhütungsmöglichkeiten auf das Kopfkissen legen. Schlichte Verbote helfen in diesem Alter noch weniger: Wenn ein Mädchen mit ihrem Freund schlafen will, wird sie es tun.

4. Vermitteln Sie ein vollständiges und möglichst realistisches Bild!

Viele Erwachsene denken, Kinder bekämen in der Schule und im Freundeskreis das nötige Wissen. Sexualkundeunterricht findet aber keineswegs in allen Klassen statt und auch nicht immer zum passenden Zeitpunkt. Gibt es Aufklärungsunterricht, heißt das nicht, dass Kinder und Jugendliche sich dadurch auf all das, was sie sehen und hören, den richtigen Reim machen können. **Ich erlebe immer wieder, wie Vermutungen und Halbwissen zu manchmal naheliegenden, aber völlig falschen Schlüssen führen.** Ein Beispiel: Mädchen sehen und hören, dass es üblich ist, Scham- und Achselhaare zu rasieren. Aber sie wissen oft nicht, dass es sich um Modeerscheinungen handelt. Deshalb schließen manche – völlig logisch –, dass Achsel- und Schamhaare wie Barthaare der Männer immer weiterwachsen und deswegen rasiert werden *müssen*.

5. Sprechen Sie rechtzeitig mit Ihrer Tochter!

Wissen Sie, was Quark ist? Sie denken an ein Milchprodukt, vielleicht auch an Elementarteilchen? Quark ist außerdem die Kurzform für das Layout-Programm, mit dem dieses Buch an einem Computer seine Form erhalten hat. Wenn Sie nicht zufällig beruflich damit zu tun haben, wissen Sie das vermutlich nicht und würden auch nie jemanden konkret danach fragen können.

So geht es auch Kindern hinsichtlich ihrer körperlichen Entwicklung. Und deshalb reicht es nicht, wenn Eltern sagen: Ich erkläre dem Kind alles, wenn es fragt. Wenn das Kind fragt, heißt das, es wurde anderswo schon mit irgendeiner Information konfrontiert, oft auf nicht wünschenswerte Weise.

Erwachsene haben oft Angst, Kinder vorzeitig aus dem Kindsein zu schubsen, sie vielleicht sogar zu sexualisieren, indem sie ihnen zu früh zu viel erzählen. Selbst besonders gut behütete Kinder bekommen aber durch Fernsehen, Internet, Werbung und in der Schule sehr viel mit über Sexualität. Deshalb ist das Gegenteil richtig: *Wegen* all dieser Eindrücke ist es besonders wichtig, über die Bedeutung von Sex zu sprechen und die medialen Einflüsse einzuordnen. Sie können sich vermutlich gar nicht vorstellen, welche Themen Fünft- und Sechstklässlerinnen beschäftigen: In Jugendzeitschriften lesen sie über Kondome mit Geschmack und über Oralverkehr von Mädchen an Jungen. Zu Hause erzählen sie davon üblicherweise nichts. **Deshalb ist das Ziel: Ich muss immer ein wenig das vorwegnehmen, was in der Schule auftauchen könnte, nicht immer im Detail, aber grundsätzlich.**

6. Machen Sie Pubertätsveränderungen für Ihre Tochter vorhersehbar!

Wünschenswert ist es, Kinder so rechtzeitig zu informieren, dass die Veränderungen ihres Körpers *vorhersehbar* werden, dass ein Mädchen denken kann: »Aha, Knötchen in der Brust, davon habe ich schon gehört.« »Aha, Weißfluss, das ist ganz normal.«

»Er wackelt schon!«, verkünden Vorschulkinder begeistert. Und wenn der erste Milchzahn raus ist, präsentieren sie ihn voller Stolz. Manchmal tut es weh, wenn ein bisschen nachgeholfen wird, bis der Zahn endlich draußen ist, und im Mund gibt es eine Wunde, die heilen muss – alles kein großes Problem. Kinder tragen selbst dramatische Zahnlücken wie eine Auszeichnung: Wir werden Schulkinder! Wir werden groß! Was wäre wohl, wenn die Kinder nicht wüssten, dass bei *allen* die Milchzähne ausfallen? Was wäre, wenn Kinder nicht wüssten, dass ihnen *neue* Zähne wachsen? Sie würden sich zutiefst erschrecken. Sie hätten Angst. Das Beispiel hinkt ein wenig, aber es taugt doch, um klarzumachen, wie verstört sich Mädchen fühlen können, wenn sie die Pubertät ohne ausreichende Erklärungen durchleben müssen.

7. Seien Sie einfühlsam!

Jugendliche denken häufig, sie müssten eigentlich schon alles wissen, und genieren sich, vermeintlich banale Fragen zu stellen. Sie möchten sich vor niemandem blamieren. Kindern und Jugendlichen wird häufig von ihrer Umgebung signalisiert, dass doch längst alle alles wissen. Tatsächlich aber kennen Kinder und Jugendliche viele Fakten *nicht*, und die Fakten, die sie kennen, können sie oft nicht richtig einordnen.

Höfliche Erwachsene beziehen einander ins Gespräch ein, erklären kurz, worum es geht, wenn sie davon ausgehen müssen, sonst könne jemand in der Runde nicht mitreden. Mit solchen erklärenden Einwürfen sollte man im Hinblick auf Kinder und Jugendliche allerdings gerade bei schambesetzten Themen zurückhaltend sein. Meist ist es besser, die Erklärung unter vier Augen nachzuholen: »Ich weiß gar nicht, ob du genau verstehen konntest, worüber wir gesprochen haben …«

8. Denken Sie nicht, heute sei alles anders!

Die Scheu zu fragen, ist auch deshalb bei Mädchen und Jungen oft groß, weil sie denken, Gleichaltrige wüssten nicht nur besser Bescheid, sondern hätten auch mehr Erfahrung. Das liegt großteils an den durch Medien vermittelten Bildern, die mit der Realität oft herzlich wenig zu tun haben. **In Wahrheit sind Kinder und Jugendliche heute nicht grundsätzlich anders, als ihre Eltern einst waren. Sie werden von den gleichen Unsicherheiten, Fragen und Gefühlen bewegt und können keineswegs selbstverständlicher mit Sexualität umgehen.**

Die psychischen und körperlichen Entwicklungsprozesse von Kindern und Jugendlichen bleiben von Generation zu Generation gleich. Nur die Außenwelt, die gesellschaftlichen Wertvorstellungen ändern sich und können die innerlichen Prozesse mehr oder weniger erschweren. Ein Beispiel: Vor einigen Jahrzehnten noch hat man Kindern und Jugendlichen gesagt, Selbstbefriedigung sei gesundheitsschädlich und sündhaft und deshalb verboten. Das hatte seelische Auswirkungen, genauso, wie es heute seelische Auswirkungen hat, dass niemand mehr vor Selbstbefriedigung warnt oder sie gar verbietet. Mögen einst belastende Hemmungen die Folge gewesen sein, so ist es heute bisweilen Hemmungslosigkeit. So, wie die Triebkraft, sind auch Liebe und Liebessehnsucht Konstanten. Jugendliche sind heute genauso romantisch wie vor hundert Jahren, und Liebeskummer schmerzt heute keinen Deut weniger als zu anderen Zeiten. Diese Gefühle werden nur in einem anderen gesellschaftlichen Rahmen erlebt.

9. Fallen Sie nicht auf Provokationen herein!

Jugendlichen können Äußerungen von Erwachsenen auch deshalb unangenehm sein, weil sie spüren, dass über zarte, über sehnsuchtsvolle Gefühle und geheime Wünsche einfach hinweggetrampelt wird. So zu tun, als sei Sexualität keineswegs etwas Kostbares und Intimes, sondern alltäglich und banal, provoziert Ablehnung. In einem solchen Zusammenhang drückt die Scheu Jugendlicher den Wunsch aus, die eigene Innenwelt zu schützen vor Trivialisierungen, vor Verallgemeinerungen.

Man kann diese Gefühle leicht übersehen. Denn viele Jugendliche haben schon so viel gehört und gesehen, dass manche scheinbar locker-lässig über höchst intime Themen wie beispielsweise Sexualpraktiken reden. **Aber gerade provokante Sprüche sollen Unsicherheiten verbergen.** Besonders Jungen umstellen in Gruppen, im Klassenverband ihre zarten Empfindungen oft mit einer Wand aus scheinbaren Schamlosigkeiten. **Erwachsene dürfen darauf nicht hereinfallen, wenn sie von den Jugendlichen ernst genommen werden wollen.**

Erwachsene haben die Aufgabe, den Schonraum, den Jugendliche sich schaffen, zu respektieren und zu schützen. So zeigen sie ihnen, dass die dahinterstehenden Gefühle keineswegs blöd sind, sondern angemessen. Übrigens: Unter solchen Voraussetzungen sind Eltern und Lehrer als Auskunftgeber bei den Jugendlichen nicht nur willkommen, sondern erwiesenermaßen erwünscht und dringend nötig. Es berührt mich immer wieder sehr, wie nachdrücklich Kinder und Jugendliche, mit denen ich in Schulen spreche, meine Besuche begrüßen, wenn sie merken, dass ihre Gefühle ernst genommen werden. Wie erleichtert und froh sie sind, Fragen stellen zu können und Antworten zu bekommen.

10. Formulieren Sie konkret, aber angemessen!

Wissensvermittlung darf nicht nur abstrakt sein und muss einfühlsam bedacht werden. Letzteres klappt längst nicht immer. Häufig wird Sexualkunde in Grundschulklassen anschaulich gemacht, indem Kondome und Tampons verteilt werden. Die Mädchen befühlen die Tampons. Die Jungen bekommen Kondome und rollen sie über Bananen oder Gurken. Dann wird getauscht.

Das alles ist zwar schön konkret, aber weder alters- noch wirklichkeitsgerecht. Hierzulande handelsübliche Bananen – und erst recht Gurken – lassen ziemlich unrealistische Vorstellungen über die Größe eines steifen Penis entstehen. Für Mädchen ist das ebenso beunruhigend wie für Jungen.

Problematisch ist es auch, Tampons auf eine Stufe mit Kondomen zu stellen. Das eine ist ein Hygieneprodukt, das man erklären muss, wie man die Handhabung einer Zahnbürste erklärt. Das andere ist ein Verhütungsmittel, das man nur beim Geschlechtsverkehr braucht. Anders gesagt: Tampons haben *nichts* mit Sex zu tun. Kondome haben *immer* mit Sex zu tun. Beides zusammen vorzustellen bedeutet, Geschlechtsreife automatisch mit Sex in Verbindung zu bringen. Durch Gedankenlosigkeit werden so falsche Botschaften an die Kinder vermittelt, die sie an ihren eigenen Gefühlen zweifeln lassen.

Manche Mädchen können richtig referieren, wie die Hirnanhangsdrüse das hormonelle Geschehen beeinflusst, fragen aber kleinlaut: »Können Sie uns erklären, warum wir unsere Tage bekommen?« Das zeigt, ihr Wissen ist völlig abstrakt geblieben und macht ihnen ihren eigenen Körper keineswegs verständlich. **Darauf aber kommt es vor allem an: die neuen körperlichen Phänomene so zu verstehen, dass sie mit den eigenen Gefühlen in Übereinstimmung gebracht werden können.**

11. Erkennen Sie die Frage hinter der Frage!

Kinder und Jugendliche maskieren ihre Fragen, wenn es ihnen unangenehm ist, direkt von sich zu sprechen. Besonders in der Pubertät versuchen Mädchen, peinliche Fragen so zu umgehen. Und ihnen ist sehr, sehr vieles schrecklich peinlich! Deshalb ist es wichtig, dass Sie es erkennen, wenn hinter einer vermeintlich einfachen Frage Ihrer Tochter eine große Frage steht, die sie nicht direkt ausdrücken kann oder will (Beispiele dazu finden Sie auf den letzten Seiten dieses Kapitels).

12. Fragen Sie nach!

Es sind aber nicht nur Fragen, sondern auch Bemerkungen, die zu einem Gespräch einladen. Beispielsweise: »Die Jungs sind so doof.« Das sagen Mädchen sehr lange und sehr häufig, bis sie plötzlich feststellen, es sind nicht alle doof, manche sind sogar sehr nett. Trotzdem kann diese Aussage auf Ereignisse in der Schule verweisen, über die zu sprechen Ihrer Tochter peinlich wäre. Deshalb sollten Sie nachfragen: »Wie meinst du das jetzt genau? Passieren da Sachen, die nicht in Ordnung sind?« Wenn Ihre Tochter antwortet: »Neeeeiiiin!«, sind Jungen eben weiterhin nur doof. Manchmal geht es dann aber doch um ernst zu nehmende Vorfälle. Dann ist ein Gespräch in der Schule nötig.

Es ist nicht immer leicht, Fragen innerlich zu formulieren und tatsächlich zu stellen. Das muss man lernen und üben. Dabei spielt es natürlich eine große Rolle, wie die Eltern darauf reagieren. Es ist gut, wenn Sie eine unklare Frage Ihrer Tochter zu ergründen suchen und fragen: »Was meinst du jetzt genau?« oder: »Was möchtest du wissen?« Solche Einladungen helfen Mädchen, sich selbst genauer wahrzunehmen und das Wesentliche auszudrücken.

13. Erzählen Sie Ihrer Tochter auch etwas über Jungen!

Wenn es mit der Pubertät losgeht, benehmen sich Jungen für Mädchen manchmal sehr überraschend. Ihre Tochter sollte erfahren, was typisch ist für das Verhalten des anderen Geschlechts, damit sie es einschätzen kann. Mädchen fragen mich beispielsweise: »Warum gucken die Jungen uns auf den Hintern?« Es könnte sein, dass sie das zu Hause nicht fragen würden, weil es ihnen peinlich ist und weil Eltern davon nichts wissen sollen. **In der Pubertät wird es überaus wichtig, Gleichaltrigen gegenüber loyal zu sein, niemanden aus der eigenen Gruppe zu »verraten«.** Deshalb müssen Sie das Thema Jungen von sich aus ansprechen (siehe Seite 187).

14. Sorgen Sie für klare Grenzen und Verhaltensregeln!

Ohne klare Hinweise von Erwachsenen wissen manche Jungen und Mädchen nicht, wann sie verbal oder körperlich Grenzen überschreiten. Das ist ihnen nicht vorzuwerfen, sie imitieren ja nur, was sie bei Älteren und durch die Medien sehen und hören. Reden Sie mit Ihren Kindern darüber. Und: Sie sollten das Thema beim Elternabend ansprechen! **Lehrkräfte wissen oft nicht mehr, wann sie einschreiten sollen, deshalb müssen Eltern sie zu eindeutigen Ansagen in der Klasse auffordern** – bevor es zu Zwischenfällen kommt: »Wir möchten, dass Sie mit allem Nachdruck sagen, wo die Grenzen sind.« Diese Grenzen sind offen auszusprechen. Dazu muss es Regeln geben: Jungen starren Mädchen und umgekehrt Mädchen Jungen weder an noch fassen sie sie an. Bemerkungen über den Intimbereich sind nicht erlaubt, ebenso wie andere anzügliche Sprüche und Gesten. Es ist auch nicht gestattet, in der Schule die eigenen Genitalien anzufassen, sich an anderen zu reiben, sexuelles Tun zu simulieren. Es ist nicht erlaubt, Pornofilme oder -bilder zu zeigen oder per Handy zu verschicken. Ebenso ist das Filmen anderer ohne deren Einverständnis verboten. (Beide Probleme werden ab Seite 320 ausführlich behandelt.)

Regeln sind auch für all jene Kinder wichtig, die sie für sich selbst nicht bräuchten, weil sie gegen derartige Vorgaben ohnehin nie verstoßen würden. Sie werden darin bestärkt, dass ihr Verhalten richtig ist. Und sie können es eher wagen, sich bei Erwachsenen über Grenzverletzungen zu beschweren.

15. Respektieren Sie Schamgefühle!

Bei Schamgefühlen ist es manchmal besonders schwer, zu entscheiden, woher sie kommen. Manchmal ist bloß Nachahmung der Grund. Wenn Kinder beispielsweise sehen, dass die Großen sich in der Toilette einschließen, tun sie das irgendwann auch. Ausdruck von Schamgefühlen ist das aber noch nicht unbedingt.

Was intim, was privat ist, was nur mir gehört und demjenigen, dem ich persönlich und ausdrücklich Zugang gewähre – dieses Unterscheidungsvermögen entwickelt sich in der Pubertät. Manche Menschen ziehen die Grenzen enger, andere weiter. So, wie es früher üblich war, dass Erwachsene sich auch innerhalb der eigenen vier Wände nicht nackt zeigten, ist heute oft das Gegenteil selbstverständlich. Eltern wundern sich dann womöglich, wenn ein pubertierendes Kind sagt oder zeigt: »Ich finde das peinlich, ich möchte beim Duschen und Anziehen nicht gesehen werden«. Das gilt es zu verstehen und auf jeden Fall zu respektieren. Sätze wie: »Stell dich nicht so an!«, sind nicht nur lieblos, sondern behindern das Kind in seiner psychosexuellen Entwicklung. Denn wenn sich der Körper in der Pubertät verändert, wenn die Brust wächst, die ersten Schamhaare sprießen, entstehen bei allen Mädchen Schamgefühle. Dann schließen sie sich deshalb im Bad ein und beschweren sich heftig über Störungen. Sie möchten sich nicht mehr oben ohne oder nackt zeigen. Und sie finden es unangenehm, wenn Erwachsene das tun. Mädchen grenzen sich dann einerseits ab, andererseits setzen sie sich intensiv mit sich selbst auseinander. Das ist ein wichtiger Entwicklungsschritt.

Heute erleben Kinder und Jugendliche in vielen Zusammenhängen, dass Schamgefühle nicht ernst genommen werden. Es wird oft so getan, als gäbe es gar keine Schamgefühle oder als seien sie etwas Falsches, vielleicht sogar Schädliches, etwas, was überwunden werden müsse. Genau das Gegenteil ist richtig: Schamgefühle sind ein wichtiger Schutz. **Ein Mädchen in der Entwicklung spürt instinktiv, dass sie noch nicht »fertig« ist. Schamgefühle führen in dieser unsicheren Zeit in einen Schonraum.**

Wenn zum Beispiel im Sexualkundeunterricht die ganze Klasse anfängt zu kichern, dann lässt sich das nutzen, um zu zeigen, wie richtig Schamgefühle sind. Wenn die Lehrerin sagt: »Ja, ihr kichert, weil wir über etwas ganz Besonderes sprechen«, dann werden die Gefühle der Kinder ernst genommen. Wenn sie jedoch sagt: »Wir reden jetzt mal offen über alles. Das ist ganz normal, und deshalb hört auf zu lachen«, dann ist diese Chance vertan.

Den Schamgefühlen von pubertierenden Mädchen und Jungen entspricht es, sie *nicht gemeinsam* über allzu intime Fragen zu unterrichten. Wenn es im Biologieunterricht um die Funktion von Gebärmutter, Eierstöcken und Hoden geht, dann ist das etwas anderes, als wenn man über Themen spricht, die den Intimbereich der Jungen und Mädchen direkt betreffen, beispielsweise über Samenerguss oder Regelblutung. Da bieten nur gleichgeschlechtliche Gruppen Raum für ernsthafte Fragen oder Kommentare.

Der für Jungen und Mädchen zusammen erteilte Sexualkundeunterricht muss versachlichen, um den Schamgefühlen Rechnung zu tragen. Das führt allerdings dazu, dass die Informationen auch auf der sachlichen Ebene bleiben, nur schwer auf den eigenen Körper bezogen werden können. Deshalb ersetzt schulischer Sexualkundeunterricht keinesfalls Mutter-Tochter-Gespräche.

16. Zeigen Sie, wie wertvoll Intimität ist!

Siezen oder duzen? Hand geben oder umarmen? Küsschen rechts und links oder auf den Mund? Das sollte jeweils unterschiedliche Beziehungsintensitäten ausdrücken. Wir sehen aber bei vielen Erwachsenen Grenzen verschwimmen, auch zwischen Intimem und Öffentlichem verschwinden sie. Das ist ein Prozess, der offenkundig parallel zu der Entwicklung in den Medien verläuft. Menschen äußern dort ganz Privates Wildfremden gegenüber. Wenn Kinder und Jugendliche bei ihren Eltern und anderen für sie wichtigen Erwachsenen nicht erleben, dass es Unterschiede gibt zwischen Themen, die sie im größeren Kreis erörtern, und Themen, die sie nur mit ihrem Partner bereden oder allein mit ihrer Tochter, ihrem Sohn, dann lernen sie nicht, wie kostbar Intimität ist. Diskretion und Takt machen nicht nur Themen, sondern vor allem Beziehungen zu etwas Besonderem. Wenn ich mit jedem und jeder alles bequatsche, dann ist Offenheit einer guten Freundin gegenüber nichts mehr wert, ja, die Freundin selbst wird als Gesprächspartnerin austauschbar.

»Meine Mutter hat mich immer ernst genommen und meine Geheimnisse für sich behalten. Auch mein Vater und meine Schwester erfuhren nichts davon. Dadurch fühle ich mich sehr mit meiner Mutter verbunden, auch heute noch, wo wir weit entfernt voneinander leben.«

Katja, 25 Jahre

Pubertierende sind besonders sensibel für solche Einflüsse. Da gilt es, Maßstäbe zu setzen, Vorbild zu sein. Zum einen, indem man immer wieder und deutlich kritisiert, dass im Fernsehen, im Internet wichtige Grenzen verletzt werden. Zum anderen auch dadurch, dass man mit intimen Nachrichten über die Kinder selbst entsprechend verfährt. In die Rubrik Intimes fällt in jedem Fall die erste Menstruation. Es ist für ein junges Mädchen schrecklich, wenn sie neben ihrer Mutter steht und die beim Einkaufen zur Nachbarin sagt: »Meine Kathrin hat jetzt auch ihre Tage.« Dann ist das Vertrauen erst mal perdu.

17. Diskutieren Sie über moralische Werte!

Wenn Ihre Tochter in die Pubertät kommt, hat sie bei vielen Fragen längst gelernt, was richtig und was falsch ist, etwa, dass man andere nicht verletzen, nicht klauen darf und möglichst nicht lügen sollte. Sie weiß, dass Menschen nur dann gut zusammenleben können, wenn sie sich gegenseitig achten und es gerecht zugeht.

Jetzt aber geht es darum, dass Ihre Tochter moralische Maßstäbe für ihr Erwachsenenleben entwickelt. **Sprechen Sie mit ihr darüber, dass Sexualität kein Spielzeug ist, nichts, was *nur* zum Spaß da ist, sondern dass es auch um Verantwortung und Selbstachtung geht.** Für die meisten Menschen ist beispielsweise Treue wichtig, denn je intensiver man sich verbunden fühlt, umso kränkender ist es, wenn sich der Partner oder die Partnerin jemand anderem zuwendet.

Die schlichte Forderung: Wir brauchen wieder Werte, führt nicht weit. Aber wenn Sie mit Ihrer Tochter konkret diskutieren, was Ihnen Orientierung gibt, hilft ihr das, Maßstäbe nicht nur einfach zu übernehmen oder abzulehnen, sondern in sich wachsen zu lassen. Und für Sie kann es sehr spannend sein, zu hören, welche Vorstellungen Ihre Tochter von sich und der Welt entwickelt.

18. Wahren Sie Ihre eigenen Grenzen!

So, wie Schamgefühle der Töchter normal sind, ist es normal, dass es auch Müttern schwerfällt, über den Körper und über Sex zu sprechen. Und deshalb ist es eine Leistung, wenn Mütter sich dieser Aufgabe stellen. Nicht nur Teenager haben Angst, sich durch Fragen zu blamieren, auch Eltern fürchten manchmal, sich vor ihren Kindern lächerlich zu machen oder ihnen zu nahe zu treten.

Die meisten Erwachsenen scheuen Gespräche über geschlechtliche Dinge. Sie fallen ihnen auch mit ihrem Liebespartner schwer. Selbst wenn manche sagen, alles sei doch ganz natürlich, hört man ihnen an, dass sie das eher behaupten als tatsächlich empfinden. **Es ist gut und schön, wenn Ihre Tochter merkt, dass Sie Informationen über Sexualität nicht aus dem Ärmel schütteln. Dann spürt sie, wie persönlich, wie intim das Thema auch für Sie ist.** Und Ihre Tochter merkt, dass Sie etwas für sie tun, selbst dann, wenn es Ihnen nicht ganz leichtfällt. Auch wenn sie das im Moment womöglich auf keinen Fall zugeben möchte: Sie wird stolz sein, weil sie von ihren Freundinnen hört, wie wenig selbstverständlich wirklich umfassend aufklärende Mutter-Tochter-Gespräche sind.

Dabei sollten Sie immer auch *Ihre* Intimsphäre wahren. Es geht nicht darum, der Tochter im Detail zu erzählen, was Sie körperlich empfinden, oder gar Einzelheiten aus Ihrem Liebesleben. Im Gegenteil. Das geht Ihre Tochter nichts an und belastet sie zudem. Ziel der Mutter-Tochter-Gespräche ist es, die Tochter über den weiblichen Körper, über weibliche Gefühle *grundsätzlich* zu informieren, ihr unangenehme Erfahrungen aufgrund von Unwissenheit zu ersparen, ihr gute Erfahrungen zu ermöglichen – eigene Erfahrungen. Deshalb sollten Mütter mit *ihren* Erlebnissen überaus zurückhaltend sein. Und niemals sollten sie mit Kindern und Jugendlichen ihre eigenen Liebesprobleme erörtern.

19. Finden Sie den richtigen Ton!

Nur wenige Mütter können bei der Aufklärung ihrer Töchter auf das zurückgreifen, was sie selbst einst von ihren Müttern zu hören bekommen haben. Die Erinnerungen an das eigene Erwachsenwerden sind in dieser Hinsicht oft eher traurig. Auch das macht es schwer, nun mit der eigenen Tochter zu reden.

Das soll und könnte sich ändern: Jede Mutter, die es schafft, ihre Tochter liebevoll aufzuklären, trägt in mehrfacher Hinsicht zur Verbreitung notwendigen Wissens bei. Viele Mädchen teilen ihre Informationen nämlich mit Freundinnen. In Schulen höre ich oft: »Das weiß ich schon von meiner Freundin; bei der waren Sie auch in der Klasse.«

Ich habe gute Erfahrungen damit gemacht, Kindern und Jugendlichen gegenüber, so wie in diesem Buch, alles beim Namen zu nennen, aber weder den Jugendjargon zu benutzen noch abgehobenes medizinisches Fachvokabular. Jugendsprache würde anbiedernd wirken, allzu medizinische Begriffe wären unverständlich.

Ich empfinde es als hilfreich, in der Sache klar und eindeutig zu sprechen, aber bei den Formulierungen auf respektvolle Distanz zu achten, indem ich sie allgemein statt persönlich halte. »So ist das im Normalfall. Das wirst du vielleicht auch erleben«, kommt beispielsweise besser an als: »Du hast jetzt schon diese kleinen Brüste und deshalb ...«. Für jene, die daran gewöhnt sind, sich möglichst persönlich auszudrücken, nicht »man«, sondern »ich« zu sagen, ist es womöglich zunächst nicht leicht, in Mutter-Tochter-Gesprächen intime Dinge allgemein zu formulieren.

Auch die Stimmlage ist wichtig. Die Mädchen registrieren ganz genau, wenn ich ein Wort wie »Geschlechtsverkehr« etwas leiser sage. Ich zeige damit, dass gerade von etwas Intimem die Rede ist. Ich versuche, dafür einen passenden Ton zu finden, und der ist eben nicht demonstrativ locker, sondern zurückhaltend und persönlich.

info

Fehleinschätzungen und Missverständnisse

Erwachsene ...	*Jugendliche ...*
... denken, dass Jugendliche alles wissen, weil doch überall über alles geredet wird.	... wissen ganz vieles nicht und wissen aus diesem Grund auch nicht, wonach sie fragen sollen.
... glauben, dass Jugendliche viel mehr wissen als sie selbst.	... glauben, dass ihre Altersgenossen alles genau wissen, und möchten sich deshalb nicht durch Fragen blamieren.
... glauben, dass Jugendliche heutzutage ganz locker und selbstsicher mit Sexualität umgehen.	... glauben, dass viele oder alle anderen weit mehr Erfahrung haben als sie selbst, und wollen ihre vermeintlich einzigartige Unerfahrenheit nicht offenbaren.
... glauben, dass Jugendliche von ihnen zum Thema Sexualität und Liebe eher weniger hören wollen.	... wünschen sich als Gesprächspartner für Fragen zur Sexualität an erster Stelle die Mutter, an zweiter einen Arzt oder eine Ärztin.

Erwachsene ...	*Jugendliche ...*
... glauben, dass sie ganz cool reden müssten, um von Jugendlichen als Gesprächspartner akzeptiert zu werden.	... sind froh, wenn Erwachsene ihnen bestätigen, dass es etwas Besonderes ist, über Sexualität zu sprechen.
... glauben, sie müssten zu viel von sich selbst erzählen.	... möchten über das Liebesleben ihrer Eltern nichts Konkretes wissen und wünschen sich auch Respekt für ihre eigene Privatsphäre.
... glauben, dass sie keine Unsicherheiten zeigen und nie Unwissen offenbaren dürfen, um als guter Gesprächspartner zu gelten.	... wünschen sich Vorbilder, die ihnen auch zeigen, wie man mit Unsicherheiten umgeht und mit Herausforderungen fertig wird.

20. Geben Sie Ihrer Tochter Halt!

Sicherheit und Selbstbewusstsein gewinnen Kinder und Jugendliche durch Eltern, die ihnen räumlich und moralisch Grenzen setzen, ihr Verhalten kommentieren, sich mit ihnen – auch strittig – auseinandersetzen, nicht durch grenzenlose Freiheit. Natürlich werden Sie Ihrer Tochter zugestehen, dass sie im Laufe der Pubertät zunehmend eigene Haltungen entwickelt und erprobt. Die können zunächst noch vorläufig oder wackelig sein und werden vielleicht gerade deshalb mit besonderem Nachdruck vorgebracht.

Viele Leute glauben, es sei tolerant, nichts zu bewerten, gar keine Meinung zu vertreten. Das ist nicht tolerant, das ist unentschieden und wirkt auf Kinder verunsichernd. Wovon sollen sie sich in der Pubertät absetzen, wenn es gar keinen Standpunkt gibt? Wogegen können sie rebellieren, wenn es keine Grenzen gibt? **Ohne Haltungen, ohne Grenzziehungen der Erwachsenen sind Kinder und Jugendliche haltlos.** Manchmal suchen sie dann Zuflucht in erschreckend strengen Gruppierungen.

Toleranz heißt, *trotz* des eigenen Standpunkts andere Standpunkte gelten zu lassen. Und Toleranz führt zu Gesprächen, die verändern können: Wenn beide Seiten ihre Ansichten begründen, dann lernt man die Gefühle und Gedanken des anderen kennen und muss seine eigenen formulieren.

Im Gespräch bleiben oder einen Neuanfang wagen

Egal, wie gut das Verhältnis bislang auch war – es ist normal, wenn sich Ihre Tochter in der Pubertät zurückzieht. Das ist typisch für diese Lebensphase. Trotzdem sollten Sie immer signalisieren: Ich bin für dich da. Ich bin bereit, mit dir zu sprechen. Gerade in dieser schwierigen Zeit ist es für Ihre Tochter wichtig, dass Sie zuverlässig präsent sind und sie aufmerksam wahrnehmen. Dazu gehört auch, auf Fragen möglichst sofort oder bald einzugehen.

Manchmal ist es jedoch kaum möglich, Gespräche zu führen. Dann hocken Mädchen nur so kurz wie irgend möglich am

Esstisch und scheinen mit den Gedanken ganz woanders zu sein. Vielleicht verdreht Ihre Tochter nur genervt die Augen, wenn Sie ihr etwas sagen. **Dennoch ist es wichtig, *dass* Sie etwas sagen und *wie* Sie es tun.** Deshalb sollten Sie nicht resignieren, sondern hier und da Informationen geben, alltägliche Vorgänge kommentieren. Beispielsweise bei einer Bettszene im Fernsehen: »Nie wird nach einem Kondom gegriffen. Ganz schön unrealistisch.«

Egal auch, wie selbstverständlich Gespräche zwischen Mutter und Tochter bislang waren: Manche Mütter werden unruhig, wenn sie daran denken, wann und wie sie ein Gespräch mit ihrer Tochter zum Thema erste Regelblutung führen sollen. Das können Sie vorbereiten, indem Sie beispielsweise sagen: »Ab und zu müssen Frauen mal ein Frauengespräch führen.« Wenn Sie im Gespräch das Gefühl haben, Ihre Tochter empfindet die Situation als unangenehm, dann können Sie sagen: »Ich merke, dass du das jetzt ein bisschen peinlich findest. Das ist ganz normal. Du musst dazu auch nichts sagen. Aber ich halte es für wichtig, dir einiges zu erklären.«

Mütter, die nicht schon frühzeitig angefangen haben, mit ihren Töchtern über körperliche Dinge zu reden, haben keineswegs alles verpasst. Auch wenn die Tochter schon älter ist, die Pubertät bereits begonnen hat, kann die Mutter mit »Frauengesprächen« über besondere Themen beginnen. Sollten Sie das Gefühl haben, in der Vergangenheit etwas versäumt zu haben, dann ist es gut, genau das auch zu sagen: »Ich glaube, ich hätte manches schon etwas früher mit dir besprechen sollen …« Ein guter Gesprächseinstieg ist oft ein Satz wie: »Ich weiß nicht, ob du das schon weißt, aber ich möchte dir unbedingt erzählen …«

Was hinter den Fragen von Mädchen steckt

Frage: Wie merkt man, dass man in der Pubertät ist?

Dr. Schoonbrood: Das könnte heißen: Bei mir tut sich noch nichts. Ist das in Ordnung? Wann muss ich damit rechnen, dass etwas passiert? Oder: Ich verändere mich, mein Körper verändert sich, ich weiß aber nicht, was das bedeutet.

Kommen Jungs auch in die Pubertät?

Das könnte heißen: Was passiert bei Jungen? Wie verändert sich der Körper von Jungen? Und wann? Oder auch: Die Jungen benehmen sich plötzlich so anders. Warum?

Ist es normal, wenn man mit 17 noch nicht mit einem Jungen geschlafen hat?

Das könnte heißen: Ich habe noch nicht mit einem Jungen geschlafen – wie soll ich das bewerten? Oder: Was ist da denn eigentlich normal, mit welchem Alter sollte man es denn schon gemacht haben?

Wie merkt man die Liebe?

Das könnte heißen: Ich spüre etwas, weiß aber nicht,

was es ist. Oder: Woran merke ich, dass ich mich verliebt habe? Oder: Was ist der Unterschied zwischen Verliebtheit und Liebe?

Mama, wann hast du deine Tage bekommen?

Das könnte heißen: Warum habe ich sie noch nicht? Warum haben sie einige in der Klasse schon? Wie ist das überhaupt, wenn man seine Tage bekommt? Was passiert da? Wofür ist das gut?

Wie groß warst du in meinem Alter?

Das könnte heißen: Ich bin noch so klein. In der Klasse sind alle viel größer. Die anderen haben schon einen Busen, ich aber nicht. Oder: Ich bin die Längste von allen. Die anderen lachen mich aus.

Die anderen sind noch so kindisch.

Das könnte heißen: Ist es normal, dass ich mich jetzt schon für Jungen und für Mode interessiere? Oder: Ich fühle mich allein, weil die anderen noch nicht so weit sind wie ich.

Wir hatten heute Sport, und Ines hatte einen BH an.

Das könnte heißen: Ich möchte auch einen BH. Oder: Meinst du, ich sollte auch einen tragen? Oder: Warum habe ich noch keinen richtigen Busen wie die anderen? Ist das normal?

Meine Freundin redet nur noch von Jungs.

Das könnte heißen: Ist es normal, dass ich mich noch nicht für Jungen interessiere?

Was mögen die Jungen, wenn man ihre Freundin ist?

Das könnte heißen: Mein Freund möchte, dass ich etwas Bestimmtes tue. Ist das normal? Muss ich das tun? Oder: Wie finde ich einen Freund? Oder: Was muss ich tun, damit mein Freund bei mir bleibt?

Ich habe Bauchweh. Ist das was Schlimmes?

Natürlich ist diese Frage zunächst wörtlich zu nehmen. Aber außerdem könnte das heißen: Was passiert mit mir? Oder: Bekomme ich bald meine Tage?

Muss man dem Sportlehrer sagen, wenn man die Tage hat?

Das könnte heißen: Kann man während der Tage beim Sport mitmachen? Oder: Es ist mir peinlich, das einem Lehrer, einem Mann, zu sagen. Ist es normal, dass ich das peinlich finde? Was soll ich tun?

Tut Sex weh, wenn man die Tage noch nicht hat?

Das könnte heißen: Ich höre, wie andere darüber reden, aber ich weiß nicht, wann es normal ist, Sex zu haben. Oder: Ich habe Angst. Sag mir bitte, was richtig ist.

Warum wünschen sich manche ein Kind? Was ist daran schön?

Das könnte heißen: Ich kann mir das für mich nicht vorstellen. Oder: Wie schlimm ist eine Geburt? Gibt es da nichts gegen die Schmerzen? Oder: Bin ich eine Last für dich? Hast du mich lieb?

2.

Körperliche Veränderungen in der Pubertät

Alles, was Mädchen über die Veränderungen in ihrem Körper von Ihnen erfahren sollten, steht im folgenden Kapitel – übersichtlich, wissenschaftlich fundiert und mit zahlreichen Beispielen für einfühlsame Gespräche mit Mädchen und jungen Frauen.

»Man guckt in den Spiegel und sieht eine Frau«

Wenn der Körper erwachsen wird

»Wir haben gehört, Sie wollen mit uns über Orgasmus, Kondome und Verhütung reden. Darüber wissen wir schon alles«, lautet die provokant abwehrende Begrüßung in einer 6. Klasse.

»Ich hatte eher daran gedacht, mit euch darüber zu sprechen, wie es ist, wenn ihr eure Tage bekommt«, sage ich.

»Ach so, davon wissen wir echt nicht viel«, räumt Meike ein.

»Nur, dass man Angst davor hat«, ergänzt Anna leise.

Teenager sind manchmal ängstlich und manchmal ganz schön frech, denn von ihrer Ängstlichkeit soll niemand etwas merken. Die Zeit der Pubertät geht nicht nur mit Gefühlen von Aufbruch und mit vielen Entdeckungen einher, sondern ist auch mit ängstlichen Selbstbeobachtungen und -zweifeln verbunden.

Wenn die Unwissenheit groß ist, sind auch die Ängste groß. Sie als Mutter können da Wunder wirken. Es stimmt, viele Fünft- und Sechstklässlerinnen haben bereits nahezu alles über sexuelle Praktiken gehört und gesehen. Selbst pornografische Bilder und Filme sind vielen Kindern bekannter, als Eltern ahnen. Aber wie und warum sich ihr eigener Körper in der Pubertät verändert, das wissen die meisten nicht. »Was – das bleibt jetzt für immer?«, fragen mich manche Mädchen entgeistert. Sie haben zwar gehört, dass in der Pubertät dramatische Veränderungen zu erwarten sind, aber sie wissen oft nicht, welche nur vorübergehend und welche von Dauer sind. Viele fragen sich, ob bei ihnen alles normal ist, wie und warum Mädchen ihre Tage bekommen und was das konkret bedeutet.

Diese Themen sind – im Gegensatz zu Sex – in der Gefühlswelt der Mädchen zentral, beschäftigen sie sehr. Aber sie sind noch zu jung, um sich die verfügbaren Informationen selbst zu erschließen und zu gewichten. Der Mangel an Wissen führt dazu, dass bei ihnen jede Menge Fehlinformationen kursieren. Um nur einige Beispiele zu nennen: 1 bis 2 Liter Blut würden fließen. Tampons verletzten das Jungfernhäutchen. Von der ersten Menstruation an müsse die Pille genommen werden. Die Tage habe ein Mädchen ein Mal in der Pubertät und dann nie wieder.

Begriffe für die Phasen der körperlichen Entwicklung

Die Altersspanne für eine normale Entwicklung ist sehr groß – damit können Sie Ihre Tochter beruhigen – nämlich ungefähr fünf Jahre. Bei Mädchen beginnt die Pubertät zwischen 8 und 13 Jahren, bei Jungen zwischen 9 und 14 Jahren.

Es gibt viele Begriffe für die Entwicklungsphasen bis zum Erwachsensein. Wann diese Phasen genau eintreten, ist von Person zu Person sehr unterschiedlich. Manchmal werden die Be-

info

Primär oder sekundär?

Primäre Geschlechtsorgane werden diejenigen Geschlechtsorgane genannt, die bereits bei der Geburt vorhanden sind.

- *Bei Mädchen:* Vulva (Intimregion), Klitoris (Kitzler), Scheide, Eierstöcke, Eileiter, Gebärmutter.
- *Bei Jungen:* Hoden, Penis, Prostata, Samenleiter, Bläschendrüse.

Sekundäre Geschlechtsmerkmale prägen sich erst in der Pubertät aus.

- *Bei Mädchen:* Brust, Scham- und Achselhaare, weibliche Körperform.
- *Bei Jungen:* Scham- und Achselhaare, Körperbehaarung, Bartwuchs, Stimmlage, männliche Körperform.

zeichnungen Vorpubertät, Pubertät und Adoleszenz benutzt, um unterschiedliche Entwicklungsstadien voneinander abzugrenzen. Das gelingt aber nur bedingt und führt zu Verwirrung. Deshalb verwende ich in diesem Buch ausschließlich den Begriff Pubertät.

Der Gesetzgeber nennt Menschen bis zum vollendeten 14. Lebensjahr Kinder, Menschen zwischen 14 und 18 Jugendliche. In diesem Buch werden die Begriffe Kinder und Jugendliche entsprechend den Definitionen des Gesetzes verwendet.

Die Pubertät beginnt mit den ersten hormonell bedingten körperlichen Veränderungen und endet, wenn die primären Geschlechtsorgane ausgereift, die sekundären Geschlechtsmerkmale voll ausgebildet sind, sich die hormonellen Regelkreise eingespielt haben und die körperliche Entwicklung zum Abschluss gekommen ist.

Die folgenden Ausführungen werden Sie darüber staunen lassen, welche dramatischen Veränderungen im Körper von Kindern und Jugendlichen stattfinden. Gemessen an dem komplexen Geschehen, werden vorübergehende Anpassungsschwierigkeiten nur zu verständlich.

Wenn die Sexualhormone voll ins Spiel kommen

»Warum haben nur Jungs Hormone?«, fragen Mädchen mich manchmal, weil sie den Begriff Hormone nur im Zusammenhang mit pubertärem Verhalten von Jungen gehört haben. Sie sind überrascht, wenn ich antworte: »Hormone haben überaus wichtige Aufgaben im Körper. Von Anfang an. Bei Mädchen und Jungen.«

Das ganze Leben lang regulieren winzige Hormonmengen den Stoffwechsel und die Tätigkeit der Organe und unterstützen das vegetative Nervensystem, beispielsweise bei der Steuerung von Herzschlag, Blutdruck und Darmtätigkeit.

Was sind Hormone?

Hormone sind biochemische Botenstoffe. Sie werden in spezialisierten Zellgruppen gebildet, in den Hormondrüsen, und direkt in die Blutbahn abgegeben. Dadurch zirkulieren sie im ganzen Körper und transportieren Botschaften zu ihren Zielorganen. Zu Beginn der sexuellen Reifeprozesse werden die Organe, die mit einem Empfänger (Rezeptor) ausgestattet sind, durch die Wirkkraft der Sexualhormone aktiviert.

Viele Hormone wirken von Geburt an oder bereits im Mutterleib, beispielsweise Schilddrüsenhormone, die den Energiestoffwechsel regulieren, oder das Stresshormon Adrenalin, das Aufmerksamkeit und Anspannung steuert. Das Hormon Testosteron lässt bei Jungen Penis und Hoden wachsen.

Männliche und weibliche Sexualhormone produziert der Körper in den ersten Lebensjahren jedoch nur auf Sparflamme. Das ändert sich plötzlich zwischen dem 8. und 14. Lebensjahr. Die Produktion wird angekurbelt, die Pubertät beginnt.

Hormone, die den Startschuss zur Pubertät geben

Zu Beginn der Pubertät ist der Körper einer kaskadenartigen Welle neuer Hormonwirkungen ausgesetzt. Die Feindosierung der unterschiedlichen Hormone und ihre Balance untereinander sind ein äußerst vielschichtiges und zunächst labiles Geschehen. Ein komplizierter Regelmechanismus (siehe Seite 90), der eng mit Gehirnstrukturen verbunden ist, bewerkstelligt diese Meisterleistung zunehmend reibungslos. Vieles weiß man heute über diese Vorgänge in unserem Körper, manches liegt aber noch im Dunkeln, beispielsweise die Frage, was das ursächliche Signal für den Beginn der Pubertät ist, was dem ersten Stein einen Schubs gibt, der dann einen beeindruckenden Dominoeffekt auslöst. Verschiedene Theorien wurden diskutiert, manche wieder verworfen.

Wir wissen: **Die Gene bestimmen kräftig mit. Pubertätsbeginn bei Vater und Mutter sind ein Anhaltspunkt dafür, wann es beim Kind losgehen könnte.** Bei Mädchen muss dafür außerdem eine gewisse Menge an Fettzellen – mindestens 17 bis 25 Prozent des Körpergewichts – vorhanden sein.

Wir wissen auch: Die Zirbeldrüse im Gehirn, in der das für den Schlaf-Wach-Rhythmus wichtige Hormon Melatonin gebildet wird, gibt auf bislang unerforschte Weise Befehle zur Geschlechtsentwicklung an den Hypothalamus, einen Bereich im Zwischenhirn.

Und erst kürzlich wurde das Eiweißhormon Kisspeptin entdeckt, das in Nervenzellen im Hypothalamus produziert wird. Versuche an Nagetieren und Schafen haben gezeigt, dass bei Tieren, bei denen man das Hormon Kisspeptin unterdrückt, der Prozess der Geschlechtsreifung nicht beginnt.

Der Hypothalamus im Zwischenhirn produziert dann auch das sogenannte Freisetzungshormon (Gonadotropin-Releasing-Hormon = GnRH). Das wiederum wirkt auf die Hirnanhangsdrüse (Hypophyse) ein, indem es dort die Produktion des Wachstumshormons (somatotropes Hormon = STH), des follikelstimulierenden Hormons (FSH) und des luteinisierenden Hormons (LH) anregt.

info

Die wichtigsten Sexualhormone auf einen Blick

Hormon	*Bildungsort*	*Wichtigste Wirkungen*
GnRH (Gonadotropin-Releasing-Hormon)	Hypothalamus	• Stimuliert die Hirnanhangsdrüse, STH, TSH, ACTH, FSH und LH zu produzieren. • Setzt und hält die Keimdrüsen (Eierstöcke, Hoden) in Funktion.
FSH (follikelstimulierendes Hormon)	Hirnanhangsdrüse	• Lässt Eierstöcke und Hoden reifen. • Bewirkt die Bildung von Eibläschen im Eierstock und die Reifung der Eizellen. • *Beim Mann:* Entwicklung der Samen.
LH (luteinisierendes Hormon)	Hirnanhangsdrüse	• Lässt Eierstöcke und Hoden reifen. • Löst den Eisprung aus und wandelt das Eibläschen zum Gelbkörper um. • Reguliert die Progesteronbildung.

Hormon	*Bildungsort*	*Wichtigste Wirkungen*
STH (somatotropes Hormon)	Hirn-anhangs-drüse	• Steuert das Längenwachstum im Kindesalter, das Wachstum der inneren Organe, den Muskelaufbau, die Verknöcherung des Skeletts und im Zusammenspiel mit Östrogen (Mädchen) bzw. Testosteron (Jungen) den Wachstumsschub.
Östrogene	Eierstöcke, Nebennierenrinde Hoden	• Brustentwicklung. • Beschleunigung des Längenwachstums und seinen Abschluss. • Ausbildung der weiblichen Figur. • Heranreifung der Eizelle. • Neubildung der Gebärmutterschleimhaut. • Durchlässigkeit des Schleimpfropfs am Eingang zur Gebärmutter für Samen. • Wasser- und Fetteinlagerungen im Gewebe.

Hormon	*Bildungsort*	*Wichtigste Wirkungen*
Östrogene (Fortsetzung)		• Elastizität und Durchfeuchtung von Scheidenschleimhaut und Jungfernhäutchen. • Zunehmende Knochenfestigkeit. • Festigkeit des Bindegewebes. • Straffheit der Haut. • Erhöhung der Blutgerinnungsfähigkeit. • Komplexe Einflüsse auf das sexuelle und soziale Verhalten. • Psychische Ausgeglichenheit.
Progesteron	Gelbkörper Mutterkuchen	Bewirkt alles, was der Einnistung und dem Erhalt einer Schwangerschaft dient: • Vorbereitung der Gebärmutterschleimhaut. • Einlagerung von nährstoffreicher Flüssigkeit. • Undurchdringlichkeit des Schleimpfropfs am Eingang zur Gebärmutter.

Hormon	*Bildungsort*	*Wichtigste Wirkungen*
Progesteron (Fortsetzung)		• Temperaturanstieg nach dem Eisprung. • Vorbereitung der Brust auf Milchbildung. • Ruhigstellung der Gebärmuttermuskulatur und Erhalt der Gebärmutterschleimhaut in der Schwangerschaft.
Androgene (u. a. Testosteron)	Hoden, Nebennierenrinde, Eierstöcke	*Bei Männern:* • Beim Embryo die Entwicklung der Geschlechtsorgane. • In der Pubertät die Ausreifung der Geschlechtsorgane und die Ausbildung der sekundären Geschlechtsmerkmale. • Samenbildung. *Bei Männern und Frauen:* • Körperbehaarung und Knochenwachstum. • Erhöhung der Muskelmasse. • Aggressivität. • Sexuelles Verlangen.

Das Wachstumshormon

Das Wachstumshormon STH bewirkt das Längenwachstum schon im Kindesalter. In der Pubertät sorgt es für einen Wachstumsschub. Es steuert außerdem das Wachstum der inneren Organe, den Muskelaufbau und die Verfestigung der Knochen.

Das follikelstimulierende Hormon

Ab Beginn der Pubertät lässt das follikelstimulierende Hormon (FSH) die Keimdrüsen, also Eierstöcke oder Hoden, reifen. FSH bewirkt, dass sich in den Eierstöcken Eibläschen (Follikel) bilden und in jedem Zyklus in einem der Bläschen eine Eizelle heranreift. Das Eibläschen produziert dabei Östrogene, die wichtigste Gruppe weiblicher Hormone. Bei Jungen bilden die heranreifenden Hoden das Sexualhormon Testosteron.

Das luteinisierende Hormon

In der Zyklusmitte bildet die Hirnanhangsdrüse vermehrt LH. Das bringt das gereifte Eibläschen zum Platzen und setzt die Eizelle frei. Diesen Vorgang nennen wir Eisprung (Ovulation). LH sorgt auch für die weitere Entwicklung des geplatzten Bläschens: Nach dem Eisprung wird es zu einem kleinen gelben Knubbel, dem Gelbkörper (Corpus luteum), der das Hormon Progesteron produziert.

Die Rolle der Sexualhormone in der Pubertät

Östrogene, Progesteron und Testosteron sind die eigentlichen Sexualhormone. Sie werden überwiegend in den Eierstöcken beziehungsweise in den Hoden produziert. Von Beginn der Pubertät an zirkulieren im Blut eines Mädchens vermehrt Sexualhormone: als weibliche Hormone die Östrogene und das Progesteron und – in geringer Menge – männliche Hormone. Bei Jungen finden sich hauptsächlich das Hormon Testosteron und in geringen Mengen auch weibliche Hormone.

Östrogene

Östrogene bewirken in der Pubertät, dass die Brust wächst, der Weißfluss (siehe Seite 112) einsetzt und der Mädchenkörper sich zu einem Frauenkörper entwickelt, in dem monatlich eine Eizelle heranreift.

Östrogene bestimmen maßgeblich den weiblichen Zyklus. Sie beeinflussen aber auch auf komplexe Weise die Gehirnstrukturen und damit das sexuelle und soziale Verhalten. Auf die Psyche wirken sie eher ausgleichend. Auch im männlichen Körper werden Östrogene produziert, aber nur in geringer Menge.

Progesteron

Der Gelbkörper des Eierstocks produziert noch eine Art von Hormonen: Gestagene. Das bedeutendste ist das Gelbkörperhormon Progesteron (lat.: pro = für, lat.: gestatio = Schwangerschaft) – neben Östrogenen das zweite wichtige weibliche Hormon, ebenfalls mit großem Einfluss auf den Zyklus. Es macht und hält die Gebärmutterschleimhaut bereit für die Einnistung einer befruchteten Eizelle. Dieser Prozess findet in der zweiten Zyklushälfte statt. Anschließend verebbt die Hormonproduktion des Gelbkörpers. Dann bluten die oberen Schichten der Gebärmutterschleimhaut ab, und die Menstruation beginnt.

Testosteron

Das wichtigste männliche Hormon ist das Testosteron. Im Jungenkörper führt die gesteigerte Testosteronproduktion in den Hoden frühzeitig im Pubertätsverlauf zum ersten Samenerguss. Bei Mädchen und Jungen sorgen männliche Hormone (Androgene) dafür, dass Scham- und Achselhaare wachsen. Und sie bewirken auch das sexuelle Verlangen, die Libido.

Die Macht der Hormone

Die faszinierende Wirkung der Hormone und die nicht minder faszinierenden Wechselwirkungen von Hormonproduktion, Psyche und Umwelt sind immer noch mit vielen Rätseln verbunden – und in der Pubertät mit echten Herausforderungen.

Die primären Geschlechtsorgane und die sekundären Geschlechtsmerkmale verändern sich durch hormonelle Einflüsse (siehe Info auf Seite 82). Die im Blut zirkulierenden Hormone entfalten aber auch eine hemmende Wirkung auf die Hirnanhangsdrüse. Dorthin melden sie zu gegebener Zeit zurück: Du kannst aufhören, die Hormondrüsen weiter anzutreiben. Dieser Regelungskreislauf ist überaus kompliziert und komplex. Deshalb kann es ein paar Jahre dauern, bis er sich eingespielt hat, bis ein Gleichgewicht entsteht zwischen den verschiedenen hormonellen Wirkungen.

Die Macht der Hormone zeigt sich nicht nur in den vielfältigen körperlichen Veränderungen, sondern auch in Bezug auf die grundlegenden Lebensäußerungen, die vom Gehirn gesteuert werden, unter anderem auch auf die Gefühle und Stimmungen. All das durchlebt Ihre Tochter in der Pubertät, und deshalb braucht sie in dieser Lebensphase ganz besonders Ihre Unterstützung.

Nicht nur die Hormone sind bestimmend

Die Hormone bewirken zwar viel, aber Mädchen – und natürlich auch Jungen – entscheiden letztendlich auch mit ihrem Verstand und ihrem Willen, ob sie auf Veränderungen ihres Körpers und auf Befindlichkeitsschwankungen mit Hoffnungslosigkeit reagieren oder sie als natürlich und vorübergehend akzeptieren. Körper und Persönlichkeit hängen eng zusammen, und deshalb ist es wichtig, dass Sie Ihre Tochter ermutigen, ihren zunehmend erwachsen werdenden Verstand auch dafür zu nutzen, darüber nachzudenken, was für eine Frau sie werden möchte, was ihr wichtig ist. Darüber zu sprechen macht Ihrer Tochter Mut, bewusster mit ihren körperlichen und emotionalen Veränderungen umzugehen. Das kann sie aber nur, wenn sie weiß, worauf all das Neue zurückzuführen ist, wenn sie sich nicht als Spielball rätselhafter Entwicklungen fühlt. Eine wichtige Botschaft ist in diesem Zusammenhang: Sexualhormone sind lediglich Biochemikalien, die im Körper wirken und ihn erwachsen machen. Manchmal kann sich das anfühlen wie eine Geisterbahnfahrt. Aber da weiß man ja auch, dass man zum Schluss wieder im Hellen landet, aussteigt und vergnügt seiner Wege gehen kann.

Wie gut man das Abenteuer Pubertät bestehen kann, wird deutlich, wenn man junge Frauen anschaut. Da gibt es in Ihrem Umfeld sicherlich positive Beispiele, an die Ihre Tochter denken könnte, wenn sie sich so fühlt, wie die 12-jährige Irina, die mir erzählte: »Manchmal möchte ich nur noch heulen.«

info

Hormone und ihre Wirkungen auf die Organe

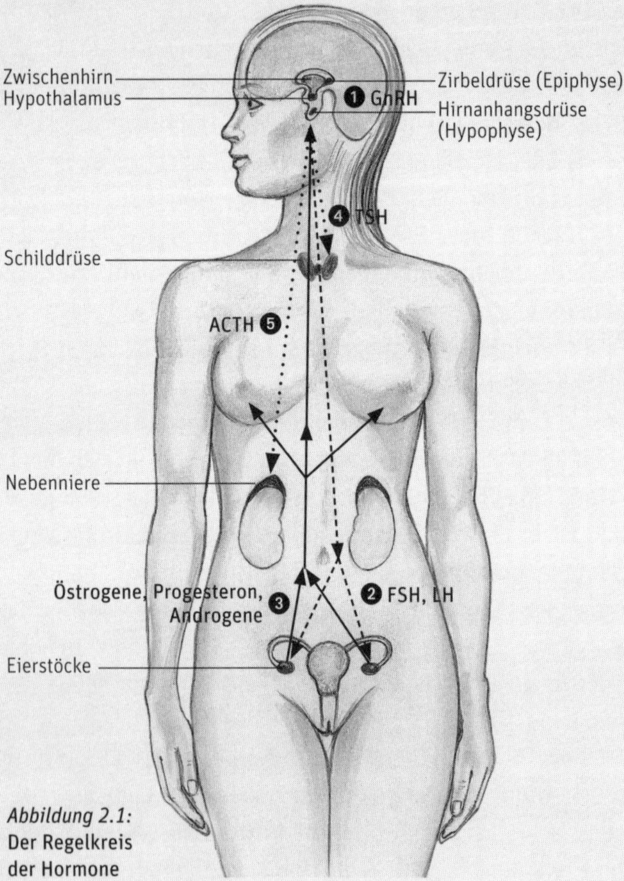

Abbildung 2.1: Der Regelkreis der Hormone

Abbildung 2.1 zeigt, welche Organe und Hormondrüsen für die körperliche Entwicklung die Hauptrolle spielen und wie die Abläufe im Körper zusammenhängen.

Das Zwischenhirn

Das Zwischenhirn kann als wichtigste Betriebszentrale des Organismus bezeichnet werden, denn es steuert die Ausschüttung der Hormone und beeinflusst fast alle grundlegenden Lebensäußerungen, zum Beispiel die Nahrungsaufnahme, den Kreislauf, die Atmung, den Schlaf-Wach-Rhythmus, aber auch unser Sexualverhalten und unsere Gemütszustände.

Die Zirbeldrüse

Diese auch als Epiphyse bezeichnete Drüse befindet sich zwischen den beiden Großhirnhälften und produziert das für den Schlaf-Wach-Rhythmus zuständige Hormon Melatonin. Die Zirbeldrüse gibt auch Befehle zur Geschlechtsentwicklung an den Hypothalamus.

Der Hypothalamus

Im Zwischenhirn befindet sich der Hypothalamus, der mit dem Freisetzungshormon GnRH ❶ einen wichtigen Anstoß für den Pubertätsbeginn gibt und die Hirnanhangsdrüse zur Bildung von FSH und LH ❷ stimuliert.

Die Hirnanhangsdrüse

Diese zentrale Drüse (Hypophyse) reguliert die Funktion der übrigen Hormondrüsen im Körper. Der Hypophysenvorderlappen stimuliert die Schilddrüse durch das thyreotrope Hormon (TSH, ❹), die Nebennieren durch das Adreno-Corticotropes-Hormon (ACTH, ❺), die Eierstöcke oder Hoden durch FSH und LH ❷, das Wachstum durch STH. Der Hypophysenhinterlappen regelt zudem die Tätigkeit der Gebärmuttermuskulatur und die Milchausschüttung beim Stillen.

Die Schilddrüse

Die größte Hormondrüse des Körpers ist die Schilddrüse. Die Schilddrüsenhormone T3 und T4 enthalten Jod und steuern die Intensität des Stoffwechsels (Grundumsatz). T3 und T4 sind unabdingbar für eine gesunde körperliche und geistige Entwicklung.

Die Eierstöcke

Die weiblichen Sexualhormone, Östrogene und Progesteron, sowie auch männliche Hormone (Androgene) werden in den Eierstöcken (beim Mann in den Hoden) gebildet ❸. Östrogene bewirken in der Pubertät das Brustwachstum sowie zusammen mit den anderen Sexualhormonen die Entwicklung zur Geschlechtsreife und beeinflussen die Gehirnstrukturen. Sind genug Sexualhormone im Umlauf, blockieren sie ihre weitere Produktion durch Einwirkung auf die Hypophyse.

Die Nebennieren

Die Nebennieren sitzen wie kleine Kappen auf den Nieren und bilden ebenfalls Sexualhormone. Sie regulieren zudem Blutzucker und Blutsalze und bilden das Stresshormon Adrenalin sowie körpereigenes Kortison.

info

Lebenssituation und Hormone

Spannend sind jüngste Erkenntnisse darüber, wie weitreichend unsere Hormonproduktion mit unseren Gefühlen und unserer Lebenssituation korrespondiert. Ein Beispiel: Um den Geburtstermin herum wurde im Blut werdender beziehungsweise frischgebackener Väter eine Zunahme weiblicher Hormone gemessen, bei gleichzeitiger Verringerung des männlichen Hormons Testosteron. Das stimmt den Mann fürsorglicher.

Pubertätsprobleme beim Namen nennen

Probleme mit der seelischen und körperlichen Balance sind in der Pubertät demnach völlig normal. Fettige Haut und Haare, Akne (siehe Info auf Seite 303), ungleichmäßiges Körperwachstum, Stimmungsschwankungen – um hier nur einige Phänomene zu nennen – können schrecklich stören und beunruhigen. Wenn Ihre Tochter die biologischen Gründe dafür kennt, kann sie vieles von dem, was sie ängstigen könnte, mit mehr Gelassenheit sehen und durchleben. Ihre Tochter sollte wissen, dass sich das hormonelle Geschehen einpendeln wird und dann wieder ein körperliches und seelisches Gleichgewicht entsteht. All das Verwirrende und Störende der Pubertät ist irgendwann vorbei. Allerdings kann dieser Prozess fünf bis sechs Jahre dauern – eine für Kinder und Jugendliche schier unvorstellbar und deshalb niederschmetternd lange Zeit. Deshalb ist es ratsam, von »einer ganzen Weile« oder einer »längeren Zeit« zu sprechen.

Mädchen sollten wissen, was auf sie zukommen kann. Zu sagen ist aber auch: Kaum eine bekommt sämtliche Pubertätsprobleme zu spüren, und manche durchleben diese Zeit nahezu

DAS MUTTER-TOCHTER-GESPRÄCH

»Die Pubertät dauert ja eine ganze Weile, und da gibt es so einiges, was dich bestimmt nerven wird. Pickel können sprießen, die Stimmung kann mal rauf- und mal runtergehen, der Körper verändert sich. Man kennt sich manchmal selbst nicht recht wieder. Das alles kommt ja durch die hormonellen Umstellungen. Die Hormondrüsen müssen sich neu organisieren. Vieles ändert sich in ziemlich kurzer Zeit. Und etwas, was dir jetzt Kopfzerbrechen macht, kann bald schon geregelt sein. Außerdem tauchen auch schöne neue Gefühle auf: Irgendwann wirst du dich verlieben. Du bekommst auch neue Fähigkeiten, kannst vernünftiger nachdenken. Du kannst versuchen, Schwierigkeiten als Herausforderung zu sehen. Dann bist du hinterher froh, wenn du wieder mal etwas gut hinbekommen hast. Auch wenn du vielleicht denkst, ich brauche keine Tipps: Ich versuche, dir alles zu sagen, was ich über die Pubertät weiß. Denn wenn du verstehst, warum und wie sich dein Körper und deine Gefühle verändern werden, kannst du entspannter damit umgehen.«

ohne Schwierigkeiten. Alle jedoch müssen damit zurechtkommen, dass sich ihr Körper und auch ihr Bewusstsein und ihre Gefühle verändern. Und alle betrifft die große Frage: »Wer werde ich jetzt?« Darauf gibt es lange nur vorläufige Antworten. Deshalb ist es so wichtig, dass Sie Ihre Tochter persönlich ermutigen. Kein noch so gutes Buch kann Mutter-Tochter-Gespräche ersetzen, die von Liebe und Lebenserfahrung geprägt sind. Perfekt brauchen sie nicht zu sein!

Phasen der weiblichen Reifeentwicklung

Zwischen dem 8. und 13. Lebensjahr beginnt die Pubertät bei Mädchen. In den ersten ein bis zweieinhalb Jahren wachsen Schamhaare, verändern sich – oft gleichzeitig – die Brust und unbemerkt Gebärmutter und Scheide. Ein bis eineinhalb Jahre nach Pubertätsbeginn setzt ein Längenwachstumsschub ein. Von den ersten Zeichen der Reifeentwicklung bis zum Einsetzen der ersten Regel kann nur ein Jahr vergehen, es können aber auch drei Jahre sein. Das ist individuell sehr unterschiedlich. Wenn ein Mädchen früh in die Pubertät kommt, dauert es bis zur ersten Blutung meist länger, als wenn die Pubertät spät beginnt.

Mädchen um die 8 Jahre sollten erfahren, wie sich ihr Körper ändern wird. Kinder kommen dadurch nicht auf »dumme Gedanken«. Im Gegenteil: Schlüssige Erklärungen machen sie stark.

Es ist gut, wenn Sie die bevorstehenden Veränderungen zunächst nur knapp erklären und genau werden, wenn die Pubertät tatsächlich beginnt. Ideal ist es, wenn Ihre Tochter immer so viel weiß, dass sie nie unangenehm überrascht wird, bei jedem Entwicklungsschritt aber ausführliche Erklärungen bekommt, die dann viel spannender sind, weil sie sie auf sich selbst beziehen kann.

» DAS MUTTER-TOCHTER-GESPRÄCH «

»Es kann noch einige Zeit dauern, bis du in die Pubertät kommst. Es kann aber auch schon bald losgehen. Dann ist es gut, wenn du weißt, was mit deinem Körper passieren wird und warum. Die Brust wird sich verändern, zunächst empfindlicher und ganz langsam dann immer fraulicher werden. Es wachsen Schamhaare und irgendwann, vielleicht aber erst nach der ersten Regel, auch Achselhaare. Der Körper im Ganzen wächst tüchtig, natürlich auch innerlich. Die Gebärmutter im Unterleib wird größer, damit sie irgendwann genug Platz bietet für ein Baby. Die Scheide wächst ebenfalls, und die Scheidenwände werden feucht. Wenn all das passiert ist, bekommen Mädchen ihre Tage, das heißt, es kommt einmal im Monat für ein paar Tage Blut aus der Scheide. Dann sind Mädchen körperlich gesehen junge Frauen und könnten, wenn sie Geschlechtsverkehr hätten, sogar schon schwanger werden.«

Die Brust und ihre Veränderungen

Das erste deutlich merkbare Zeichen der einsetzenden Pubertät ist fast immer eine Veränderung der Brust. Sie wird empfindlich. Es tut ein bisschen weh, wenn man auf die Brust drückt. Es sind kleine flache Knoten unter der Brustwarze zu fühlen. Dabei handelt es sich – und das überrascht Mädchen oft sehr – um die sich entwickelnden Milchdrüsen. Die Knoten führen gelegentlich dazu, dass Mädchen, aber auch ihre Mütter sich Sorgen machen, vielleicht auch Sie. Knoten in der Brust jagen ja allen Frauen einen Schrecken ein. Manche gehen deshalb zum Arzt. Das ist zwar immer eine gute Möglichkeit, um Bedenken auszuräumen, aber in dieser Frage kann man sich Ängste von Anfang an ersparen, wenn man weiß, dass es sich um normale Veränderungen handelt. Die Milchdrüsen werden im Laufe der Jahre größer und weicher und füllen die Brust aus, zusammen mit Binde- und Fettgewebe.

Es ist unbedenklich, wenn sich die beiden Brüste nicht ganz symmetrisch entwickeln. Bei vielen Mädchen ist das so. Manchmal »erwacht« eine Seite eher als die andere, manchmal ist das Wachstumstempo etwas unterschiedlich. Fast immer gleicht sich diese Differenz später weitgehend aus. Weitgehend – denn völlig gleich sind auch die Brüste erwachsener Frauen nicht. Mädchen machen sich oft Sorgen über Form und Größe ihrer Brust, deshalb hilft es zu wissen, wie die Brustentwicklung typischerweise verläuft.

Ärzte stufen den Stand der pubertären Entwicklung mit Hilfe der sogenannten Tanner-Stadien ein. Benannt sind sie nach dem 1920 geborenen britischen Kinderarzt James Tanner, der

info

Die Entwicklung der weiblichen Brust (nach Tanner)

Benannt nach dem britischen Kinderarzt James Tanner, wird die Brustentwicklung in fünf Stadien eingeteilt, die sogenannten Tanner-Stadien.

B1: Noch keine Brustentwicklung, kein tastbarer Drüsenkörper.

B2: Die Brustknospe entwickelt sich. Die Milchdrüse ist als kleiner Knoten tastbar. Der Warzenhof vergrößert sich, die Drüse wölbt sich vor.

B3: Vergrößerung des Brustgewebes, der Warzenhof wird dunkler.

B4: Brustgröße und Erhebung nehmen zu, die Brustwarze und der Warzenhof heben sich von der Brustkontur als eine zusätzliche Vorwölbung ab.

B5: Reife Brust – der Warzenhof bildet wieder eine Ebene mit der Brustkontur, aus der nur die Brustwarze hervorsteht. Bisweilen bleibt dieses Stadium aus.

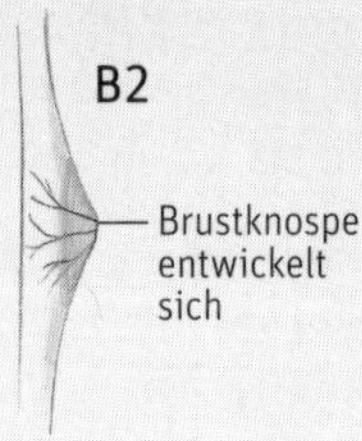

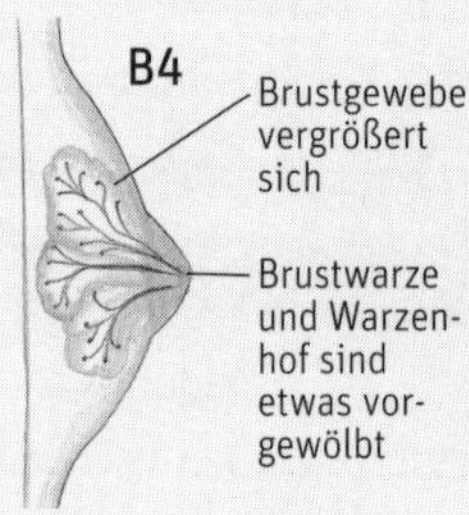

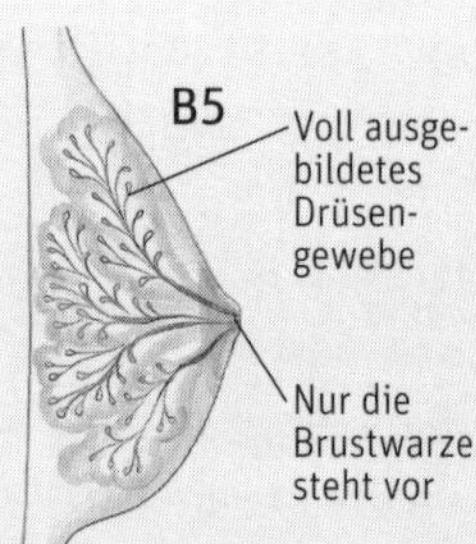

Brust- und Schamhaarentwicklung in jeweils fünf Phasen einteilte und beschrieb. In den Phasen eins bis vier wächst die Brust, weil Drüsenkörper und Fettgewebe sich vergrößern. Die Brustentwicklung beginnt im Mittel mit 11 Jahren und ist mit rund 15 Jahren abgeschlossen, aber die Entwicklung kann auch weit eher beginnen oder sich bis ins 19. Lebensjahr hinziehen.

Die Brust sieht zunächst ein wenig knospenartig aus. Der Warzenhof wölbt sich vor, die Brust wächst dann spitz nach vorn. Es dauert oft ein paar Jahre, bis die Brust die typisch runde, erwachsene weibliche Form bekommt. Bis zum 18., 19. Lebensjahr kann sich die Brust noch verändern. Die spätere Form lässt sich bei jungen Mädchen also noch gar nicht beurteilen. Deshalb ist auch die Idee, die Brüste operieren zu wollen, völlig abwegig. An solchen Vorstellungen ist jedoch zu erkennen, wie groß die Selbstzweifel in dieser Lebensphase sein können und wie sehr Berichte über Schönheitsoperationen und all die am Computer bearbeiteten Bilder von vermeintlich idealen Frauenkörpern gerade auch die ganz Jungen beeindrucken. Übrigens: Ein Mädchen hat mich tatsächlich mal gefragt, ob es sich bei den als Knötchen tastbaren Milchdrüsen um Silikon handeln könne – ein typisches Beispiel dafür, dass ein Mutter-Tochter-Gespräch gefehlt hat.

»Soll ich einen BH tragen?«

Ganz realitätsgerecht ist die häufig gestellte Frage: »Soll ich einen BH tragen oder nicht?« Manche Mädchen fühlen sich unwohl, wenn ihre Brustknospen sich ohne formenden Schutz durchs T-Shirt abzeichnen, Blicke auf sich ziehen, nicht nur von Jungen, auch von Mitschülerinnen. Besonders die sehr früh ent-

info

Die weibliche Brust

Die weibliche Brust (lat.: mamma) hat für die Identität einer Frau besonders große Bedeutung: Sie zeigt sie als sexuelles Wesen und als potenzielle Mutter, die einen Säugling stillen kann. Kaum ein Organ ist aber auch individuell so unterschiedlich wie die weibliche Brust. Sie kann groß oder klein, hart oder weich sein, sich etwas »knubbelig« anfühlen oder glatt. Der innere Aufbau der Brust ist jedoch bei allen Frauen gleich, und ihre Funktionsfähigkeit hängt nicht von der Größe ab!

- Der dunkel gefärbte Warzenhof umgibt die hervorstehende Brustwarze. Manchmal wachsen dort einzelne Härchen, und man sieht Hautdrüsen als kleine, »pickelartige« Erhebungen.
- Die Brustwarze ist von Frau zu Frau unterschiedlich groß, aber bei allen sehr empfindlich. Auf Kälte und Berührung reagiert sie oft mit Verhärtung und stärkerem Hervortreten, beides kann aber auch ganz ohne Grund geschehen.
- Der innere Aufbau der Brust ist bei allen Frauen identisch: Wesentlich ist das Drüsengewebe. Die Drüsenläppchen sind eingebettet in Fettgewebe. Dessen Menge und Verteilung bestimmt Größe und Form der Brust mit. Das Drüsengewebe besteht aus hoch spezialisierten Zellen, die

um die Geburt herum hormonell gesteuert zur Milchbildung fähig werden: Dann werden dort aus dem Blut die Stoffe herausgefiltert, die für die Herstellung von Milch nötig sind: unter anderem Fett, Eiweiß, Vitamine, Wasser, Antikörper für den Infektionsschutz. Die Milch fließt durch Milchgänge zur Brustwarze, wo sie mit 10 bis 15 kleinsten Öffnungen münden.

wickelten Mädchen einer Klasse schämen sich womöglich beim Umkleiden für den Sportunterricht. Später genieren sich manchmal die, die noch völlig flachbrüstig sind. Kinder und Jugendliche möchten gern so sein wie die anderen. Das Gefühl, allen voraus zu sein oder aber den Gleichaltrigen hinterherzuhinken, kann sie sehr belasten. Deshalb sind Erklärungen gerade für sie so wichtig und beruhigend.

Manchen Mädchen ist auch schon rasch das ungewohnte Wippen der Brüste beim Laufen unangenehm. Nicht alle Mädchen mögen das ansprechen, deshalb sollten Sie als Mutter das tun. Sie könnten sagen: »Wenn es dir unangenehm wird, kannst du ein festes Top anziehen oder einen BH. Wollen wir mal losgehen, damit du so etwas anprobieren kannst?«

info

Vom Mädchen zur Frau

Körperliche Veränderungen auf einen Blick

Gehirn

Das Gehirn ist während der Pubertät und noch mehrere Jahre darüber hinaus starken Veränderungen unterworfen (siehe Seite 152): Häufig genutzte Nervenbahnen verstärken sich, und die unterschiedlichen Hirngebiete reifen aus, zum Beispiel die Areale für Impulskontrolle und Bewertungen; die individuelle Persönlichkeit prägt sich aus.

Brust

Druckempfindliche Brüste und kleine flache Knoten unter den Brustwarzen sind meist die ersten deutlichen Zeichen für den Beginn der Pubertät. Im Laufe der Jahre werden die Brüste durch das Wachsen der Milchdrüsen sowie durch Fett- und Bindegewebseinlagerungen größer und weicher. Mit der Entwicklung der Brust kann es etwa ab dem 8. Lebensjahr losgehen, bei den meisten Mädchen ist sie dann mit durchschnittlich 15 Jahren abgeschlossen.

Scham- und Körperhaare

Zwischen dem 8. und 13. Lebensjahr beginnen zuerst Scham-, später Achselhaare zu wachsen. Auch die Behaarung an Armen und Beinen ändert sich vom zarten Flaum hin zu etwas längeren und festeren Haaren.

Geschlechtsorgane
Eine äußerlich sichtbare Veränderung an den Genitalien ist nicht nur die Schambehaarung, sondern auch die Rundung der Vulva durch Fetteinlagerung. Doch auch die inneren Geschlechtsorgane wachsen: Die Scheide wächst, meist zwischen dem 9. und 13. Lebensjahr. Die Gebärmutter vergrößert sich, die Eierstöcke bilden vermehrt Östrogene, Progesteron und auch männliche Hormone. Meist zwischen dem 9. und 15. Lebensjahr setzt der Weißfluss ein, etwas später die erste Blutung.

Längenwachstum und Körpergestalt
Ein- bis eineinhalb Jahre nach Pubertätsbeginn streckt sich der Körper rasant in die Höhe (meist zwischen dem 10. und 15. Lebensjahr), am stärksten in dem Jahr vor der ersten Blutung. Fetteinlagerungen an Hüfte, Bauch und Oberschenkeln sorgen für weibliche Rundungen. Auch die Form des Beckens verändert sich, die Beckenknochen werden breiter. Mit etwa 17 Jahren haben die meisten Mädchen ihre endgültige Körpergröße erreicht.

Längenwachstum und Körpergestalt

Irgendwann schießen die Kinder dann in die Höhe. Das beschleunigte Längenwachstum sehen sie selbst fast immer ausschließlich positiv, allerdings erkennen sie nicht automatisch den Zusammenhang mit anderen Entwicklungszeichen. Aber es hat die gleiche Ursache: Die Hormone entfalten ihre Wirkung. In dem Jahr vor der ersten Blutung ist das Größenwachstum besonders stark, ein regelrechter Wachstumsschub (bis zu acht Zentimeter innerhalb von zwölf Monaten) macht sich bemerkbar. Wenn also, zusammen mit anderen Zeichen der körperlichen Reifeentwicklung, öfter neue Hosen fällig werden, weil immer wieder »Hochwasser« herrscht, dann könnte die erste Regel in den nächsten Wochen oder Monaten bevorstehen. Im Durchschnitt sind 95 bis 98 Prozent der endgültigen Körperlänge erreicht, wenn die erste Menstruation eintritt.

Wenn aus dem Mädchen- ein Frauenkörper wird, nimmt das Fettgewebe zu, vor allem an Hüften und Oberschenkeln. Die Beckenknochen werden breiter, denn der knöcherne Beckenring muss bei Frauen Platz für ein Baby bieten. Gestalt und Körpergröße sind – gesunde Ernährung vorausgesetzt – genetisch bedingt. Meist ist etwa mit 17 Jahren die endgültige Körpergröße erreicht.

Körperlänge, Länge der Arme und Beine sowie Figur entwickeln sich bei manchen Mädchen ungleichmäßig und können vorübergehend zu etwas Babyspeck, Unproportioniertheit oder Schlaksigkeit führen. Die damit verbundene Unsicherheit sollte von Eltern nicht vergrößert werden. Im Gegenteil. »Das wächst sich zurecht«, sagte man früher. Das ist immer noch richtig. Diäten sind für normalgewichtige Mädchen vor und während der Pubertät schädlich.

Der Körpergeruch verändert sich

Die Schweißdrüsen regulieren den Wärmehaushalt des Körpers, denn es kühlt, wenn Schweiß auf der Haut verdunstet. In der menschlichen Haut sitzen zwei bis drei Millionen Schweißdrüsen. Wie unterschiedlich verteilt sie sind, spürt man, wenn man schwitzt: Auf der Stirn sind es mehr als auf den Wangen, in den Handinnenflächen mehr als am Bauch. Die sogenannten Duftdrüsen (apokrine Schweißdrüsen) in den Achselhöhlen, im Brust- und im Genitalbereich werden erst in der Pubertät aktiv (manchmal ist das das erste Entwicklungszeichen) und reagieren nicht nur auf Wärme, sondern werden auch durch Gefühle stimuliert, beispielsweise durch sexuelle Erregung oder Angst.

Die Duftdrüsen sorgen dafür, dass jeder Mensch einen ganz eigenen Körpergeruch hat, den andere als anziehend oder abstoßend empfinden können. »Den kann ich nicht riechen« ist eine Redewendung mit einem realen physiologischen Hintergrund.

Veränderung der Körperbehaarung

Die Schambehaarung gehört zu den frühen körperlichen Veränderungen, und auch die Haare auf Armen und Beinen verändern sich bei Mädchen in der Pubertät: Aus dem Flaum werden vor allem an den Unterschenkeln längere und festere Haare; durch Testosteroneinfluss kann die Behaarung vorübergehend etwas stärker werden, was bei dunklen Typen natürlich deutlicher zu sehen ist.

Die Entwicklung der Schambehaarung beschreiben Ärzte mit den Tanner-Stadien P1 bis P5 (siehe Info Seite 106). Dabei steht P für das lateinische Wort Pubes. Es bedeutet Schamgegend.

Sagen Sie Ihrer Tochter auch in diesem Zusammenhang, wie unterschiedlich das Alter bei diesen Veränderungen sein kann.

info

Die Schamhaarentwicklung (nach Tanner)

P1: Noch keine Schambehaarung.

P2: Wenige lange, flaumige helle Haare an den großen Schamlippen oder am Venushügel, sie können glatt oder leicht gekräuselt sein.

P3: Stärkere und dunklere Behaarung, die sich in der Mittellinie ausbreitet.

P4: Kräftige Behaarung wie bei der erwachsenen Frau, aber noch in geringer Ausdehnung.

P5: Kräftige Behaarung. Sie reicht bis zu den Leistenbeugen und kann auf die Oberschenkelinnenseiten übergreifen. Nach oben ist die Behaarung horizontal begrenzt.

Manchen Mädchen sprießen schon mit 8 Jahren erste Schamhaare, anderen erst mit 13. Alles kein Grund zur Beunruhigung.

Die Schamhaare wachsen zuerst vereinzelt, dann dichter an den äußeren Schamlippen und in der Mitte des Venushügels, schließlich breitflächiger und dann in einem breiten Dreieck auf dem gesamten Venushügel und den äußeren Schamlippen. Typisch ist im Gegensatz zum männlichen Behaarungsmuster, dass die Behaarung waagerecht begrenzt ist. Bei manchen Mädchen entwickeln sich jedoch auch vereinzelt Haare in Richtung des Bauchnabels – wie es bei Männern ja ganz typisch ist. Manche Frauen haben auch innen an den Oberschenkeln Haare. Schamhaare können glatt, leicht gelockt oder kraus sein (kraus werden sie allerdings meist erst im Lauf der Jahre) und mehr oder weniger dicht wachsen. Manchmal haben sie die gleiche Farbe wie das Haupthaar, bisweilen auch eine ganz andere, dunklere.

Achselhaare sprießen meist erst später, manchmal erst nach Beginn der Regelblutung. Einige Mädchen bekommen sie aber auch schon früh. Auch das ist individuell sehr verschieden.

»Muss ich mich jetzt rasieren?«

Bei jungen Frauen ist heute die mehr oder weniger vollständige Rasur der Körper- und Schamhaare oder deren Entfernung mit Wachs gang und gäbe. Und auch viele junge Männer rasieren ihre Körper. Da sie heute überall sehen und hören, dass das üblich ist, schließen manche Mädchen daraus, Scham- und Achselhaare müssten rasiert werden, weil ihr Wachstum nicht begrenzt sei.

Die Rasur, und damit das Stylen der Scham, halte ich bei ganz jungen Mädchen für fragwürdig. Denn Mädchen, die gerade erst in die Pubertät kommen, zeigen ihren Intimbereich normalerweise ja niemandem, allenfalls sehen ihn andere Mädchen. Es spricht viel dafür, dass sie sich zunächst einmal so kennenlernen, wie sie natürlicherweise sind. Deshalb können Sie raten: »Lass doch erst mal alles wachsen, damit du weißt, wie du eigentlich aussiehst, und schonender für die empfindliche Haut der Vulva ist es allemal! Und du darfst auch weiterhin ganz normale, bequeme Unterhosen tragen und musst nicht gleich mit den scheuernden Tangas rumlaufen.« Alles Weitere entscheidet das Mädchen dann später nach der Mode und nach dem eigenen Geschmack.

Die Einstellung zur Körperrasur kann so oder so ausfallen. Hinweise auf unangenehme Folgen des Rasierens sind jedenfalls sinnvoll: Man kann sich verletzen, und empfindliche Haut reagiert womöglich mit Entzündungen.

Die Vulva und ihre Veränderungen

Mit Beginn der Pubertät verändert sich auch der äußere Intimbereich, die Vulva (siehe Abbildung 2.2, Seite 111) des Mädchens, nicht nur durch die Schambehaarung.

Der Venushügel ist im Wesentlichen ein Fettpölsterchen über dem Schambeinknochen. Unter dem Einfluss der Sexualhormone lagert sich vermehrt Fett ein: Der Hügel rundet sich stärker.

Die großen Schamlippen werden größer und auch etwas dunkler. Zudem sprießen dort Schamhaare. Ob schließlich die großen die kleinen Schamlippen überdecken oder ob die kleinen Schamlippen zwischen den großen Schamlippen herausschauen (beides ist normal), hängt davon ab, wie sehr die großen Schamlippen sich vergrößern. Mädchen sind jedoch oft sehr beunruhigt, wenn sie glauben, es stimme etwas nicht mit ihnen. Aber wie überall am Körper, so gibt es auch im Bereich der Vulva eine große Variationsbreite, und jedes Mädchen, jede Frau sieht dort anders aus.

Die Scheide und ihre Veränderungen

Mädchen haben meistens keine Vorstellung davon, was in ihrem Körperinneren vorhanden ist und sich teils unbemerkt, teils von beunruhigenden Erscheinungen begleitet, nach und nach verändert. Sie als Mutter können das Körperbewusstsein Ihrer Tochter sehr positiv beeinflussen, wenn Sie gerade das nicht Offensichtliche immer wieder dem Entwicklungsstand angepasst erklären. Wenn Sie Ihrer Tochter die Veränderungen von Gebärmutter, Vulva und Scheide erklären, ist es nützlich, ihr dazu eine entsprechende Abbildung des weiblichen Beckens mit den Geschlechtsorganen zu zeigen (siehe Abbildung 2.3, Seite 115), auch damit sie eine Vorstellung davon entwickeln kann, wie ihre inneren und äußeren Geschlechtsorgane zusammenhängen und zusammenwirken.

Noch bei älteren Jugendlichen erlebe ich, dass sie zwar meist die Funktion der Scheide kennen (»o.b.-Röhre«, »Penisreingehröhre«, »Geburtstunnel«), jedoch nicht wissen, dass dieser Körperteil Scheide oder Vagina heißt. Das mag auch daran liegen, dass umgangssprachlich sehr oft Scheide gesagt wird, wenn die Vulva gemeint ist. Scham, das deutsche Wort für Vulva, kommt heute vielen Müttern vermutlich unpassend vor, weil es den Gedanken an Sich-schämen-müssen nahelegt.

In der Pubertät wächst die Scheide zu einer Länge von acht bis zehn Zentimetern. Vor allem aber wird sie wesentlich dehnbarer in Länge und Weite, und ihre Wände werden feucht.

Das Jungfernhäutchen und seine Veränderungen

Das Jungfernhäutchen (Hymen) ist eine dünne Haut rings um den Scheideneingang (siehe Abbildung 2.2, Seite 111). Seine Öffnung ist mehr oder weniger elastisch. Die Unterschiedlichkeit der Elastizität kann man mit der Haut zwischen den Fingern vergleichen. Zwischen Zeige- und Mittelfinger ist sie fester als zwischen Daumen und Zeigefinger. Und so ist das Jungfern-

info

Die Vulva

Nicht etwa das Wort Scheide beziehungsweise Vagina bezeichnet die äußeren Geschlechtsorgane von Frauen, wie sehr viele fälschlicherweise glauben. Richtig spricht man von Schamgegend, Intimregion oder der Vulva.

Schamlippen

Die großen Schamlippen bedecken im ausgewachsenen Zustand meist die kleinen Schamlippen, was aber individuell durchaus auch anders sein kann.

Scheideneingang

Zwischen den Schamlippen (Labia pudendi) liegen zarte und wichtige Körperstrukturen und -öffnungen: Gut erkennbar ist der Scheideneingang (Introitus vaginae). Beim Mädchen säumt ihn ringsherum das Jungfernhäutchen (Hymen). Dies ist ein funktionsloses Überbleibsel aus der Zeit der Embryonalentwicklung: Beim weiblichen Embryo wachsen die inneren und äußeren Geschlechtsorgane zunächst unabhängig voneinander. Im Inneren entsteht ein Hohlraum, der zur Scheide wird. Äußerlich bildet sich eine Einstülpung zwischen den Beinen. Der innere Hohlraum und die äußere Einstülpung entwickeln sich aufeinander zu. Zwischen ihnen befindet sich eine Gewebeschicht. Im Lauf der Zeit wird sie immer dünner und verschwindet schließlich fast ganz, sodass die Scheide eine Verbindung nach außen erhält. Ein

Rest des Gewebes bleibt als Jungfernhäutchen rings um den Scheideneingang erhalten. In ganz seltenen Fällen ist das Jungfernhäutchen ungewöhnlich straff oder verschließt den Scheideneingang weitgehend, sodass ein ganz kleiner operativer Eingriff nötig werden kann (siehe auch Info Seite 310).

Harnröhrenöffnung, Kitzler, Damm

Etwas weiter vorn liegt die winzige Harnröhrenöffnung für die Urinausscheidung, die durch kräftige Ringmuskeln dicht verschlossen ist. Davor ist als kleiner »Knubbel« der Kitzler (Klitoris), der besonders gut mit empfindsamen Nerven versehen ist. Der muskulöse Bereich zwischen Scheide und After ist der Damm.

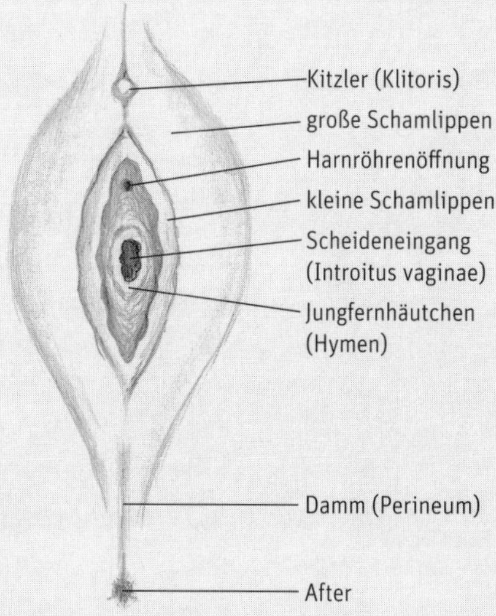

Abbildung 2.2: **Aufsicht auf die Vulva, den Schambereich (äußeres Genitale) der Frau**

häutchen auch individuell unterschiedlich. Bis zur ersten Regel wird es aber in jedem Fall durch die Östrogene weich und dehnbar.

Der Weißfluss setzt ein

Der sicherste Vorbote der demnächst bevorstehenden ersten Menstruation ist der Weißfluss (Fluor albus). Er setzt durchschnittlich ein bis eineinhalb Jahre vor der ersten Regel ein und zeigt, dass nun das weibliche Hormon Östrogen seine Wirkung auf die Drüsen des Gebärmutterhalses und auf die Scheidenwände entfaltet und diese dadurch feuchter werden. Übermäßige hormonelle Wirkungen führen in dieser Zeit meist dazu, dass sogar besonders viel Sekret produziert wird. Der Weißfluss ist ein wichtiger Infektionsschutz, weil er mit seiner Säure Bakterien abtötet. Die Menge ist individuell sehr unterschiedlich.

»Ach, hätte mir meine Mutter doch bloß erklärt, was Weißfluss ist! Ich hatte immer Angst, irgendjemand könnte diese merkwürdigen Absonderungen bemerken. Jeden Abend habe ich meine Unterwäsche im Waschbecken gespült. Den BH gleich mit, damit es nicht auffällt, dass es um die Höschen ging. Erst als ich Frauen zufällig darüber reden hörte, dass die Konsistenz des Vaginalschleims sich um den Eisprung herum verändert, bekam ich mit, dass mich jahrelang etwas ganz Normales gequält hatte.«

Sabine, 63 Jahre

»» DAS MUTTER-TOCHTER-GESPRÄCH ««

»Wenn mehr weibliches Hormon im Körper gebildet wird, verändern sich auch die Scheidenwände. Die Scheide und der Scheideneingang mit dem Jungfernhäutchen werden elastischer, weicher. Und die Scheide wird feuchter. Vielleicht spürst du, da rinnt etwas aus der Scheide. Dann fragst du dich vielleicht, ob das schon die Tage sein könnten. Aber wenn es sich um etwas weißliche oder leicht gelbliche Flüssigkeit handelt, dann ist das der Weißfluss. Manchmal kannst du auch einen kleinen weißen oder gelblichen Flecken in der Unterhose sehen. Wenn dich das stört, kannst du dann Slipeinlagen benutzen.

Der Weißfluss ist jedenfalls ein gutes Zeichen für eine gesunde Entwicklung, weil die Scheide einer erwachsenen Frau feucht sein muss. So wie man im Mund Speichel braucht, ist Feuchtigkeit auch in der Scheide nötig, damit sie rutschig ist, sowohl für den Geschlechtsverkehr als auch für eine Geburt.

Der Weißfluss ist außerdem ein Zeichen für die zunehmende Fruchtbarkeit. Auch nach der Pubertät kommt Sekret aus der Scheide. Mal mehr, mal weniger, je nachdem in welcher Phase des Zyklus eine Frau sich befindet. Dann nennt man das aber nicht mehr Weißfluss, sondern Scheidenschleim, und das ist meist auch weniger als der Weißfluss in der Pubertät.«

info

Die primären weiblichen Geschlechtsorgane

Die Scheide

Die Verbindung zwischen dem äußeren Schambereich (der Vulva) und der Gebärmutter ist die Scheide (Vagina) – ein sehr elastischer, in Länge und Breite dehnbarer Schlauch von etwa 10 cm Länge. Sie besteht aus einer Muskelschicht mit weicher und feuchter Auskleidung, der Scheidenschleimhaut. Zum Körperinneren hin endet sie an der Gebärmutter. Sie hat dort eine winzige Öffnung. Der Eingang der Scheide zwischen den kleinen Schamlippen ist vor dem ersten Geschlechtsverkehr durch das Jungfernhäutchen mehr oder weniger eingeengt, aber keineswegs verschlossen.

Die Gebärmutter

Gut geschützt im unteren Teil der Beckenknochen, im kleinen Becken, liegt die Gebärmutter (Uterus). Sie ist fast faustgroß und hat etwa die Form einer Birne. Sie liegt hinter und unter der Harnblase, ist selbst aber vom Bauch her nicht zu ertasten. Der Gebärmutterhals (Zervix) ist sozusagen der Verschluss der Gebärmutter und bildet nach unten hin ihr schmaleres Ende. Die Öffnung dort und das sie umgebende Gewebe nennt man Muttermund. Im Gebärmutterhals befinden sich die Zervixdrüsen. Sie produzieren Schleim, der wie ein fester Pfropf den Gebärmutterhalskanal verschließen kann und so die Gebärmutter schützt. Zur Zeit des Eisprungs wird dieser Schleim dünnflüssig, ähnlich wie Speichel oder

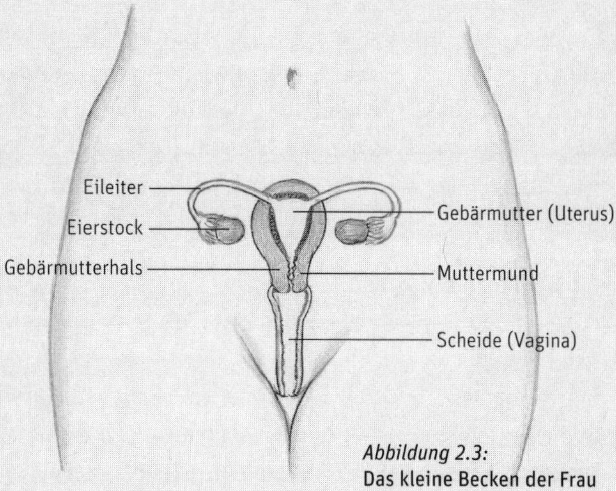

Abbildung 2.3:
Das kleine Becken der Frau

das Eiweiß eines rohen Eis. In der Pubertät sind die Zervixdrüsen durch hormonelle Schwankungen oft besonders aktiv. Zusammen mit der Feuchtigkeit der Scheidenwände wird ihr Sekret dann als Weißfluss spürbar.

Der Gebärmutterkörper (Corpus uteri) ist hohl, bietet Platz für ein Baby. Die Wände bestehen aus einer kräftigen Muskelschicht. Bei einer Geburt bewirken sie die Wehen, um das Baby auf die Welt zu befördern. Das Innere der Gebärmutterhöhle verändert sich im monatlichen Rhythmus. Eine weiche, lockere und gut durchblutete, also reichlich mit Nährstoffen versorgte Schicht, die Gebärmutterschleimhaut, entwickelt sich und ist dann bereit für die Einnistung einer befruchteten Eizelle. Ist keine Schwangerschaft entstanden, löst sich diese Schicht, und dabei tritt Blut aus. Zusammen mit Schleimhautstückchen verlässt es durch den Gebärmutterhalskanal die Gebärmutter und rinnt die Scheide entlang. Das Mädchen, die Frau hat ihre Tage, so lange, bis unter hormonellem Einfluss eine neue Schleimhautoberfläche gebildet ist.

Eierstöcke und Eizellen

Die Eierstöcke (Ovarien) sind die weiblichen Keimdrüsen und entsprechen den männlichen Keimdrüsen, den Hoden. Sie ähneln ihnen in Größe (wie Pflaumen) und Aussehen. Allerdings brauchen die weiblichen Keimdrüsen eine wärmere Umgebung und liegen deshalb im Körperinneren rechts und links im Unterbauch seitlich der Gebärmutter. Schon bei der Geburt hat ein Mädchen etwa eine halbe Million unreifer Eizellen in den Eierstöcken. Von der Geschlechtsreife an wird (bei manchen erst ab und zu, bei manchen ab der ersten Blutung regelmäßig) monatlich in den Eierstöcken eine Eizelle (Ovum) in einem kleinen Eibläschen (Follikel) fertig entwickelt. Dabei wird die Erbinformation dieser Eizelle auf die Hälfte reduziert – damit bei einer eventuellen Befruchtung der Samen des Vaters seine Hälfte für die Erbausstattung des neuen Wesens beisteuern kann. Die Eizelle ist zwar winzig klein – sie wäre mit 0,1 mm gerade eben mit bloßem Auge sichtbar –, ist aber die größte Zelle des menschlichen Körpers. Wenn sie fertig entwickelt ist, platzt das Bläschen und die Eizelle springt heraus. Der Eisprung hat stattgefunden.

Die Eileiter

Die Eileiter sind bleistiftdicke weiche Verbindungskanäle zwischen den Eierstöcken und dem Inneren der Gebärmutter. Ihr offenes Ende gleicht einem gefransten Trichter, der seine Fransen um die Stelle des Eileiters legt, an der der Eisprung stattfindet. Die Flimmerhärchen im Inneren des Eileiters transportieren die Eizelle wie auf einem Fließband weiter. So verbringt die Eizelle bis zu 18 Stunden.

In dieser Zeit können Samen, die nach einem Geschlechtsverkehr bis in den Eileiter geschwommen sind oder diesen während der Lebenszeit der Eizelle erreichen, das Ei befruchten und zur Schwangerschaft führen. Sonst löst sich die Eizelle nach 12 bis 18 Stunden auf.

Weißfluss verunsichert Mädchen häufig besonders stark. Manche empfinden sich dadurch als schmutzig, entwickeln Ekelgefühle, duschen gar mehrmals am Tag. Deshalb ist es besonders wichtig, ihnen zu sagen, dass Weißfluss ein gutes Zeichen ist für einen weiteren Schritt hin zum Heranreifen zur jungen Frau. Wichtig zu wissen ist ebenfalls, dass der Weißfluss in der Pubertät besonders stark ausgeprägt sein kann und später, wenn die hormonellen Wirkungen sich eingespielt haben, geringer wird.

Wenn Sie Ihrer Tochter von den verschiedenen körperlichen Reifezeichen erzählen und sie ihr erklären, lehren Sie sie, ihren Körper wahr- und anzunehmen. Sie geben dem Mädchen Sicherheit, weil körperliche Veränderungen dann vorhersehbar und in ihrer Funktion verständlich werden und deshalb nicht zu Angst führen, sondern im Gegenteil zu dem Gefühl, mein Körper entwickelt sich normal und gut. Dabei spielt das Thema Weißfluss eine besonders wichtige Rolle. Dazu braucht Ihre Tochter auch den Tipp: »Wenn's dir unangenehm wird, nimmst du dir eine Slipeinlage.«

Die Gebärmutter und ihre Veränderungen

Viele entscheidende Veränderungen ereignen sich im Mädchenkörper fast unmerklich tief im Inneren. Schon lange vor der ersten Menstruation beginnt die Gebärmutter zu wachsen. Vor der Pubertät ist die Gebärmutter ungefähr so groß wie ein Hühnerei. Dann wächst sie fast auf die Größe einer Faust. Mädchen können in der Zeit des inneren Wachstums bisweilen Unterleibsbeschwerden haben. Manche Mütter gehen wegen dieser Bauchschmerzen mit ihren Töchtern zum Arzt. Bei starken oder anhaltenden Beschwerden muss natürlich unbedingt abgeklärt werden, ob womöglich eine Erkrankung, beispielsweise eine Blinddarmentzündung, dahintersteckt, aber meist ist nichts zu finden.

Nicht nur die Größe der Gebärmutter verändert sich, die Sexualhormone bewirken auch eine Veränderung in ihrem Inneren: Dort wird die Gebärmutterschleimhaut weich und dick und so zum ersten Mal bereit für die Einnistung eines Embryos. Bleibt diese aus, was ja der Normalfall ist, löst sich die Schleimhaut schließlich ab. So kommt es zum markantesten Ereignis der Pubertät: der ersten Blutung. Würde ein Mächen bereits in dieser Zeit Geschlechtsverkehr haben, könnte sie vor ihrer ers-

» DAS MUTTER-TOCHTER-GESPRÄCH «

»Vielleicht hast du Bauchweh, weil du innerlich *wächst. So wie dir wegen des Wachstums eventuell mal das Knie oder das Sprunggelenk wehtut, kann dir auch der Unterleib wehtun. Du merkst, wie dein Körper funktioniert, deshalb nennt man solche Symptome funktionelle Beschwerden. Und die Funktion der Gebärmutter ist ja besonders wichtig, denn wenn sie demnächst ausgewachsen ist, steht sie bereit, um womöglich einmal ein Baby in sich wachsen zu lassen.«*

ten Regelblutung schon schwanger werden. Das ist die Antwort auf eine Frage, die Mädchen mir durchaus häufiger stellen. Eine Befruchtung wäre natürlich nur möglich, wenn auch die Eierstöcke bei diesem Mädchen schon so weit sind, also ein Eisprung stattfindet. Das ist möglich, aber sehr selten.

Was Mädchen über den männlichen Körper und seine Entwicklung wissen sollten

Jungen kommen durchschnittlich ein bis zwei Jahre später in die Pubertät als Mädchen. Das kann mit 12 oder mit 14 Jahren sein oder schon mit 10 Jahren. Dann wachsen die Jungen plötzlich verstärkt in die Länge und beginnen, die Mädchen einzuholen.

info

Beginn der Pubertätsentwicklung bei Jungen

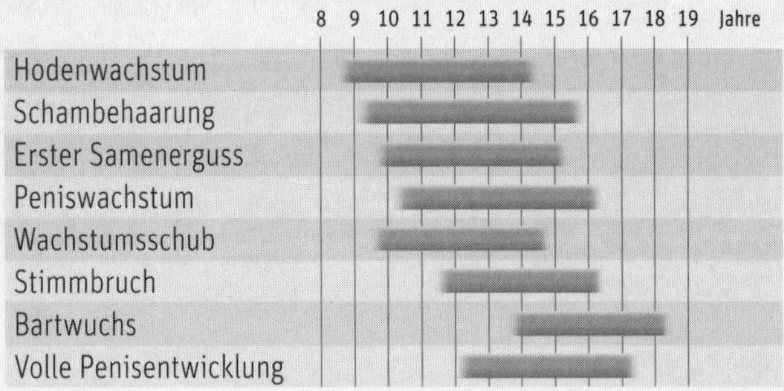

Abbildung 2.4: Bei Jungen setzt die Pubertät meist etwas später ein als bei Mädchen. Wann es damit losgeht, ist individuell sehr verschieden.

Die Entwicklung der Hoden

Gleichzeitig wachsen Hoden und Hodensack. Sehr bald werden in den Hoden Samen (Spermien) produziert und in den Nebenhoden gespeichert. Beim ersten, meist nächtlichen Samenerguss (Ejakulation) ergießen sich die Samen – eingebettet in die schleimige Drüsenflüssigkeit von Samenbläschen und Vorsteherdrüse – aus dem Penis. Das kann ganz von selbst geschehen oder durch als lustvoll empfundene Berührungen des Penis. Der erste Samenerguss zeigt: Der Junge ist nun geschlechtsreif und könnte sogar schon Vater werden.

Die Entwicklung des Penis und die ersten Erektionen

Auch der Penis beginnt größer zu werden. Am Hodensack und rings um die Peniswurzel herum wachsen allmählich Schamhaare.

Schon bei kleinen Jungen wird das Glied ab und zu steif. Das ist mit angenehmen Gefühlen verbunden. In der Pubertät bewirkt das männliche Hormon Testosteron häufigere Erektionen, manchmal auch in unpassenden Situationen. Das kann in ganz alltäglichen Situationen passieren, beispielsweise durch Anspannung beim Sprung vom Dreimeterbrett, bei einem spannenden Fußballspiel oder durch sexuelle Phantasien oder Träume.

Jungen müssen in der Pubertät lernen, mit ihren Erektionen und den damit verbundenen Lustgefühlen umzugehen, um peinliche Situationen zu vermeiden und um sich angemessen zu benehmen. Auch für Jungen ist liebevolle Aufklärung deshalb sehr wichtig, aber längst nicht überall selbstverständlich. Häufig höre ich von Mädchen in 5., 6. und 7. Klassen, dass einige Mitschüler sich öffentlich an ihren Penis fassen, ihn reiben, mit Mädchen darüber sprechen, sie sogar auffordern, ihn anzufassen. Mädchen muss man das erklären und ihnen sagen, wie sie sich in solchen Situationen verhalten können: Mit Worten deutlich machen, dass sie das nicht lustig finden, zum Beispiel sagen: »Du bist ein Ferkel!«, weggehen, einem Erwachsenen davon erzählen. Letzteres tun die betroffenen Mädchen nämlich sonst aus Scham fast nie.

info

Die männlichen Geschlechtsorgane

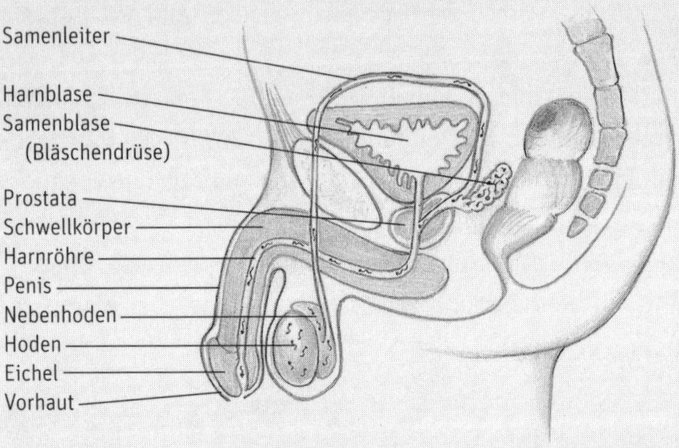

Abbildung 2.5: Die männlichen Geschlechtsorgane

Der Penis

Der Penis besteht aus Peniswurzel und -schaft. Sein vorderes Ende, die Eichel, wird von der Vorhaut umgeben. Der Penis ist ausgefüllt mit schwammartigen Schwellkörpern, die sich für die Aufrichtung und Versteifung bei sexueller Erregung mit Blut füllen. Durch die Harnröhre wird bei einem Samenerguss nur Sperma, kein Urin, transportiert.

Die Hoden

In den Hoden reifen von der Pubertät an mikroskopisch kleine Samenfäden (Spermien). Für ihre Reifung brauchen sie eine Umgebungstemperatur von durchschnittlich 34 Grad

Celsius. Deshalb liegen die Hoden außerhalb des Körpers. Muskeln des Hodensacks ziehen die Hoden bei Kälte näher an den Körper heran und sorgen so für Temperaturausgleich. Die in den Hoden gebildeten Spermien werden in den Nebenhoden gespeichert – bis zum nächsten Orgasmus.

Die Prostata (Vorsteherdrüse)
Dem Sperma wird auf seinem Weg in den Penis eine schleimige Flüssigkeit beigemischt, die von der Pubertät an in der Prostata und in den Samenblasen produziert wird. Diese Drüsen liegen im kleinen Becken unter und hinter der Harnblase.

Der Stimmbruch und weitere körperliche Veränderungen bei Jungen

Meistens hat ein Junge schon ein oder zwei Jahre lang Samenergüsse und Schambehaarung, bevor andere richtig bemerken, dass ein Mann aus ihm wird: Die Stimme wird dann tiefer, typisch männlich eben, und er bekommt allmählich einen Bart.

Jungen wachsen in der Pubertät außerdem nicht nur rasant in die Höhe, sondern verdoppeln auch ihre Muskelmasse und gewinnen damit an Körperkraft. Zudem werden die Schultern breiter, ihnen wachsen Haare in den Achseln, und die Körperbehaarung verstärkt sich – je nach individueller Veranlagung. Mit durchschnittlich 17 Jahren ist ein Junge ausgewachsen.

Der weibliche Zyklus und die Menstruation

Das wichtigste Ereignis in der Pubertät ist für Mädchen die erste Regelblutung (Menarche). Der Menarche gehen die zuvor beschriebenen vielfältigen körperlichen Veränderungen voraus. Das besondere Ereignis kündigt sich also eine ganze Weile vorher an. Das sollten Mädchen schon deshalb unbedingt wissen, weil viele Angst haben, urplötzlich und völlig unvorbereitet von der ersten Blutung überrascht zu werden. Das verunsichert Mädchen. Sie befürchten unbeeinflussbare dramatische Hygienekrisen, die andere bemerken und sie völlig hilflos machen.

Für die Menarche ist nicht das Alter entscheidend, sondern die körperliche Entwicklung. Manche Mädchen sind erst 9, manche schon 15 Jahre alt, wenn die erste Blutung einsetzt; das Durchschnittsalter liegt heute bei 12,5 Jahren.

In Bezug auf die Menstruation äußern Mädchen viele Ängste, die sie enorm belasten und einschränken können. **Fehlende, falsche, beunruhigende, manchmal auch abstoßende Informationen tragen dazu bei, dass viele Mädchen ihre weibliche Entwicklung als Bedrohung erleben.**

Oft haben Mädchen von ihren Müttern vor allem von der Last der Menstruation, von Kopf- und Unterleibsschmerzen gehört: »Mir geht's nicht gut, ich hab meine Tage. Da kommt der ganze Dreck raus.« Oder: »Wir Frauen haben den ganzen Mist.« Mädchen übernehmen solche Ansichten als Erwartung. Daraus kann dann eine sich selbst erfüllende Prophezeihung werden. Sie äußern deshalb Erleichterung darüber, ihre Regel noch nicht zu haben, oder sagen zur Freundin: »Sei froh, dass du deine Tage noch nicht hast.« Auf der anderen Seite machen sich die, die

»DAS MUTTER-TOCHTER-GESPRÄCH«

»Eine Gebärmutter tragen nur Frauen im Unterleib. In der Gebärmutter ist eine weiche, gemütliche, kuschelige Haut, die man sich wie ein Babybett vorstellen kann. Diese Haut lässt sich vergleichen mit der Haut im Mund. Diese Art Haut nennt man Schleimhaut. Im Mund ist es die Mundschleimhaut. Ganz ähnlich ist die Gebärmutterschleimhaut, die dafür da ist, dass sich in ihr später ein Embryo, ein werdendes Baby, einnisten kann. Die oberste Schicht der Gebärmutterschleimhaut, sozusagen der Bezug des Babybetts, löst sich ungefähr einmal im Monat von selbst ab. Das Babybett wird also immer wieder frisch bezogen. Wenn sich Haut ablöst – so ist das letztlich überall am Körper – kommt es zu einer Blutung. Das Menstruationsblut allerdings bleibt durch eine kleine Veränderung der Körperchemie flüssig und verkrustet nicht, sonst wäre das Bett ja nicht weich und schön. Der Nachteil ist, dass das Blut nicht nur ein paar Minuten fließt, sondern ein paar Tage, deswegen heißt es ›Tage‹. Leider gibt es dafür keinen festen Verschluss wie an der Harnröhre, sondern das Blut läuft einfach aus der Scheide raus, und das ist nicht willentlich zu beeinflussen. Aber mit ein paar Tipps wirst du ganz schnell gut damit im Alltag klarkommen.«

sie erst sehr spät bekommen, Sorgen, weil sie sie noch *nicht* haben. Mädchen sind hin und her gerissen, wie sie sich denn nun zu den Tagen stellen sollen.

Die Menstruation: ein Zeichen der Fruchtbarkeit

Mädchen müssen unbedingt erfahren, warum sie ihre Tage bekommen: Die Menstruation zeigt, dass ihr Körper sich Monat für Monat auf eine Befruchtung und auf eine Schwangerschaft vorbereitet, auf das, was nur Frauen können, aufs Kinderkriegen. Auch wenn sie diese Fähigkeit erst Jahre später oder gar nicht nutzen, so ist es doch überaus wichtig, sie Mädchen als Potenz, als Quelle weiblichen Selbstbewusstseins deutlich zu machen.

Regelmäßig erlebe ich, dass Mädchen die Erklärung, die Gebärmutterschleimhaut sei eine Art Babybettbezug, der periodisch erneuert werde, mit einem Lächeln aufnehmen, mit sichtbarer Entspannung quittieren, weil sie plötzlich den positiven Sinn der Regelblutung verstehen. Er erschließt sich selbst älteren Mädchen und jungen Frauen durch solch schlichte, aber eingängige Erklärungen. »Sie haben eben das größte Rätsel meines Lebens gelöst«, sagte kürzlich eine 17-Jährige nach dieser Erklärung.

Hormone steuern den Zyklus

Zu Beginn des Zyklus, noch während der Periodenblutung, bewirkt das follikelstimulierende Hormon (FSH) der Hirnanhangsdrüse die Bildung von Eibläschen (Follikel) in den Eierstöcken. Die Follikel produzieren dabei Östrogene und Eizellen. In der Zyklusmitte bildet die Hirnanhangsdrüse dann eine regelrechte

Welle von luteinisierendem Hormon (LH). Diese bewirkt das Platzen des reifsten Eibläschens – den Eisprung. Die Eizelle wird dabei hinausgeschleudert, geht aber trotz ihrer Winzigkeit von 0,1 mm nicht in der Bauchhöhle verloren, sondern wird vom offenen Ende des Eileiters aufgefangen. Das geplatzte Eibläschen fällt in sich zusammen und wandelt sich zu einer kleinen Drüse, dem Gelbkörper. Er produziert das Gelbkörperhormon Progesteron.

Östrogene und Progesteron machen die Gebärmutter in jedem Zyklus erneut für eine Schwangerschaft bereit. Östrogene lassen schon während der Blutung neue Gebärmutterschleimhaut nachwachsen. Zudem machen sie den Gebärmutterhals für eventuell ankommende Samen durchlässig, indem sie den dort befindlichen Schleimpfropf verflüssigen. Das kann ein Mädchen, das kann eine Frau als vermehrten Scheidenschleim bemerken. Nach dem Eisprung hält der Gelbkörper die Gebärmutter 12 bis 16 Tage lang in Bereitschaft für die Einnistung eines Embryos. Dann verebbt seine Hormonproduktion, und die Gebärmutterschleimhaut blutet ab; die Frau hat wieder ihre Tage.

Diese Hormonschwankungen können bei einer Frau auch ein psychisches Auf und Ab bewirken. Und so erleben sich viele als rhythmisch wechselhaft mit ihrem Zyklus. Zum Ende des Zyklus kann es sich störend bemerkbar machen, dass die Hormonmenge nun stark abnimmt. So entsteht das prämenstruelle Syndrom (PMS). Dazu kann eine gedrückte Stimmung ebenso gehören wie Brustspannen oder Gewichtszunahme durch Wassereinlagerungen, Kopfschmerzen oder ein verstärkter Bewegungsdrang. All dies hält so lange an, bis die Menstruation einsetzt. Wenn das PMS verstärkt auftritt, ist ein Arztbesuch ratsam.

info

So wirken sich die Zyklushormone auf den Körper aus

Die Zyklushormone bestimmen nicht nur die Abläufe in den weiblichen Geschlechtsorganen, sondern beeinflussen den Köper auch insgesamt im Verlauf des Zyklus. Während Veränderungen der Körpertemperatur und des Scheidenschleims bei fast allen Frauen etwa gleich stark ausgeprägt sind, ändern sich Körpergewicht, Brustvolumen sowie Stimmungen und Gefühle ganz individuell – manche Mädchen und Frauen merken diesbezüglich gar nichts, andere spüren sehr deutliche Schwankungen.

FSH = follikelstimulierendes Hormon
LH = luteinisierendes Hormon

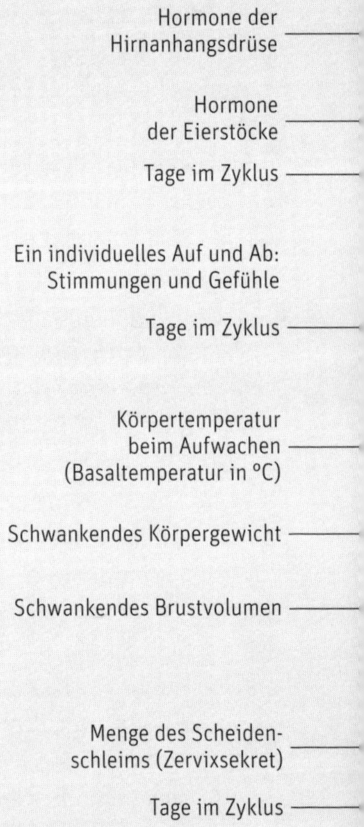

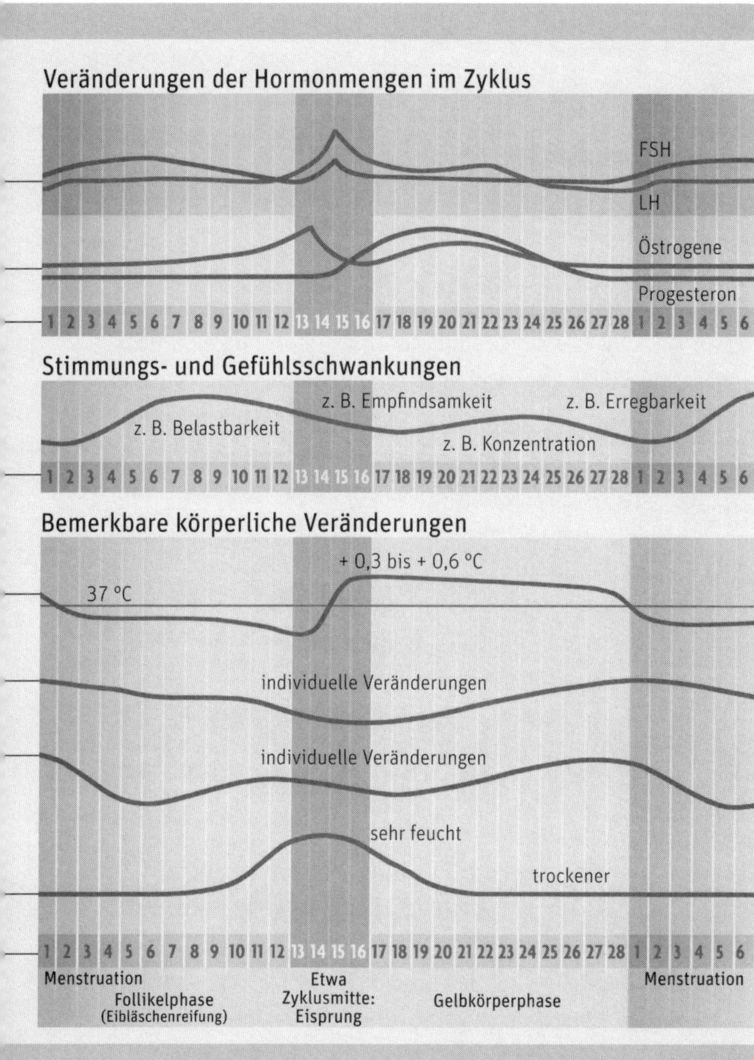
Veränderungen der Hormonmengen im Zyklus
FSH
LH
Östrogene
Progesteron
1 2 3 4 5 6 7 8 9 10 11 12 13 14 15 16 17 18 19 20 21 22 23 24 25 26 27 28 1 2 3 4 5 6
Stimmungs- und Gefühlsschwankungen
z. B. Empfindsamkeit
z. B. Erregbarkeit
z. B. Belastbarkeit
z. B. Konzentration
1 2 3 4 5 6 7 8 9 10 11 12 13 14 15 16 17 18 19 20 21 22 23 24 25 26 27 28 1 2 3 4 5 6
Bemerkbare körperliche Veränderungen
+ 0,3 bis + 0,6 °C
37 °C
individuelle Veränderungen
individuelle Veränderungen
sehr feucht
trockener
1 2 3 4 5 6 7 8 9 10 11 12 13 14 15 16 17 18 19 20 21 22 23 24 25 26 27 28 1 2 3 4 5 6
Menstruation
Follikelphase
(Eibläschenreifung)
Etwa
Zyklusmitte:
Eisprung
Gelbkörperphase
Menstruation

info

Zwillinge

Zwillinge wachsen gemeinsam in der Gebärmutter heran. Auf ungefähr 80 Geburten kommt ein Zwillingspaar. Davon sind zwei Drittel zweieiig, ein Drittel ist eineiig. Zweieiige Zwillinge entstehen, wenn in einem Zyklus zwei Eisprünge stattfinden und die beiden Eizellen von je einem Samen befruchtet werden. Diese Zwillinge sind genetisch unterschiedlich, deshalb können sie unterschiedlichen Geschlechts sein, und sie sehen sich nicht ähnlicher als ganz normale Geschwister.

Eineiige Zwillinge entstehen aus einer Eizelle, die mit einem Samen befruchtet wurde. Bei der Wanderung durch den Eileiter zur Gebärmutter gibt es dann eine Zweiteilung, und aus jeder Hälfte entwickelt sich ein Kind. Diese Zwillinge sind genetisch identisch. Sie haben deshalb immer das gleiche Geschlecht und sehen sich zum Verwechseln ähnlich.

Der Eisprung

Manche Mädchen denken, ein Kind entstünde nur aus dem männlichen Samen. Sie glauben, Spermien könnten in der Gebärmutter keimen, so wie Pflanzensamen in der Erde – eine verblüffende Überschätzung des männlichen Parts. Versäumen Sie es nicht, die Funktion des Eisprungs zu erklären, damit der weibliche Beitrag angemessen gewürdigt werden kann.

»» DAS MUTTER-TOCHTER-GESPRÄCH ««

»Die Hoden der Männer sind die männlichen Keimdrüsen, in denen der Samen entsteht. Die weiblichen Keimdrüsen sind auch zwei Kugeln, aber sie sitzen im Unterbauch und heißen Eierstöcke. Sie sind ungefähr so groß wie Pflaumen und produzieren einmal im Monat ein pünktchengroßes Ei, aus dem bei Befruchtung mit männlichem Samen ein Baby werden kann. Das Ei entsteht in einem ganz kleinen Bläschen in einem der Eierstöcke. Wenn das Ei fertig ist, platzt dieses Bläschen, und das Ei springt heraus. Das geschieht ungefähr in der Mitte zwischen zwei Blutungen, und man nennt es Eisprung. Bei den meisten Mädchen ist der Eisprung allerdings anfangs nur unregelmäßig. Selbst wenn sie ihre Tage schon recht regelmäßig bekommen, haben sie längst nicht immer einen Eisprung. Aber manchmal eben doch. Und deshalb können sie also auch schwanger werden, wenn sie Sex haben.

Zur Zeit des Eisprungs verflüssigt sich der Schleimpfropf, der den Muttermund, den Eingang in die Gebärmutter, vorher schützend verschließt. So macht sich die Gebärmutter in der Zeit, in der das Ei reif für eine Befruchtung ist, dafür bereit, Samen zum Ei durchzulassen. Der Schleim wird dünnflüssig, damit die Samen gut hindurchkönnen. In dieser Zeit ist also der Scheidenschleim oft etwas stärker, oder er ist überhaupt nur dann wahrnehmbar, weil er flüssiger ist.«

info

Die verschiedenen Phasen des weiblichen Zyklus

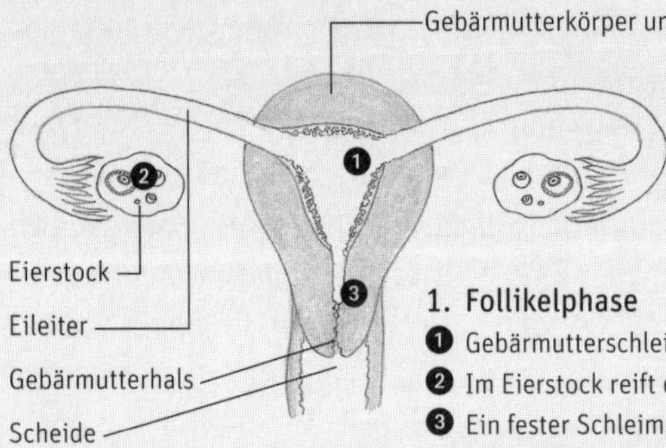

1. Follikelphase

- ❶ Gebärmutterschleimhaut baut sich auf.
- ❷ Im Eierstock reift das Eibläschen.
- ❸ Ein fester Schleimpfropf im Gebärmutterhals verschließt den Muttermund.

Keine Befruchtung

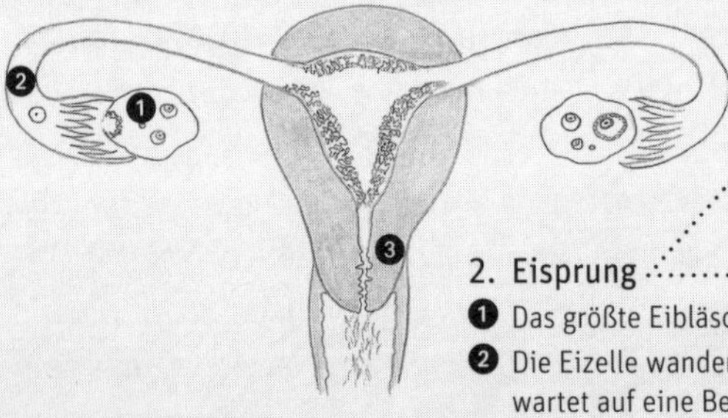

2. Eisprung

Befruchtung

- ❶ Das größte Eibläschen platzt.
- ❷ Die Eizelle wandert in den Eileiter und wartet auf eine Befruchtung.
- ❸ Der Gebärmutterhals weitet sich, der Schleimpfropf löst sich und macht sich als Zervixschleim bemerkbar.

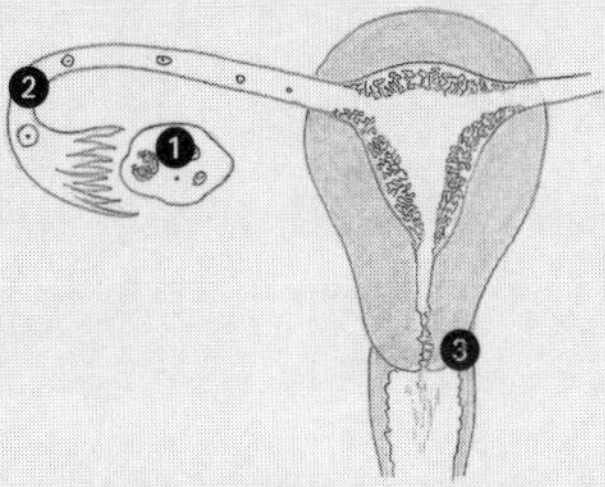

3. a) Keine Befruchtung der Eizelle

❶ Das geplatzte Eibläschen wandelt sich zum Gelbkörper um.

❷ Die Eizelle wartet 12 bis 18 Stunden auf Samen.

❸ Es kommen keine Samen (kein Sex, Kondom), Befruchtung findet nicht statt.

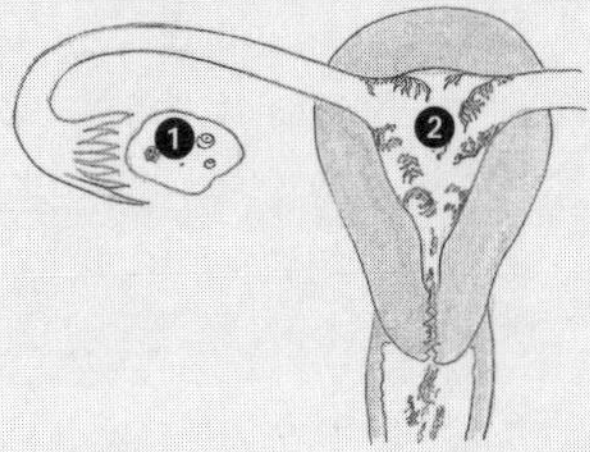

4. a) Menstruation

❶ Der Gelbkörper bildet sich zurück.

❷ Die Gebärmutterschleimhaut löst sich ab, an diesen Stellen kommt es zu Blutungen, und die Menstruation setzt ein.

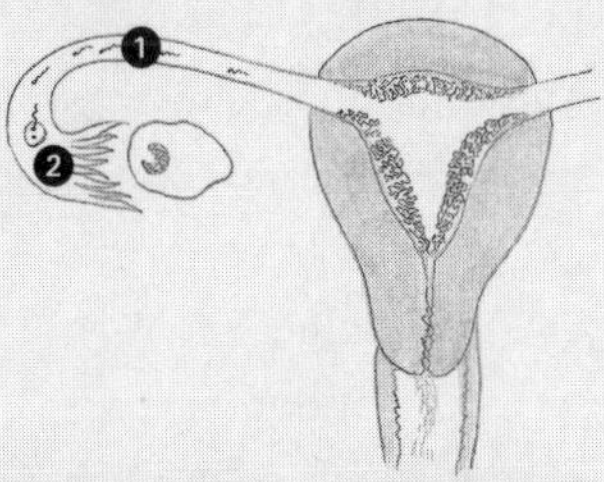

3. b) Befruchtung der Eizelle

❶ Millionen von Samen erwarten die Eizelle oder erreichen sie innerhalb von 12 bis 18 Stunden.

❷ Die Zellkerne aus Ei- und Samenzelle vereinen sich.

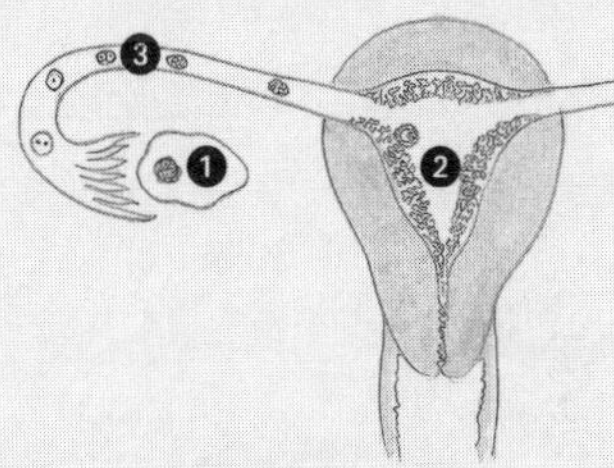

4. b) Schwangerschaft

❶ Der Gelbkörper bleibt erhalten.

❷ Die Gebärmutterschleimhaut bleibt erhalten.

❸ Die befruchtete Eizelle (= Embryo) im Eileiter beginnt zu wachsen, wandert in die Gebärmutter und nistet sich in die Gebärmutterschleimhaut ein (= Schwangerschaft).

Die Menstruation

Keine andere Veränderung in der Pubertät wird als so einschneidend erlebt wie die erste Regelblutung. Jedes Mädchen empfindet die erste Menstruation als Eintritt in eine neue Zeitrechnung, als tatsächlichen Beginn ihres Frauseins.

Die erste Blutung

Viele Mädchen, die ihre Tage noch nicht haben, erwarten einen plötzlichen Blutschwall und haben deswegen richtig Angst. Vielleicht haben sie mal einen Blutfleck in der Kleidung einer Frau oder Mitschülerin gesehen. Wenn dies das Einzige ist, was ein Mädchen über die Tage weiß, erwartet sie auch für sich selbst ein solches als höchst peinlich empfundenes Malheur.

Manche Mädchen beruhigt es, wenn sie vorsorglich eine Slipeinlage in der Schultasche haben. Alle sollten wissen, dass es in jeder Schule im Sekretariat oder im Lehrerzimmer Binden und Tampons gibt. Sagen Sie Ihrer Tochter, dass es ganz normal ist und weder peinlich noch abwegig, sich dort eine Binde zu holen. Natürlich möchte man dabei eine gewisse Intimität wahren und wird nicht durchs ganze Sekretariat rufen: »Hallo, ich brauche mal eine Binde«, aber selbst, wenn jemand das hört, der daneben steht, braucht ein Mädchen sich absolut nicht dafür zu schämen. Vermitteln Sie Ihrer Tochter, dass sie im Gegenteil stolz sein kann, stolz, weil sie mit der Menstruation in ihrer körperlichen Entwicklung wieder ein Stück vorangekommen ist, einen großen Schritt in Richtung Erwachsenwerden gemacht hat.

» DAS MUTTER-TOCHTER-GESPRÄCH «

»Vermutlich wird es so sein, dass du irgendwann, wenn du zur Toilette gehst, in deiner Unterhose etwas Bräunliches oder Rötliches siehst, einen kleinen Fleck, der noch nicht durchfeuchtet. Meist beginnt die Blutung schwach. Dann steigert sie sich normalerweise zur kräftigeren Intensität für zwei, drei Tage und geht dann langsam wieder zurück und hört auf, oder es kommt noch mal der eine oder andere Tropfen. Wenn's losgeht, hast du genug Zeit, um dir in Ruhe eine Binde zu holen. Im Einzelfall kann auch etwas mehr Blut kommen, sodass ein Mädchen dann aus der Schule nach Hause gehen möchte, weil es durchgeblutet hat, aber das ist eher selten. Dann kann man zur Not eine Jacke um die Hüfte binden.«

Liebevolle Begrüßung im Kreis der Frauen

Die erste Regelblutung ist ein Initiationsgeschehen. Sie zeigt, ein Mädchen hat sich gesund entwickelt und gehört jetzt – jedenfalls mit ihren biologischen Fähigkeiten – zu den Frauen. In manchen Kulturen wird das mit einem Fest gefeiert. Es wäre schön, wenn sich bei uns zumindest einbürgern würde, dass die Mutter, die Familie, vielleicht auch die Freundinnen, dieses Ereignis auf liebevolle Weise würdigen. Überlegen Sie, was für Ihre Tochter passen könnte, beispielsweise ein festliches Essen, ein Blumenstrauß, ein Geschenk. Es ist angemessen und richtig, sich etwas Besonderes zu diesem Anlass zu überlegen.

Am wichtigsten bei dieser Gelegenheit sind Worte und Gesten, die ausdrücklich zeigen, dass etwas Bedeutungsvolles und Schönes geschehen ist: Das Mädchen ist körperlich nun eine junge Frau. Es ist ein riesiger Unterschied, ob die Mutter sagt: »Ach, jetzt hast du auch diesen Mist am Hals«, oder ob sie ihre Tochter in den Arm nimmt und sie in der Welt der Frauen willkommen heißt.

»Ich war zehn bei meiner ersten Regel. Meine Eltern waren verreist. Eine Tante passte auf uns auf, aber der mochte ich nichts davon erzählen. Ich habe mich sehr allein gefühlt, aber Angst hatte ich nicht, denn ich wusste, warum ich blutete. Meine Mutter hatte mir schon einiges erzählt. Irgendwo fand ich Slipeinlagen. Damit kam ich über die Runden, weil die erste Blutung schwach war. Bei der zweiten Blutung war ich sehr froh, dass meine Mutter da war und ich mich ihr anvertrauen konnte.«

Vera, 22 Jahre

Binde oder Tampon?

Wenn Ihre Tochter in die Länge schießt und der Weißfluss eingesetzt hat, sollten Sie ihr etwas über Binden und Tampons sagen, damit sie sich gut informiert ihre eigenen Gedanken machen kann. Besonders hilfreich zur Erläuterung sind dabei auch Abbildungen zu anatomischen Gegebenheiten. Grundsätzlich können Mädchen von der ersten Regel an Tampons benutzen (siehe ab Seite 304).

Was ein Bruder erfahren sollte

Sollte das Mädchen einen Bruder haben, erlebt oder spürt er, mit welcher Wertschätzung und Zuversicht die Eltern das Erwachsenwerden eines jungen Mädchens und damit Weiblichkeit generell beantworten. Ihr Verhalten wird auch seine Einstellung zu Mädchen und Frauen wesentlich beeinflussen.

Sprechen Sie offen auch mit Ihrem Sohn. Es wird ihm helfen, den neuen Status der Schwester ebenfalls zu respektieren. Auf jeden Fall möchten und müssen auch Jungen wissen, warum Mädchen ihre Tage bekommen. Eltern, möglichst der Vater, sollten auch dem Sohn etwas für ihn persönlich dazu Passendes erklären: »Weil Frauen nach der Befruchtung mit dem männlichen Samen neun Monate schwanger sind und danach das Baby stillen, hat es die Natur so eingerichtet, dass die Männer körperlich meist stärker sind, mehr Muskelkraft haben und Frauen während Schwangerschaft und Stillzeit und darüber hinaus beschützen können.«

So wird Hänseleien und Distanzlosigkeit vorgebeugt, das Mädchen als das andere Geschlecht gewürdigt, als junge Frau eben. **Stellen Sie die Andersartigkeit von Mädchen und Jungen positiv dar. Das stärkt das Selbstwertgefühl beider Geschlechter. Dabei sollte ein Junge unbedingt erfahren, dass seine Fähigkeiten und seine Stärke ebenfalls wichtig sind und konstruktiv genutzt werden können.**

Bei allen Schwierigkeiten, die Jungen als Pubertierende und Heranwachsende haben können: Ihre primären Geschlechtsorgane, Penis und Hoden, sind ihnen von Kindheit an vertraut; der erste Samenerguss ist automatisch mit Lustgefühlen verbunden und ein Zeichen von Potenz, selbst wenn er auch ein wenig peinlich sein sollte. Für ein Mädchen ist die erste Regelblutung hingegen nicht mit Lustgefühlen verbunden und wird nicht selbstverständlich mit einer neuen Fähigkeit in Verbindung gebracht. Sie kann sogar erschreckend sein, weil Blutungen in jedem anderen Zusammenhang Zeichen einer Verletzung oder Krankheit sind. Nur bei der Menstruation ist das anders. Deswegen ist sowohl die theoretische Vorbereitung als auch die optimistische, freundliche Kommentierung der Menarche so überaus wichtig für Mädchen. Erklären Sie Ihrem Sohn so, warum Mutter-Tochter-Gespräche also unbedingt notwendig sind. Dann versteht er sicherlich, dass sie keine Bevorzugung bedeuten.

Die Regel ist nicht immer regelmäßig und nicht bei allen Mädchen und Frauen gleich

Die Periode ist bei rund 70 Prozent der Mädchen in den ersten zwei Jahren unregelmäßig. Auch das sollten sie unbedingt wissen. Bis sich das hormonelle Geschehen eingespielt hat, kann die Blutung durchaus sogar mal einige Monate auf sich warten lassen. Oder aber sie setzt beispielsweise nach zwei Wochen erneut ein. Auch nach den ersten zwei Jahren noch können Unregelmäßigkeiten normal sein, wenn der Zyklus ungefähr erkennbar ist (siehe Abbildung 2.6).

Auch die Darstellung, der Eisprung sei am 14. Tag und die Menstruation komme alle 28 Tage, beruht auf Durchschnittszahlen, die für die meisten Frauen nicht exakt zutreffen. Denn bei manchen Frauen vergehen nur 25 Tage, bei anderen 32 Tage zwischen zwei Blutungen, oder der Zyklus dauert bei derselben Frau mal 29, mal 32 Tage. Zudem wirken sich Stress oder Klima-

info

Ganz individuell: die Dauer des Zyklus

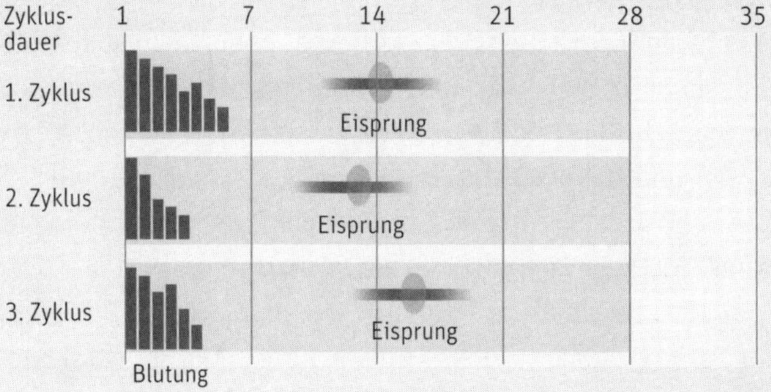

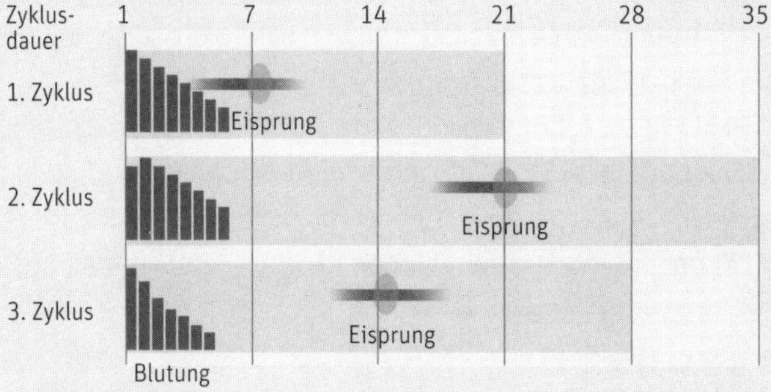

Abbildung 2.6: Während einige Mädchen und Frauen ihre Regelblutung nahezu immer auf den Tag genau vorhersehen können (wie in der Abbildung oben), kommt sie bei anderen in sehr unregelmäßigen Abständen (wie in der Abbildung unten).

veränderungen auf das Zyklusgeschehen aus und können zu Verschiebungen führen.

Auch gibt es unterschiedliche Blutungsmuster. Meist beginnt die Blutung schwach, wird stärker und geht vom dritten Tag an wieder zurück. Es gibt aber auch Mädchen, die bluten einen Tag oder zwei Tage, haben dann vielleicht einen Tag fast keine Blutung mehr, und dann kommt wieder verstärkt Blut. Manche beunruhigt das und sie fragen sich, warum die Tage erst weg gewesen und dann wiedergekommen sind. Natürlich kann man sich dann ärztlichen Rat holen, aber ein Mädchen ist nicht gleich krank, nur weil ihre Blutung nicht genau so verläuft wie bei der Freundin. Bei manchen verläuft sie eben eher in Wellen: Sie wird stärker, geht zurück, wird wieder stärker und geht wieder zurück. Auf typischen Abbildungen ist meist das oben beschriebene klassische Muster dargestellt, aber Menschen sind keine genormten Roboter, sondern biologische Individuen mit einer großen Bandbreite des Normalen.

Mit genauer Körperbeobachtung und Temperaturmessung können interessierte Mädchen und Frauen herausfinden, wann bei ihnen der Eisprung stattfindet (siehe Seite 247).

Wenn mit einer Antibabypille verhütet wird, ist der Zyklus ganz regelmäßig, weil er nicht von körpereigenen Hormonen, sondern von den Pillenhormonen geregelt wird, und ein Eisprung findet dann nicht statt.

Wahrnehmungen im Zyklus

Schmerzen werden oft regelrecht erwartet, denn Mädchen erleben ihre Regel vor dem Hintergrund dessen, was sie dazu ge-

» DAS MUTTER-TOCHTER-GESPRÄCH «

»Um herauszufinden, wie es sich mit deinem Zyklus verhält, ist es ratsam, einen Zykluskalender zu führen, eine kleine Tabelle, in der die Tage markiert werden können, an denen du eine Blutung hast. Dort kannst du auch notieren, an welchen Tagen die Blutungen schwach, an welchen sie stark sind, um dein persönliches Blutungsmuster kennenzulernen. Solche Kalender gibt es im Internet zum Ausdrucken, in der Apotheke oder beim Frauenarzt. Du kannst natürlich auch deinen persönlichen Terminkalender dafür benutzen. Wenn sich dein Zyklus eingespielt hat, du deine Tage also regelmäßig bekommst, kannst du in deinem Kalender mit Bleistift ein kleines Zeichen setzen, sodass du weißt, wann du mit der nächsten Periode zu rechnen hast.«

hört haben. »Pubertät heißt, man kriegt Bauchschmerzen«, bekomme ich wieder und wieder zu hören, und umgekehrt werde ich so manches Mal gefragt: »Ich habe gar keine Bauchschmerzen, wenn ich meine Tage habe. Ist das normal?«

Mädchen müssen wissen, dass es Menstruationsbeschwerden geben kann, aber keineswegs geben muss. Wenn Beschwerden auftreten, kann man verschiedene Linderungsmöglichkeiten ausprobieren (siehe Seite 282). Sie können sagen: »Die meisten Frauen haben keine Beschwerden. Sie merken nur, da tut sich etwas in meinem Unterleib.« Und weiter eventu-

Zykluskalender

	1	2	3	4	5	6	7	8	9	10	11	12	13	14	15	16	17	18	19	20	21	22	23	24	25	26	27	28	29	30	31
Januar																															
Febuar																															
März																															
April																															
Mai																															
Juni																															
Juli																															
August																															
September																															
Oktober																															
November																															
Dezember																															

Abbildung 2.7: Wer jeden Monat seine Tage in einen kleinen Kalender (erhältlich in der Apotheke oder im Internet) einträgt, lernt mit der Zeit den Rhythmus des eigenen Zyklus kennen und kann sich besser auf die Menstruation einstellen.

ell: »Ich persönlich habe da leider etwas Pech, aber bei dir kann das ganz anders sein.«

Es gibt besonders sensible Frauen, die sogar etwa in der Mitte des Zyklus den Eisprung als kleinen Stich rechts oder links seitlich im Unterbauch spüren, da, wo die Eierstöcke sitzen. Und kurz vor Eintritt der Menstruation empfinden viele ein Ziehen in der Gebärmutter, vielleicht auch ein Spannen in den Brüsten und spüren so, dass die Blutung am nächsten oder übernächsten Tag beginnt. Manche bemerken vor der Blutung durch die verringerte Östrogenproduktion Stimmungsschwankungen.

Widersprüchliche Gefühle

Erwachsenwerden ist längst nicht für alle Mädchen ein Ziel. Viele sehen sehr genau, wie schwierig das Leben für ihre Eltern ist. Manche würden lieber das Kind bleiben, das sie waren, so unbeschwert kindlich sein, wie ihre Mitschülerinnen vermeintlich oder tatsächlich noch sind. Das gilt vor allem für die, die als Erste in einer Schulklasse ihre Tage bekommen.

Viele Mädchen haben ambivalente Gefühle ihrer körperlichen Entwicklung gegenüber. Einerseits sind sie unsicher und finden Busen und Blutung »unpraktisch«, andererseits sind sie auch stolz auf ihre körperlichen Veränderungen und freuen sich.

So oder so: Je besser sie informiert sind, umso selbstbewusster gehen sie mit ihrer Pubertät um. »Ich habe die Tage gekriegt, nachdem Sie bei uns in der Klasse waren und alles erklärt haben«, sagte mir eine 13-Jährige. »Dadurch wusste ich genau Be-

info

Fakten und Worterklärungen zur Menstruation

Manche Fakten sind für Mütter so selbstverständlich, dass sie vergessen, sie zu erwähnen. Für Mädchen aber ist alles neu, ist nichts selbstverständlich. Es ist immer wieder überraschend zu hören, was sie vermuten, wenn ihnen niemand vermeintlich banale Fakten mitgeteilt hat.

- Das Menstruationsblut kommt aus der Scheide, und zwar unabhängig vom Urin, der aus der Harnröhre kommt.
- Die Regel ist keine Dauereinrichtung. Es kommt nicht das ganze Leben lang fortwährend Blut aus der Scheide, sondern im Normalfall einmal im Monat meist für vier bis sieben Tage (deshalb nennt man sie »Tage«), und zwar auf diese Tage verteilt etwa eine halbe Kaffeetasse voll (ca. 65 ml), erst ein wenig, dann in ein oder zwei Tagen die Hauptmenge, dann zum Schluss wieder weniger.
- Die Tage kommen aber auch nicht nur ein einziges Mal und dann nie wieder.
- Für die Tage gibt es neben Regel, Regelblutung, Blutung, Monatsblutung noch etliche andere gebräuchliche Begriffe. Periode beispielsweise. Periode ist ein griechisches Wort und bedeutet »Herumgehen«, etwa wie die Zeiger einer Uhr. Damit werden feste Zeitabschnitte bezeichnet oder etwas, das sich wiederholt. Besonders häufig wird die Regel Menstruation genannt, manchmal auch Menses.

In beiden Begriffen steckt das lateinische Wort für Monat: mensis.

- Irritierend ist für viele Mädchen am Anfang, dass nicht nur flüssiges Blut, sondern auch gallertartige Klümpchen zu sehen sind. Dabei handelt es sich nicht etwa um Leber (wie manche Mädchen vermuten), sondern um ganz normal abgelöste Gewebestückchen der Gebärmutterschleimhaut, an die sich zum Teil noch etwas Blut angelagert hat.
- Mädchen bluten nicht weniger als reifere Frauen, nur weil sie noch »klein« sind. Oft haben sie sogar stärkere Blutungen als Frauen, die geboren haben.
- Die Zeit zwischen dem ersten Tag der Regelblutung und dem Beginn der nächsten Regelblutung nennt man Zyklus. Das Wort Zyklus kommt aus dem Griechischen und bedeutet Kreis. Als Zyklus bezeichnet man regelmäßig wiederkehrende Zeitabschnitte. Der weibliche Zyklus dauert im Durchschnitt 28 Tage. Er kann zwischen 25 und 35 Tagen schwanken. In der Pubertät können zu Beginn die Schwankungen noch größer sein, dann können sogar vier oder fünf Monate zwischen zwei Blutungen vergehen.
- Als ersten Tag des weiblichen Zyklus zählt man den Tag, an dem die Blutung einsetzt.
- Menstruationsblut muss sich nicht zuvor in der Gebärmutter »ansammeln«. Es kommt aus dem normalen Blutkreislauf, ist nicht »dreckig«.

scheid und hatte gar keine Angst.« Die Reaktion der Eltern, vor allem der Mutter, ist sehr wichtig für ein Mädchen. Eltern sollten möglichst sensibel auf die Gefühle der Tochter eingehen und ihr nicht ihre eigenen Emotionen überstülpen. Das geschieht häufig. Versuchen Sie, Ihre eigenen, möglicherweise widersprüchlichen Gefühle zu erkennen und nur das an Ihre Tochter heranzutragen, was ihrer Entwicklung dient. Manche Eltern sagen ungeniert, sie seien traurig, weil die Tochter nun schon so groß ist, oder äußern sofort Ängste hinsichtlich einer Schwangerschaft. Solche Bemerkungen sind verletzend und gehen an den tatsächlichen Gefühlen der Mädchen völlig vorbei.

Vor allem Mütter spüren, dass das Wachstum des Kindes auch dazu führt, dass die Tochter ihnen entwächst. Wehmütige Gefühle sind normal und verständlich, aber kluge und einfühlsame Eltern behalten sie für sich oder sprechen mit anderen Erwachsenen, aber nicht mit ihren Kindern darüber.

Fragen und Antworten zum weiblichen Körper

Frage: Meine Freundin sagt: »Die Regel hat man zwischen 11 und 16.« Stimmt das?

Dr. Schoonbrood: Da hat deine Freundin etwas missverstanden. Wahrscheinlich hat jemand gesagt: Mädchen bekommen ihre Regel zwischen 11 und 16. Manche bekommen sie auch schon mit 9 oder 10, die meisten ungefähr mit 12. Die Regel heißt Regel, weil sie regelmäßig wiederkommt. Einmal im Monat für ein paar Tage und das für viele Jahre. Etwa ab dem 50. Lebensjahr bekommen Frauen keine Regel mehr. Deswegen können sie dann auch keine Kinder mehr bekommen.

Meine Mutter sagt, ich krieg jetzt bald die Tage. Deswegen gehe ich schon seit einem Jahr nicht mehr zum Schwimmen, weil ich Angst habe, sie könnten gerade dann kommen, wenn ich im Wasser bin.

Du darfst gern schwimmen gehen, und auch sonst musst du nicht dauernd daran denken und dich vorsehen. Das erste Blut kommt meist nur tröpfchenweise. Dann sieht man, wenn man zur Toilette geht, einen kleinen bräunlichen oder roten Fleck in der Unterhose oder im Klopapier, wenn man sich nach dem Wasserlassen abgetupft hat. Dann ist Zeit genug, um sich eine Binde zu holen.

Muss man gleich die Pille nehmen, wenn man seine Tage hat?

Nein. Die Pille nimmt man ja, um eine Schwangerschaft zu verhüten. Wenn ein Mädchen die Tage bekommt, hat sie deswegen natürlich nicht gleich Geschlechtsverkehr, und nur dadurch könnte sie ja schwanger werden. Normalerweise hat ein Mädchen schon mehrere Jahre die Regel, wenn sie sich entschließt, bald das erste Mal mit ihrem Freund zu schlafen. Dann ist die Pille eine sichere Verhütung.

Ach du je! Kriegt man auf jeden Fall Busen?

Ja, jede Frau bekommt einen Busen. Manche einen kleinen, manche einen großen, manche einen mittelgroßen. Alle bekommen einen, damit alle, wenn sie ein Baby zur Welt gebracht haben, Milch für das Baby haben, die Muttermilch. Am Ende der Schwangerschaft bildet sich Milch in den Brüsten, in kleinen genauso gut wie in großen. Von Natur aus ist es so eingerichtet, dass eine Mutter ziemlich lange immer die nötige Nahrung für das Baby hat, solange sie es an der Brust saugen lässt.

Kommt mit dem Blut das nicht befruchtete Ei aus der Scheide?

Bei der Periodenblutung erneuert sich die Innenhaut der Gebärmutter. Das passiert sogar dann, wenn durch die Einnahme der Pille gar kein Eisprung stattgefunden hat und mit der Einnahme am Ende der Pillenpackung pausiert wird. Mit dem Blut kommen kleine Gewebestückchen der Gebärmutterschleimhaut aus der Scheide. Die nicht befruchtete Eizelle löst sich noch im Eileiter auf.

Warum kommen bei mir die Tage manchmal gar nicht?

Bei den meisten Mädchen ist das am Anfang so, weil der Zyklus sich noch einspielen muss. Im Laufe der Zeit stellt sich dann meist ein Rhythmus im Zyklus ein – der kann ganz regelmäßig sein, kann aber auch Schwankungen unterliegen.

Ich habe gehört, am 14. Tag geht der Eierstock auf, und dann kann man schwanger werden.

In den Eierstöcken reift jeden Monat eine Eizelle in einem Bläschen. Wenn sie fertig ist, platzt das Bläschen, das nennt man Eisprung, und die Eizelle gelangt in den Eileiter. Da kann sie von männlichem Samen befruchtet werden. Menschen funktionieren aber nicht wie Maschinen nach exaktem Plan. Deshalb kann der Eisprung an unterschiedlichen Tagen im Zyklus stattfinden.

Benutzt man Tampons, damit die Frau ihre Eier nicht verliert?

Nein. Tampons benutzt man, um das Blut und die Gewebeteilchen aufzufangen, wenn die Gebärmutterschleimhaut sich ablöst. Das tut sie, wenn das reife Ei nach dem Eisprung nicht befruchtet wurde. Das Ei löst sich dann im Eileiter nach ungefähr einem halben Tag auf. Die noch nicht reifen Eier bleiben schön sicher im Eierstock und können da auf keinen Fall rausfallen.

3.

Seelische, geistige und soziale Veränderungen

In der Pubertät werden die Nervenzellen im Gehirn neu verschaltet, und die Persönlichkeitsentwicklung bekommt eine neue Dynamik. Hier erfahren Sie, was das bedeutet und welche Aufgaben auf Sie zukommen, damit auch in turbulenten Zeiten alles gut verläuft.

»Ich will noch gar nicht erwachsen werden«

Die Pubertät ist wie eine zweite Geburt

Um ein ganzheitliches Geschehen zu ergründen, greifen Medizin und Psychologie oft auf ein bewährtes Hilfsmittel zurück: Sie betrachten einen überschaubaren Bereich, sozusagen einen Mosaikstein, der erst im Zusammenhang mit anderen Mosaiksteinen ein ganzes Bild ergibt. So ähnlich ist es auch mit den Kapiteln in diesem Buch: Im Folgenden werden die Umbauprozesse im Gehirn Pubertierender thematisiert und ihre oft dramatischen Verhaltensänderungen. All das ist natürlich mit den ab Seite 76 beschriebenen körperlichen Pubertätsveränderungen zusammen zu sehen, insbesondere mit der Hormonumstellung und mit der erwachenden Sexualität, die ab Seite 180 behandelt wird.

»Baustelle Gehirn« – warum sich in der Pubertät das Denken verändert

»Wie wird man eigentlich im Kopf erwachsen?«, fragte mich kürzlich eine 11-Jährige. Das möchten Mütter oft auch gern wissen. Und sie fragen sich, ob und gegebenenfalls was sie dazu beitragen können, oder ob es besser sei, sich zurückzuhalten. Manchmal ist zu hören, das Gehirn Pubertierender sei eine »Baustelle«, und eine solche dürfe man nicht betreten. »Ganz falsch, Augen zu und durch gilt nicht«, sagt Dr. Achim Wüsthof, Facharzt für Kinder- und Jugendmedizin und Hormonspezialist im Endokrinologikum in Hamburg-Altona. Er plädiert für Gespräche, die gleichermaßen von Autorität und Einfühlungsvermögen geprägt sind. »Bleiben wir bei dem Bild der Baustelle: Dort ist das Betreten nur für Unbefugte verboten. Aber Sie sind Bauarbeiter und Architekt. Also: Helm auf und rauf auf die Baustelle« (Hamburger Abendblatt, 11. Juli 2008). Schauen wir uns die Baustelle zunächst einmal an:

Das Netzwerk unseres Gehirns

In unserem Gehirn haben wir pro Kubikmillimeter ca. 150 000 Nervenzellen (Neuronen), insgesamt 100 Milliarden Zellen. Jede von ihnen hat durch etwa 1000 antennenartige Empfänger (Dendriten) Kontakt mit ihren Nachbarzellen. Ihre Information leitet jede Zelle über eine Art fadenförmiges Ausgangskabel (Neurit) an die Dendriten mehrerer anderer Zellen weiter. All diese Kontaktstellen (Synapsen) summieren sich zu Billionen. Damit der Informationsfluss schnell genug funktioniert – nämlich 30-mal schneller als ohne diesen Kniff – sind die Neuriten von einer gefurchten Hülle umgeben, den Markscheiden. Durch Sprung von Furche zu Furche legen die Informationen in unserem Gehirn zum Beispiel einen Millimeter in einer Hundertstelmillisekunde zurück – ein unvorstellbares Tempo!

Ein Netzwerk wird geknüpft ...

Ein Teil des unvorstellbaren Netzwerkes an Verknüpfungen bildet sich entsprechend der Erbanlagen schon im Mutterleib. Nach der Geburt entwickeln sich die Verschaltungen aber kräftig weiter. Entscheidend ist dabei, welche Erfahrungen ein Mensch in seinen frühen Jahren macht. Auch deshalb sind eine sichere emotionale Bindung, Geborgenheit, Förderung und Erziehung so wichtig.

... und revolutioniert

Mit Beginn der Pubertät kommt es zu einer spektakulären Umorganisation der vernetzten Gehirnzellen: Ihre Verknüpfungen geraten sozusagen auf den Prüfstand. Dieser dramatische Umbau nimmt fast ein ganzes Jahrzehnt in Anspruch und geht nach Abschluss der sichtbaren Körperveränderungen noch weiter.

Fürs Erwachsenenleben nicht mehr benötigte Verknüpfungen werden gekappt, bei den übrigen, besonders den vielgenutzten, nehmen die Markscheiden um 100 Prozent zu und die Leitungsgeschwindigkeit steigt dadurch enorm. Ergebnis des Umbaus: Das Gehirn ist fixer, dafür aber etwas weniger flexibel als bei Kindern. Deshalb ist es nur in den ersten Lebensjahren möglich, eine Sprache mühelos und perfekt zu lernen.

Betroffene Hirnregionen

Manche Bereiche des Gehirns sind mehr, andere weniger vom Umbau betroffen. Zur »Baustelle« werden vor allem solche Hirnregionen, die zuständig sind für emotionale Reaktionen, Belastbarkeit, Stresstoleranz, Motivation, die Umsetzung von Gefühlen in körperliche Reaktionen und solche, die Lernfähigkeit und Gedächtnis beeinflussen. Die Verbindungen zwischen rechter und linker Gehirnhälfte sind betroffen und Gehirnbereiche, die die Bewegungsabläufe (Motorik) steuern. Auch Stirnhirnbereiche, die für moralische Erwägungen und für die Impulskontrolle zuständig sind, werden in den Umbau einbezogen.

Was das für das Verhalten Jugendlicher bedeutet

Dramatische Veränderungen finden in der Pubertät also nicht nur bei den Geschlechtsorganen und Geschlechtsmerkmalen statt. Mindestens ebenso dramatisch sind die Umwälzungen im Gehirn und in der Psyche.

Wenn man bedenkt, welche Hirnregionen vorrangig betroffen sind, wird verständlich, dass emotionale Labilität, Gedächtnisprobleme und Lernschwierigkeiten auftreten. Nicht nur die Antriebskontrolle, sondern das gesamte Gefühlsleben und damit auch das Interesse für schulische Belange können vorübergehend bedrohlich ins Wanken geraten.

Untersuchungen konnten belegen, dass die Fähigkeit, sich in andere Menschen hineinzuversetzen und ihr Verhalten zu interpretieren, oft stark herabgesetzt ist. In einer amerikanischen Studie zeigte sich bei 10- bis 22-Jährigen, die Gesichtsausdrücke beurteilen sollten, dass Kinder und Jugendliche in der Pubertät für ihre Einschätzung viel länger brauchten als Erwachsene und häufiger falsch lagen (New Scientist, Nr. 2365, 2002).

Pubertierende schätzen soziale und emotionale Situationen oft nicht richtig ein, erleben vieles als verwirrend, auch sich

selbst. Folgen gefährlicher Handlungen können sie weniger gut einschätzen. Diese Verunsicherung macht sie reizbar, oder sie ziehen sich zurück: »Musst du dich schon wieder einmischen?« Oder: »Lasst mich bloß alle in Ruhe! Macht bloß keinen Stress!«

» DAS MUTTER-TOCHTER-GESPRÄCH «

»Der Wandel vom Kind zur jungen Frau ist ein weitgehender Neustart, fast so etwas wie eine zweite Geburt. Deshalb ist es normal, wenn man sich in dieser Zeit unsicher fühlt und wenn die Empfindungen stark schwanken. Ich kann mich noch gut daran erinnern, wie schrecklich ich mich gefühlt habe, als sich plötzlich alles veränderte. Das war und ist für alle Mädchen und Jungen in der Pubertät so. Wenn du dich richtig mies oder unglücklich fühlst, dann denk bitte daran, dass das nicht so bleibt, sondern vorübergeht.«

Eltern sind als »Bauleiter« gefragt

Unausgeglichenheiten sind also bei Pubertierenden vollkommen normal! Ihre Versuche, sich selbst zu finden und mit ihrem Gefühlswirrwarr klarzukommen, sind es auch: Selbstinszenierungen durch schrille Klamotten, Jugendsprache und Musik sind Zeichen dafür. Manche Suchbewegungen jedoch können gefährlich werden.

»Unser Gehirn wird so, wie wir es benutzen«, schreibt Gerald

Hüther, Professor für Neurobiologie, in seinem Buch »Bedienungsanleitung für ein menschliches Gehirn«. »Diejenigen Verschaltungen, die wir besonders häufig und besonders erfolgreich aktivieren, um uns in der Welt zurechtzufinden, werden immer stärker ausgebaut, und diejenigen, die wir dazu nicht oder nur sehr selten einsetzen, bleiben entweder so, wie sie sind, oder beginnen allmählich zu verkümmern.« Hüther spricht von Wegen, von Bahnen im Gehirn, die zu breiten Straßen werden können. Wenn man das bedenkt, lassen sich Redewendungen wie »auf die schiefe Bahn kommen« oder »neue Wege gehen« durchaus auch hirnphysiologisch verstehen.

Unsere Gefühle und unser Tun beeinflussen also unser Gehirn, umgekehrt beeinflusst unser Gehirn aber auch wiederum unsere Gefühle und Taten. **Wir lernen durch Erfahrungen, vor allem durch Kommunikation mit anderen Menschen, und entsprechend werden die Neuronen im Gehirn verschaltet.**

Das heißt: Eltern müssen ihren Kindern gerade auch in der Zeit der Neuverschaltung der Synapsen zur Seite stehen, damit keine Sackgassen entstehen, damit die neuen Bahnen brauchbar sind für eine gute Zukunft. »Rauf auf die Baustelle« also, wie Achim Wüsthof sagt. Ihnen fällt die Aufgabe der Bauleiterin zu, die darauf achtet, dass alles einigermaßen nach Plan läuft und nicht der Dachstuhl gezimmert wird, bevor Fundament und Wände tragfähig sind.

Pendeln zwischen Kindheit und Erwachsensein

Ein kleines Kind stellt sich selbst und seine Eltern nicht in Frage. In der Pubertät ist es damit dann vorbei. Ein neues Bewusst-

» DAS MUTTER-TOCHTER-GESPRÄCH «

»Unsere Gehirnzellen sind miteinander verknüpft, um Informationen weiterzuleiten. Bei Kindern ist ein Teil der Zellen anders verschaltet als bei Erwachsenen. In der Pubertät findet im Gehirn ein Umbau statt, nicht über Nacht, sondern über einen langen Zeitraum. Das merkst du daran, dass du kritischer wirst, dir mehr Gedanken über alles machst. Wenn das Gehirn erwachsen wird, kann man sich auch besser überlegen, was für ein Mensch man wohl ist, wie man später mal leben möchte. Das, was wir sehen, fühlen und denken, beeinflusst aber umgekehrt auch wieder die Verbindung der Nervenzellen untereinander. Wenn du beispielsweise sehr viel im Kopf rechnest, fällt dir das immer leichter, weil in deinem Gehirn entsprechende Verknüpfungen stärker werden. Es ist also gut, sein Gehirn möglichst vielseitig und auf positive Weise zu trainieren. Wer jeden Tag stundenlang Horrorfilme ansieht und sonst nicht viel macht, würde sein Gehirn genau darauf trainieren, und das nützt natürlich niemandem. Es lohnt sich also, wählerisch zu sein und sich zu fragen, tut mir das gut? Das gilt auch für Freundschaften, nicht nur für Tätigkeiten, denn das, was wir mit Freunden besprechen und erleben, beeinflusst uns besonders intensiv.«

sein entwickelt sich, das es ermöglicht, die eigenen Erfahrungen zu reflektieren und unabhängig von den Eltern über sich selbst und die Welt nachzudenken. Und das ist nötig, damit ein junger Mensch im wörtlichen Sinne selbstbewusst werden kann – sich erkennt als einzigartige Person. Dabei ist die Pubertät ein Leben in einer Art Niemandsland. Ihre Tochter ist nicht mehr Kind, aber auch noch nicht erwachsen. Sie pendelt gefühlsmäßig zwischen beiden Welten, versucht, sich dabei ein Bild von der Erwachsenenwelt zu machen, und probiert aus, wie sie dort hingelangen kann.

Ziele der Persönlichkeitsentwicklung

Zur Entwicklung der Persönlichkeit gibt es mehrere Theorien. Interessant ist, dass die moderne Hirnforschung etliche Grundannahmen der Psychologie bestätigt. Die wichtigste ist: Die Entwicklung unserer Persönlichkeit hängt wesentlich auch davon ab, welche Beziehungserfahrungen wir in unseren ersten Lebensjahren machen.

Klar ist aber auch, dass vieles bereits genetisch angelegt ist. Wie viel auf Umwelteinflüsse zurückzuführen, wie viel vererbt ist, das lässt sich nicht genau sagen. Mütter erkennen beides: Sie sehen, dass ihre Kinder mit bestimmten Eigenschaften zur Welt kommen, beispielsweise eher ruhig oder eher temperamentvoll sind. Und sie erleben, dass ihr eigenes Verhalten Einfluss hat.

Das Gefühl von Stimmigkeit

In der Pubertät stellt sich für Mütter besonders drängend die Frage, wie sie die Persönlichkeitsentwicklung ihrer Tochter in dieser Umbruchphase möglichst positiv beeinflussen können. Dabei sind die Vorstellungen des amerikanischen Medizinsoziologen Aaron Antonovsky bedenkenswert. Sie sind als grundlegende und allgemeingültige Gedanken in der Gesundheitsvorsorge anerkannt.

Antonovsky hat erforscht, warum von Menschen, die unter gleichen Bedingungen leben, die einen gesund bleiben und andere nicht. Seine Untersuchungen führten ihn zu der These, unser Kohärenzgefühl, das heißt das Gefühl umfassender Stimmigkeit und Zuversicht, sei wesentlich dafür. Also: Wie schätzt jemand sich selbst im Zusammenhang mit seiner Umwelt ein? Fühlt er sich ihr machtlos ausgeliefert, erlebt er sie als bedrohlich, unerklärlich und sinnlos, dann kann ihn das krank machen. Positiv ausgedrückt: Antonovsky geht davon aus, dass Wohlbefinden und Gesundheit gefördert werden durch ein grundlegendes Gefühl von Stimmigkeit:

- Das, was geschieht, kann ich verstehen und/oder mir erklären.
- Ich vertraue auf meine eigenen Fähigkeiten und auf die Hilfsbereitschaft anderer. Deshalb werde ich die Herausforderungen des Lebens bewältigen.
- Das Leben ist sinnvoll, und darum ist es sinnvoll, dass ich mich bemühe, mich anstrenge.

Verstehbarkeit, Handhabbarkeit und *Sinnhaftigkeit* – diese drei Stichworte können Sie sich immer mal wieder ins Gedächtnis rufen, wenn es um die Aufklärung und Erziehung Ihrer Tochter geht. Helfen Sie ihr, sich selbst zu verstehen und das, was ihr widerfährt, als sinnvoll einordnen zu können. Denn das ist die Voraussetzung dafür, dass sie weiß, wie sie mit den Dingen umgehen kann. All das zusammen gibt ihr Zuversicht für die Zukunft.

Das Gefühl der Stimmigkeit kann daraus jedoch nur entstehen, wenn die Balance zwischen Ihrer Fürsorge einerseits und der Selbstständigkeit Ihrer Tochter andererseits immer wieder neu und dem Alter und der Entwicklung angemessen austariert wird.

Zwischen Fürsorge und Überfürsorge

Ich beobachte, dass elterliche Fürsorge zunehmend verwechselt wird mit Verwöhnung. Ich beobachte, dass da, wo Forderungen nötig wären, keine gestellt werden und da, wo vorsorglicher Schutz nötig ist, keiner gewährt wird. Das führt dazu, dass Mädchen zwar einerseits viel zu früh sexuelle Erfahrungen machen, die ihnen nicht guttun, andererseits aber gar nicht mehr den Wunsch haben, wirklich erwachsen zu werden. Ich höre häufig Sätze wie: »Warum soll ich denn erwachsen werden? Davon hab ich doch nichts. Das ist doch alles nur Stress.«

Wer nicht wünschen kann, kann auch nicht wollen

Märchen erzählen von »jener Zeit, in der das Wünschen noch geholfen hat«, und transportieren damit eine wichtige psychologische Wahrheit: Positive Veränderungen stellen sich vor allem dann ein, wenn wir sie wünschen, wenn wir Ziele entwickeln.

Kinder sind hierzulande materiell häufig wunschlos, weil sie alles bekommen, was möglich und heutzutage scheinbar normal ist – auch in Familien mit geringem Einkommen.

Unerfüllte Wünsche jedoch führen zu dem Vorsatz, selbst aktiv zu werden, um der Erfüllung eines wichtigen Wunsches näher zu kommen. Taschengeld sparen, jobben – so kann sich ein Mädchen einen materiellen Wunsch selbst erfüllen. Dabei lernt sie, ein eigenes Ziel zu verfolgen, und erlebt Befriedigung, wenn sie es erreicht hat. Und nie wird sie gering schätzen, was sie dank eigener ausdauernder Anstrengung erworben hat.

Aber wie sieht es mit dem Wunsch aus, ein selbstbestimmtes Leben zu führen, erwachsen und unabhängiger zu werden? Jugendliche, die nie lernen konnten, sich Ziele zu setzen, auf die Erfüllung von Wünschen zu warten, selbst Mühen auf sich zu nehmen, um etwas zu erreichen, sich einen Wunsch zu erfüllen, bleiben ziellos, wunschlos und ohne Vertrauen in die eigene Kraft.

Manche Kinder und Jugendliche leben heute in einer Art Schlaraffenland. Anstrengungen werden ihnen nicht abverlangt, oft müssen sie nicht einmal zur Schule laufen oder radeln oder im Haushalt helfen. Freund oder Freundin dürfen jederzeit bei ihnen übernachten. Nicht mal um sich zu unterhalten, ist Anstrengung nötig: Ein Knopfdruck und es gibt Musik und bunte Bilder.

Warum sollten sie erwachsen werden wollen? Warum sollten sie die elterliche Wohnung irgendwann verlassen? Sie würden ja bloß Zahlmeister und Servicepersonal zurücklassen, ohne etwas Neues dafür zu bekommen.

Machen Sie Ihrer Tochter Lust auf ein eigenes Leben!

Wenn mir ein Mädchen sagt: »Ich hab zu Hause keinen Stress«, dann mache ich mir Sorgen. Denn »keinen Stress haben« bedeutet meist, keiner zieht Grenzen, keiner gibt Halt, keiner stellt Anforderungen, keiner nimmt das Mädchen wahr und setzt sich ernsthaft mit ihr auseinander.

Genau das ist aber auch in der Pubertät wichtig. Zum einen, um Mädchen vor schädlichen Erlebnissen zu schützen, zum anderen, um ihnen Lust auf ein eigenständiges Leben zu machen. Dafür gilt es, Fähigkeiten zu trainieren. Um irgendwann das Leben eines Erwachsenen führen zu können, müssen Jugendliche Ziele entwickeln, Anstrengungen auf sich nehmen, durchhalten können, Frustrationen ertragen und aus Erfahrungen Schlüsse ziehen.

Dann können sie etwas aus eigener Kraft schaffen. Das zu spüren ist großartig und führt manchmal zu dem überschwänglichen Gefühl: Ich bin jung, ich bin einzigartig, ich habe Energie – und ich liebe die Welt! Auch eine Mutter kann es glücklich machen, wenn sie sieht, die Tochter will und wird erwachsen werden.

Die Außenwelt wird immer wichtiger

Die Peergroup, die Gruppe der Gleichaltrigen, wird in der Pubertät besonders wichtig. Sie stellt eigene Regeln auf, um sich von der Elterngeneration abzusetzen. Die Jugendkultur ist deshalb grundsätzlich eine Protestkultur. Ihre Musik *soll* in älteren Ohren scheußlich klingen, die Frisuren *sollen* zum Haareraufen sein, durch schräge Klamotten *wollen* Jugendliche sich unterscheiden von »den Alten«. Wenn Erwachsene die Jugendmode einfach übernehmen, so aussehen, so sprechen wollen wie die nachfolgende Generation, verderben sie Jugendlichen nicht nur den Spaß, sie nehmen ihnen auch die Zeichen ihres Andersseins. Für Jugendliche ist es jedoch immens wichtig, sich abzusetzen – von den Eltern, aber auch von Gleichaltrigen. Die vielen verschiedenen Spielarten in Musik und Mode sind nicht zuletzt ein Mittel der Unterscheidung.

Die Gruppe der Gleichaltrigen setzt eigene Maßstäbe

Die Gesetze der eigenen Peergroup jedoch sind streng, manchmal sehr streng. Es gibt Jugendliche, die lieber im Bett bleiben würden, als im falschen Outfit in die Schule zu gehen. »Geht gar nicht«, heißt es dann. Die Gruppenstandards erzeugen das Gefühl von Zugehörigkeit, aber auch Druck. Diejenigen, die sich nicht an die Vorgaben halten, fürchten, zu Außenseitern zu werden. In der Schulklasse gemobbt zu werden ist für Kinder und Jugendliche schrecklich, zumal Urteile oft gnadenlos gefällt werden und unumstößlich scheinen. Auch da zeigt sich: Jugendliche können sehr rigoros sein, um sich in unsicheren Zeiten so selbst ein wenig Halt zu geben.

Bedeutung der Generationsgrenzen

Mütter sehen manche Modeerscheinungen durchaus mit Sorge. Vielleicht hilft Ihnen der Grundsatz: Alles, was keine bleibenden Konsequenzen hat, was keine gesundheitlichen Gefahren birgt, kann meine Tochter ausprobieren. Allerdings ist es ratsam, Mädchen darauf hinzuweisen, dass allzu freizügige Kleidung vor allem in der Schule unpassend ist, auch weil sie für Jungen missverständlich sein kann. Einige Schulen auch in Deutschland haben einheitliche Schulkleidung eingeführt, und Unmut über allzu spärliche Bekleidung war stets eines der Argumente dafür.

»Ich wollte immer nur dazugehören und so sein wie die anderen Mädchen, gerade, weil ich zu Hause niemanden hatte. Dafür tat ich alles, auch Dinge, die ich besser nicht getan hätte.«

Cordula, 38 Jahre

Bedenklich ist, dass manche Eltern die Generationsgrenzen gar nicht mehr akzeptieren, vielleicht sogar für schädlich halten. **»Ich bin wie eine Freundin für meine Tochter«, sagen manche Mütter stolz. Sie wissen nicht, wie wichtig es ist, dass sie die Mütter ihrer Töchter bleiben, die Autorität, die Ratgeberin und ein Vorbild.** Sich auf gleicher Augenhöhe zu begegnen ist ein wichtiges Ziel, das aber erst nach und nach erreicht werden kann – und zwar von der Tochter aus, indem sie erwachsen wird. Achtung sollte eine Mutter immer vor ihrer Tochter haben, aber das hat nichts mit Gleichmacherei zu tun.

Freundinnen findet Ihre Tochter unter Gleichaltrigen. Und für fast alle Mädchen ist die beste Freundin überaus wichtig. Mit ihr kann das besprochen werden, was die Mutter gar nicht oder nur gefiltert erfahren soll. Geheimhaltung, Geheimnisse, etwas für sich zu behalten – auch das ist ein Zeichen der Abgrenzung, die zum Erwachsenwerden nötig ist.

Die Vorliebe von Mädchen für das Zusammensein mit ihrer besten Freundin ist auch unter diesem Gesichtspunkt zu verstehen: Zu meiner Mutter brauche ich Distanz, aber mit der Freundin zusammen fühle ich mich viel sicherer als allein. Wir sind keine Kinder mehr, aber wir sind auch noch keine Erwachsenen. Weder die einen noch die anderen können uns verstehen, aber wir Freundinnen, wir verstehen einander. Wir erzählen uns von unseren Fragen und Sehnsüchten, und unsere Ängste kichern wir zusammen weg.

Geschlossene Gesellschaft: Mädchen unter sich

Ein gewisses Maß an Theatralik gehört auch dazu. In der Pubertät verändern sich nicht nur Körper, Gedanken und Gefühle, sondern auch das Verhalten. Die Stimme kann ganz schön überspannt klingen, die Vokale können immer länger werden: »Süüüüß!« Einschätzungen sind entschieden bis zur Unverrückbarkeit, Tuscheln und Lachen mit der Freundin gehören zu den wichtigsten Lebensäußerungen. Im einen Moment kleines Mädchen, im anderen verblüffend erwachsen – Stimmung und

Selbsteinschätzung schwanken enorm. Unterstützen Sie das eigene Leben Ihrer Tochter, indem Sie den Besuch der Freundinnen gutheißen. Jugendliche halten sich da auf, wo sie freundlich und großzügig behandelt werden und sich nicht pausenlos beobachtet und begutachtet fühlen. Nutzen Sie diese Chance!

Schwierig wird es für Sie, wenn Sie den Eindruck haben, Ihre Tochter könnte in eine Clique geraten sein, die ihrer Entwicklung nicht guttut. Dann sollten Sie das direkt ansprechen und gegensteuern. Reden Sie offen und ehrlich mit Ihrer Tochter. Selbst dann, wenn sie abwiegelt oder nur wütend wird: Sie hört, was Sie sagen. Sie macht sich ihre Gedanken dazu.

Zum Glück besteht in den allermeisten Fällen kein Grund zur Sorge. Im Gegenteil: Meist schützen die beste Freundin und die Clique weit mehr vor Gefahren, als dass sie in Gefahren führen. **Und auch wenn das Zusammenleben mit Ihrer Tochter nicht immer Honigschlecken ist, ist doch Vertrauen ein wichtiges Grundprinzip.** Sich auszuprobieren gelingt Mädchen ganz überwiegend, ohne dass sie auf besorgniserregende Weise über die Stränge schlagen.

Wenn Ihr Vertrauen allerdings missbraucht wird, wenn ernste Probleme auftauchen – dann müssen Sie klar und konsequent reagieren und Ihrer Tochter zeigen, wie groß Ihre Sorge ist. Auch eine Beratungsstelle kann weiterhelfen, und es ist ein Zeichen von Stärke, Fachleute zu Rate zu ziehen, wenn man sie braucht.

Zu Hause missmutig, anderswo liebreizend

»Ihre Tochter ist ja so nett und zuvorkommend!« Es gibt Zeiten, zu denen ein solches Kompliment einer anderen Mutter vollständig verblüfft. Sollte wirklich die eigene Tochter gemeint sein? Diese nörgelnde, patzige Göre, die zu Hause immer nur genervt ist und so schnell wie möglich in ihrem Zimmer verschwindet? Ja, sie ist gemeint, denn Pubertierende verhalten sich anderswo oft ganz anders als zu Hause. Während sie am heimischen Esstisch nur schnippisch sind und so tun, als hätten sie die Worte »bitte« und »danke« noch nie gehört, zeigen sie sich außerhalb von Elternhaus und Schule anderen Erwachsenen gegenüber als höflich und hilfsbereit.

Positive Rückmeldungen zeigen, dass Ihre Tochter durchaus das anwendet, was Sie ihr beigebracht haben, sie will davon nur Ihnen gegenüber zurzeit möglichst wenig Gebrauch machen. Das wird sich irgendwann ändern, und bis dahin müssen Sie – je nach Wichtigkeit – mal tapfer und geduldig gegenhalten, mal großzügig und humorvoll über das eine oder andere hinweggehen.

Abschied von der Kindheit

Erwachsenwerden ist allerdings auch mit Verlusten verbunden: Die Kindheit ist vorbei. Das macht auch manchmal traurig. Sich auf den Schoß von Mama oder Papa setzen und unbeschwert darauf vertrauen können, dass die Eltern schon alles Nötige regeln werden – das gibt es nur noch ausnahmsweise.

Eigensinn und Einsamkeit bringen eine Schwere ins Leben, die es für glückliche Kinder vorher so nicht gab. **Eigensinn heißt, selbst Sinn zu suchen. Das ist verunsichernd und schwer und führt zu dem Gefühl, der einsamste Mensch auf der Welt zu sein, inmitten einer Familie, die gestern noch ver-**

traut war. Plötzlich sind die Eltern nur noch peinlich. Plötzlich ist selbst die Mutter eine Fremde.

Dafür taucht etwas Neues auf: eine unbekannte Sehnsucht. Sie ist die Antwort auf die Einsamkeit. In der frühen Liebessehnsucht und dem romantischen Traum eines wundervollen eigenen Familienlebens zeigt sich die Sehnsucht nach sich selbst als erwachsener Frau. »Ich wünsche mir einen Mann mit braunen Augen und zwei Kinder, Zwillinge, einen Jungen und ein Mädchen«, sagte mir kürzlich eine 12-Jährige.

Die Mutter-Tochter-Beziehung wandelt sich

Die Veränderungen im Gehirn zu beschreiben ist das eine, ihre Auswirkungen zu spüren, etwas ganz anderes. Es gibt Mädchen, die die Pubertät still und freundlich durchleben, es gibt aber auch Mädchen, die ihre Mütter in Wut, Verzweiflung und große Sorge versetzen. Gibt es mehrere Töchter in der Familie, durchleben sie die Entwicklungszeit meist unterschiedlich, oft auch deshalb, weil die Jüngeren durchaus Schlüsse ziehen aus dem, was sie als Zaungäste während der Pubertät der Älteren miterlebt haben.

Auf in den Kampf!

Pubertätskonflikte zwischen Ihnen und Ihrer Tochter werden sicher mit großen Emotionen ausgetragen, und diese Emotionen sind wichtig für die Entwicklung Ihrer Tochter! Fatal wäre es jedenfalls, ihr Gehirnumbauprozesse als Erklärung für Gefühlsausbrüche oder irrige pubertäre Meinungen vorzuhalten. **Auch ein »Ach, du bist ja in der Pubertät« ist ein Totschlagargument, dass jede Auseinandersetzung abwürgt.**

Für Sie selbst ist es sicherlich nützlich, sich die körperlichen und seelischen Hintergründe vor Augen zu halten und sich auch zur eigenen Beruhigung so manches Mal zu denken: »Jetzt will sie sich nur von mir abgrenzen« oder »Sie will mich nur herausfordern und mir stichhaltige Argumente entlocken«.

Fragen zu Umbauprozessen im Gehirn stellen Mädchen erfahrungsgemäß höchst selten. (Deshalb gibt es am Ende dieses Kapitels ausnahmsweise keine Mädchenfragen, keine »Praxissprechstunde«.) Sollte Ihre Tochter darüber reden, dass es sie verwundert, dass sie plötzlich zwischen Liebe und Ablehnung Ihnen gegenüber hin- und herschwankt, dann können Sie natürlich sagen: »Das liegt daran, dass sich auch dein Denken verändert, du jetzt kritischer wirst. Dann sieht man auch die Eltern in einem anderen Licht.«

Konflikte zeigen, dass sich etwas ändern muss

Auseinander-Setzung – das Wort zeigt sehr gut, worum es geht: um neue Positionsbestimmungen. Wenn Ihre Tochter mit Türen knallt, Ihnen Vorwürfe macht oder durch Sie hindurchblickt, als wären Sie gar nicht da, ist es nur ein kleiner Trost, zu wissen, dass all das normal ist. In solchen Situationen ist jede Mutter wütend und verletzt und fragt sich, warum ihre Tochter, die sie mit so viel Liebe und Sorgfalt aufgezogen hat, nun die empfindlichsten Stellen der Mutter sucht und punktgenau findet, um sie anzugreifen. Jugendliche wollen ihre Eltern achten, wollen stolz auf sie sein können. Sie greifen die Eltern an, auch um deren Standfestigkeit zu prüfen.

Pubertätskonflikte sind auch deshalb so schmerzlich, weil sie eine scheppernde Abschiedsmusik sind: Die Kindheit Ihrer Tochter geht zu Ende, und damit ist es auch vorbei mit der Fraglosigkeit der engen Mutter-Tochter-Bindung. Die bedingungslose Kinderliebe ist ein besonderes Geschenk, und nun wird es zurückgenommen – entweder mit viel Getöse oder still und heimlich. So oder so: Ihre Tochter macht sich bereit für ein von Ihnen unabhängiges Leben. Kluge Mütter wissen oder lernen, dass es ein Beweis gelungener Erziehung ist, wenn die Tochter es schafft, sich innerlich abzugrenzen, abzusetzen, wenn sie den Mut aufbringt, die Mutter zu kritisieren. Trotzdem ist das mit Trauer verbunden, auch wenn die räumliche Trennung erst noch in ziemlich weiter Ferne liegt.

Konflikte sind notwendig, damit Ihre Tochter sich selbst finden kann. Und Streit trennt, stellt aber gleichzeitig Nähe unter Beweis. Mit jemandem, der uns gleichgültig ist, streiten wir nicht.

Gewähren Sie Ihrer Tochter innerlich Raum, versuchen Sie nicht, sie möglichst fest an sich zu binden, weil Sie Angst vor eigener Einsamkeit haben. Es ist schwer, zwischen egoistischen Motiven und Fürsorge zu unterscheiden, aber es ist gut, gelegentlich ehrlich darüber nachzudenken oder mit anderen Erwachsenen darüber zu sprechen. Lassen Sie sich dabei aber nicht von jenen Eltern einlullen, die glauben, Pubertierende kämen am besten allein zurecht.

Tipps für Konfliktsituationen

Zeigen Sie Ihre Gefühle!

Wenn Sie verärgert oder ratlos sind, sich Sorgen machen, Angst um Ihre Tochter haben, soll sie das spüren, sehen und hören. Ihre Tochter will Sie treffen, will sich auseinandersetzen. Wenn sie nicht erleben kann, dass Sie wütend, verletzt oder traurig sind, das heißt normal reagieren, dann muss sie das als Desinteresse oder Bequemlichkeit deuten und mit härteren Bandagen kämpfen oder sich gänzlich zurückziehen. **Wer Grenzverletzungen Jugendlicher kommentarlos hinnimmt, enthält ihnen das vor, was sie fordern und brauchen: Rückmeldungen, Grenzen, Streit.**

Lassen Sie sich nicht beleidigen!

Lassen Sie sich von Ihrer Tochter nicht schlecht behandeln, weder durch Worte noch durch unangemessene Ansprüche! Das ist gegen Ihre Würde, und Sie setzen die Achtung Ihrer Tochter aufs Spiel. Das darf auch deshalb nicht geschehen, weil aus der Achtung Ihnen gegenüber ein Teil der Selbstachtung Ihrer Tochter erwächst. Bei unverschämtem Benehmen wären mögliche Antworten: »Du bist wütend auf mich. Du kannst mir sagen, warum. Aber beschimpfen darfst du mich nicht!« Oder: »Ich tue alles für dich, was nötig ist, weil ich dich lieb habe. Aber ausnutzen lasse ich mich nicht von dir!«

Lehren Sie Ihre Tochter, Gefühle angemessen zu äußern!

Sprechen Sie Ihrer Tochter nie ihre Gefühle ab, denn die eigenen Gefühle wahrnehmen und ihnen trauen zu können, gehört

zu den wichtigsten Fähigkeiten überhaupt. Seine Gefühle zu ordnen und angemessen auszudrücken, Gefühlsäußerungen zu *steuern* ist ein Lernziel, dem in der Pubertät noch einmal (in der frühen Kindheit ist das ja auch so) besonders hohe Bedeutung zukommt. Helfen Sie Ihrer Tochter dabei, indem Sie beispielsweise sagen: »Hier nur rumzublubbern und schlechte Laune zu verbreiten reicht nicht. Sag doch, was dich stört und warum.«

Unterstützen Sie die Suche nach eigenen Standpunkten! Ihre Tochter will wissen, was Sie zu wichtigen Fragen denken, denn sie braucht Maßstäbe für ihr Verhalten. Dazu braucht sie Vorgaben, Erklärungen, die sie akzeptieren oder über die sie mit Ihnen streiten kann. Gerade in Streitgesprächen kann Ihre Tochter üben, einen Gegenstandpunkt zu vertreten. Und sicher gibt es dann auch Punkte, an denen Sie sagen können: »Da hast du recht.« Oder: »So kann man das natürlich auch sehen.«

Rechthaberei nützt gar nichts

Wohl in keiner anderen Lebensphase ist manches so schnell Schnee von gestern wie in der Pubertät. Eine 14-Jährige kann auf einem völlig anderen Dampfer sein als eine 13-Jährige und möchte auf den »Babykram« von vor ein paar Monaten nicht mehr angesprochen werden. Deshalb sollten Sie weder nachtragend sein, noch dauerhafte Verhärtungen zulassen. Es geht ja nicht ums Rechthaben.

Es kann sein, dass Ihre Tochter in einem Konflikt noch gar nicht die Stärke hat, selbst einen ersten Schritt zu machen. Den sollten *Sie* dann tun und beispielsweise sagen: »Lass uns noch mal darüber reden« oder »Mir ist noch etwas eingefallen zu unserem Streit« oder »Wir können das im Moment offenbar nicht klären. Wir denken beide mal ein paar Tage in Ruhe darüber nach. Aber dadurch müssen wir uns nicht alles andere verderben lassen.« Kinder und Jugendliche sind manchmal so in sich gefangen, dass man das ganz wörtlich nehmen muss. Sie kommen aus eigener Kraft nicht wieder raus aus ihrem Schneckenhaus.

Neuanfänge sind wichtig, aber es gilt auch, Rückzüge oder Missklänge für eine gewisse Zeit zu akzeptieren. Jugendliche brauchen auch das Gefühl der Einsamkeit, deshalb *wollen* sie oft gar nicht verstanden werden. Sie wollen spüren: Ich bin anders als alle anderen. Deshalb kann mich niemand verstehen. Und ich halte es aus, mutterseelenallein zu sein.

Signalisieren Sie Ihrer Tochter also: »Ja, du bist eine eigenständige Person.« Aber mit Bekenntnissen allein ist es nicht getan. Respekt muss sich *zeigen* – auf vielen Ebenen. Bei der Frage, ob Sie einfach in das Zimmer Ihrer Tochter gehen, an ihre Schränke, an ihre Tasche, ob Sie ihr Bett machen, sollten Sie mehr und mehr Zurückhaltung üben.

Regeln für das Zusammenleben

Gerade auch für das ganz praktische Zusammenleben braucht man Verabredungen und Regeln. Klären Sie alles möglichst so, dass es für *Sie* stimmig ist und zugleich dem Wohl Ihrer Tochter dient. Das gilt für die Verteilung der Hausarbeit, für Besuch, den Ihre Tochter empfängt (siehe Seite 191), und für die Zeiten, zu denen sie nach Hause kommen muss. **Regeln bieten Sicherheit und auch das Vergnügen, sie manchmal übertreten zu kön-**

nen. Und wenn Ihre Tochter über bestimmte Fragen neu mit Ihnen verhandelt, hat sie nicht immer, aber immer mal wieder Erfolgserlebnisse.

Reagieren Sie auf Regelverstöße!

Wenn Ihre Tochter Regeln verletzt, Verabredungen nicht einhält, muss das Konsequenzen haben, sonst wären sie ja überflüssig. Die Konsequenz kann ein Gespräch sein oder eine Sanktion. Wenn Sie mit einer solchen drohen, müssen Sie sie gegebenenfalls allerdings auch umsetzen, sonst machen Sie sich lächerlich oder unglaubwürdig. Da Ihre Tochter aber sicherlich viele Wünsche an Sie hat, beispielsweise möchte, dass Sie sie irgendwo hinfahren oder abholen, gibt es auch immer Möglichkeiten, solche Bitten abzulehnen mit der Begründung, dass Sie keine Lust haben, etwas für sie zu tun, wenn sie nicht bereit ist, Absprachen einzuhalten.

Übertragen Sie Ihrer Tochter Verantwortung!

Ermutigen Sie Ihre Tochter entsprechend ihrem Alter und Können, Verantwortung zu übernehmen. Ein Beispiel: Wenn Sie merken, sie möchte sich ihre Kleidung und Schuhe selbst aussuchen, könnten Sie ihr jeden Monat eine bestimmte Geldsumme dafür geben, die sie selbst verwaltet und ausgibt. So lernt sie mehr und mehr, mit Geld umzugehen.

Die Schule ist die Hauptaufgabe Ihrer Tochter

Viele Jugendliche sacken in der Pubertät in ihren Leistungen ab. Das ist normal. Sie sollten darauf aber sehr ernst reagieren, Ausgehzeiten einschränken, wenn möglich Hilfe beim

Lernen anbieten, nicht verzagen, nicht zu nachgiebig sein. Ermutigen Sie Ihre Tochter, statt über schlechte Noten zu schimpfen. Sie können beispielsweise sagen: »Probleme zu haben ist keine Schande. Sich nicht mit aller Kraft um eine Lösung zu bemühen, schon. Bei Problemlösungen helfe ich dir gern.«

Positive Erlebnisse entspannen

Sollte es Schulprobleme geben oder der Haussegen mal schief hängen, sind positive Erlebnisse in anderen Bereichen besonders wichtig. Egal, welche außerschulischen Interessen Ihre Tochter hat, nehmen Sie Anteil auch daran. Lassen Sie sich ihre Fähigkeiten demonstrieren und davon erzählen, was beispielsweise im Sportverein, in der Theatergruppe gerade ansteht. Zeigen Sie aber, dass es Ihnen nicht darum geht, dass sie überall die Beste ist.

Auch nach Tiefs sollten Sie sich wieder um eine optimistische Atmosphäre bemühen. Vortäuschen kann man das natürlich nicht, dann wirkt es aufgesetzt. Aber sollten Krisen sich zuspitzen oder zu verhärten drohen, ist Entspannung nötig. Dann kann eine gemeinsame Aktivität gelegentlich nützlicher sein als ein erneutes Streitgespräch. Überlegen Sie, welche »Lockerungsübung« einen Neuanfang erleichtern könnte. Vielleicht ist es eine besondere Unternehmung, vielleicht ein Ausflug in einer anderen Familienkonstellation.

Auch sehr wichtig: Der Vater

Da Mädchen sich in der Kindheit besonders stark mit ihren Müttern identifizieren, müssen sie sich in der Pubertät gerade auch von den Müttern lösen. Von der Mutter lernt die Tochter etwas übers Frausein. Beim Vater hingegen nimmt sie besonders intensiv wahr, wie ein Mann Frauen sieht, welchen Wert er ihnen beimisst, auf welche Weise er sie liebt. All das bezieht eine Tochter auch auf sich, in der Pubertät besonders stark. Mädchen, die sich auf die Zuneigung ihres Vaters verlassen können, werden Selbstwertprobleme leichter überwinden, denn sie haben die Liebe eines Mannes, die Liebe ihres Vaters als selbstverständlich kennengelernt. Die Frage »Bin ich liebenswert?« stellt sich für sie auch. Aber sie tragen eine positive Antwort schon in sich.

Der liebende väterliche Blick tut Teenager-Töchtern besonders gut. Auch deshalb ist es so wünschenswert, dass der Kontakt zu einem getrennt lebenden Vater erhalten bleibt. Wenn Töchter spüren, dass der Vater stolz auf sie ist, sie liebenswert und hübsch findet, sie aber auch sehr ernst nimmt, also nicht auf das »süße Töchterchen« reduziert, dann hat das eine besonders aufbauende Wirkung. Umgekehrt sind missachtende oder abwertende Äußerungen vom Vater überaus verletzend.

Ist die Vater-Tochter-Beziehung konstruktiv, dann können Gespräche zwischen Tochter und Vater hilfreich sein, gerade auch in Konfliktsituationen. Von ihm hört sie sich dann womöglich etwas an, was sie von der Mutter im Moment nicht annehmen würde.

Wenn Eltern in einer Frage nicht der gleichen Meinung sind, ist das keine Katastrophe. Sicher aber ist, dass ein Kind nach Möglichkeit den Weg des geringsten Widerstands gehen wird, sich also an den Vorgaben orientiert, die großzügiger sind. Und es wird eventuell versuchen, die Eltern gegeneinander auszuspielen. In diese Falle sollten Eltern nicht tappen.

4. Das Erwachen der Sexualität

Erste Schwärmereien erzählen von der Sehnsucht nach einer Liebesbeziehung. Auch wenn es bis zum ersten Mal noch eine ganze Weile dauert, gibt es doch jede Menge Fragen dazu. Hier können Sie lesen, was Mädchen über Liebe und Lust von Ihnen hören sollten.

»Ich finde ihn so süß!«

Wenn es losgeht mit der Liebe

Knapp ein Drittel der 14- bis 17-jährigen Jungen und Mädchen geben an, sie wüssten nicht genug über Zärtlichkeit und Liebe (Bundeszentrale für gesundheitliche Aufklärung, 2006).

Bei der Aufklärung der ganz Kleinen wird noch davon gesprochen, Mama und Papa hätten sich »ganz lieb« gehabt, als sie so eng zusammengekommen sind, dass ein Baby entstehen konnte, also beim Geschlechtsverkehr. Bei der Aufklärung älterer Kinder und Jugendlicher stehen die körperlichen Funktionen im Vordergrund, da geht es um Sex und Verhütung von Schwangerschaft und sexuell übertragbare Krankheiten. Liebe?

»Etwas fehlt«, schrieb Walter Wüllenweber am 5.2.2007 im »Stern« in seinem Artikel unter der Überschrift »Voll Porno«. 12-, 13- oder 14-jährige Pärchen hielten nicht mehr Händchen, und sie küssten sich nicht. Natürlich kann man das nicht verallgemeinern, aber pornografische Bilder sind so tief eingebrannt in die Köpfe vieler Kinder und Jugendlicher, dass sie deren eigene Beziehungen zum anderen Geschlecht beeinflussen. In Problemstadtteilen wie Essen-Katernberg oder Berlin-Neukölln ist diese Entwicklung zwar besonders ausgeprägt, aber Internetpornos werden auch in der Provinz angeschaut. Und in Pornos wird nicht geküsst, nicht Händchen gehalten – da geht es nicht um Liebe.

Über Liebe und Sex sprechen

Erklär mir die Liebe! – so heißt der Titel dieses Buches, weil die Liebe das zentrale Thema beim Erwachsenwerden ist. Zu den Fragen, die Mädchen mir zur Sexualität stellen, gesellen sich immer auch Fragen nach der Liebe, nach Gefühlen: »In welchem Alter macht man es?«, »Wie weiß ich, ob er der Richtige ist?«, »Was muss ich für einen Jungen tun?« Oder: »Sind meine Gefühle normal?«

Aufklärungsgespräche zu Hause (nicht die in der Schule) tragen dazu bei, dass das erste Mal ein schönes Erlebnis ist. So steht es in der »Repräsentativen Wiederholungsbefragung von 14- bis 17-Jährigen und ihrer Eltern«, die die Bundeszentrale für gesundheitliche Aufklärung (BZgA) zuletzt 2006 unter dem Titel »Jugendsexualität« veröffentlicht hat. (Aus dieser Studie stammen auch alle anderen Untersuchungsergebnisse in diesem Kapitel.)

Und darum geht es ja vor allem: **Ihre Tochter soll ein positives Selbstbild von sich als Mädchen, als junger Frau entwickeln, damit sie sich auf die Liebe freuen und sie selbstbewusst und selbstbestimmt erleben kann.** Ein paar handfeste Informationen zur ersten Liebe und dem ersten Mal sind dafür sehr hilfreich – und auch die sollte sie von Ihnen erhalten.

Manche Mütter meinen, sie müssten ihren Töchtern eine

möglichst realistische Sicht auf Beziehungen und auf Sexualität eröffnen, möchten Ihrer Tochter eigene Erfahrungen mit auf den Weg geben, um ihr Enttäuschungen zu ersparen. Das ist verständlich, aber bitte bedenken Sie, dass jede junge Frau ihre eigenen Erfahrungen machen muss. Das, was Sie Ihrer Tochter sagen, muss zu *ihrer* Situation passen und nicht zu der Gefühlswirklichkeit und den Gedanken einer längst erwachsenen Frau.

Wenn Mutter-Tochter-Gespräche heikel werden

Wenn es ans »Eingemachte« geht, wenn es ganz direkt um Lust und sexuelle Praktiken geht, spätestens dann fühlen sich Mütter oft nicht mehr wohl im Gespräch mit ihren Töchtern, so sagen immerhin 57 Prozent. Diese Scheu spiegelt nicht nur die besondere Intimität dieser Themen wider, sondern rührt an tiefe Tabus: Erotische, sexuelle Erfahrungen gehen niemand anderen als den Einzelnen, das Paar etwas an.

Hinzu kommt, dass Jugendliche sich von ihren Eltern lösen müssen, *um* Liebesbeziehungen eingehen zu können, und sich auch *mit Hilfe* erster Liebesbeziehungen von ihren Eltern entfernen. Das heißt – eigentlich und auf der einen Seite –, dass die Eltern als Gesprächspartner nicht wirklich geeignet sind. Auf der anderen Seite ist es heute gerade wegen der allseitigen Präsenz von Sex und Pornografie notwendiger denn je, dass Kinder und Jugendliche positive und tragfähige Vorstellungen von Liebe und Sexualität entwickeln können. Und dazu sind sie nur in der Lage, wenn ihnen lebenserfahrene, vertrauenswürdige Menschen, allen voran ihre Eltern, dazu etwas sagen und auch beim Thema Sex in einigen wichtigen Punkten konkret werden.

Diese Widersprüche lassen sich nicht aufheben. Es bleibt also eine Gratwanderung. Sinnvoll erscheint mir als Prinzip: Bei allem, was sich Mädchen gefahrlos selbst erschließen können, ist es besser, den Mund zu halten. Es sei denn, Ihre Tochter fragt Sie. Das gilt uneingeschränkt für die Themen Selbstbefriedigung und gleichgeschlechtliche Beziehungen, und bei Sextipps im engeren Sinne.

Was Sie hier lesen, sind Vorschläge. Ich möchte Ihnen Anregungen geben und vertrete dabei meinen Standpunkt. Sollte Ihnen der gelegentlich zu romantisch oder zu moralisch erscheinen, oder sollten Sie, umgekehrt, strengere sexualmoralische Vorstellungen haben, dann denken Sie bitte daran, dass es hier nicht darum geht, eine allgemeingültige Sexualmoral zu formulieren. Alles, was Sie hier zum Thema Sex lesen, ist im Hinblick auf Kinder und Jugendliche geschrieben. Dabei habe ich meine Erfahrungen mit Mädchen und mein ärztliches Wissen verknüpft mit Ergebnissen aktueller Studien und mit Erkenntnissen der Entwicklungspsychologie.

Mädchen *sind* romantisch, und Jungen sind es häufig auch. Mädchen und Jungen *brauchen* Halt durch moralische Maßstäbe. Dass die sich im Laufe des Lebens differenzieren und verändern können, ist selbstverständlich, aber hier nicht Thema.

Schwärmereien und erste Freundschaften

Wohl jede Frau erinnert sich an ihren ersten Schwarm, ihre erste heimliche Liebe. Nachträglich lässt sich nicht mehr sagen, wovor man mehr Angst hatte: davor, dass der heimlich Angehimmelte sich einem zuwenden könnte, oder davor, dass er es nicht tun würde. Auf keinen Fall jedoch sollte irgendjemand etwas von den verborgenen, aber höchst intensiven Gefühlen erraten. Und wenn es doch jemand mitbekam? Erde, tu dich auf! Nichts sonst hätte so peinlich sein können. Nur im Geheimen gab es genug Raum für all die Gedanken an ihn: Er liebt mich, liebt mich nicht, er liebt ... Wenn ich ihm morgen wieder begegne und er mich wieder anschaut, dann könnte es doch sein, dass ... Und dann stellte sich nach einer Zeit höchster Unruhe heraus, dass er eine Freundin hatte ...

Am Anfang steht Sehnsucht

Für erste Schwärmereien eignen sich Popstars oder andere ferne Idole auch deshalb so gut, weil sie nicht plötzlich aus dem Poster herabsteigen und ein Mensch aus Fleisch und Blut werden, der einen in tiefste Verlegenheit stürzen würde.

Am Anfang geht es um die Sehnsucht nach der Liebe. Mädchen können sehr unglücklich sein, wenn sie sich einen Freund wünschen, aber keinen finden, oder wenn sie sich in einen Jungen verlieben, der ihre Gefühle nicht erwidert. Diese Sehnsüchte sind dennoch kostbar! Mädchen spüren, erproben so ihre Liebesfähigkeit und nehmen in ihren Phantasien eine Zukunft vorweg, der sie sich in Wirklichkeit noch gar nicht gewachsen fühlen. In diesen Träumen, diesen Wünschen lieben sie sozusagen zur Probe.

»Ich finde ihn sooooo süüüüüß!« Das sagen Mädchen sehr gern. Dieses Bekenntnis bedeutet meistens: Es ist noch nichts Ernstes. Aber: **Liebessehnsucht macht weich, durchlässig,**

» DAS MUTTER-TOCHTER-GESPRÄCH «

»Bei der Verliebtheit geht es vor allem um die eigenen Vorstellungen. Man fühlt sich von einem Jungen, von einem Mann sehr angezogen. Ohne ihn richtig zu kennen, schlagen die Phantasien Purzelbäume. Dann stellt sich ein Mädchen, eine Frau vor, was sie alles mit ihm erleben möchte. Sie stellt sich seine guten Eigenschaften vor; schlechte fallen ihr gar nicht ein. Sie denkt dauernd an ihn und hofft, dass es umgekehrt auch so ist. Verliebtheit erzählt uns manchmal mehr über unsere eigenen Wünsche als über den anderen. Erst wenn man ihn näher kennenlernt, sieht man, wie liebenswert er wirklich ist, ob es einem gefällt, was er sagt, wie er sich benimmt, ob man über die gleichen Dinge lachen kann. Im Laufe der Zeit erkennt man, wie er die Beziehung (wenn es sie denn gibt) sieht. Was dabei herauskommt, kann man am Anfang noch gar nicht sagen. Trotzdem ist Verliebtheit eines der schönsten und intensivsten und auch spannendsten Gefühle, die Menschen haben können.«

verletzlich. Auf keinen Fall also darf man abfällig über einen Schwarm urteilen, sei es nun der Popstar in Posterform überm Bett oder eine reale Person. Wer das als Kinderkram abqualifiziert oder einem Mädchen gar ausreden will, verspielt ihr Vertrauen.

Gleichgeschlechtliche Freundschaften

In der Pubertät fühlen sich manche Mädchen vom gleichen Geschlecht angezogen, für Jungen gilt das natürlich auch. Eine dauerhafte sexuelle Orientierung erwächst daraus längst nicht immer. Eine homoerotische Episode ist in der Entwicklungsphase buchstäblich naheliegend. **Die beste Freundin ist für viele Mädchen in der Pubertät der Mensch, mit dem sie am vertrautesten sind. Ihre Empfindungen, auch die körperlichen, sind den eigenen ähnlich.** Fremdheit gibt es da weit weniger zu überwinden als bei einem Jungen. 13 Prozent der 14- bis 17-jährigen Mädchen gaben 2005 an, »engen körperlichen Kontakt« zu einem Mädchen oder einer Frau gehabt zu haben, 5 Prozent mehr als 1980. Mädchen scheinen da unbefangener geworden zu sein, während bei Jungen genau das Gegenteil zu verzeichnen ist. (6 Prozent gaben 2005 an, gleichgeschlechtliche Körperkontakte gehabt zu haben, während es 1980 noch 10 Prozent waren.) Es scheint so zu sein, dass Jungen gleichgeschlechtliche Kontakte vermeiden, weil sie heute unweigerlich mit der Frage »Bist du schwul?« verbunden sind, während sich für Mädchen die entsprechende Frage meist gar nicht stellt. Jedenfalls dann nicht, wenn sexuelle Kontakte mit einer Freundin als erweiterte Selbsterkundungen empfunden werden. Für Mutter-Tochter-Gespräche ist dieses Thema deshalb nur dann relevant, wenn die Tochter es anspricht. Sollte Ihre Tochter Ihnen aber eines Tages eröffnen, dass sie lesbisch ist, dann ist es außerordentlich wichtig, dass Sie liebe- und respektvoll darauf reagieren.

Liebeskummer und Sehnsucht

Mit der Liebe, ob sie erwidert wird oder nicht, ist unweigerlich Kummer verbunden, aber mit dieser Binsenweisheit sollte man Jugendliche möglichst nicht behelligen. Sonst könnten sie es missverstehen als Versuch, die Einzigartigkeit ihrer Gefühle in Frage zu stellen. Zeigen Sie, wie ernst Sie ihre Gefühle nehmen!

Ein dominierendes Gefühl in der Pubertät ist die Sehnsucht. Erzählen Sie Ihrer Tochter etwas darüber. Sehnsucht bedeutet, auf etwas Besseres zu hoffen, als das, was jetzt schon ist oder möglich wäre. Sehnsucht ist eine große Kraft, ein mächtiges Schwungrad im Leben, nicht nur für die Liebe. Sehnsucht spornt uns an, macht uns kreativ. Ein Liebesgedicht schreibt man, wenn man Sehnsucht hat, unglücklich ist, nicht, wenn man glücklich ist. Eine Reise in unbekannte Gefilde unternimmt man aus Sehnsucht nach neuen Erlebnissen und Erfahrungen. Sehnsucht macht mutig. Sie führt uns in Abenteuer, auch in das Abenteuer der Liebe.

Wenn Ihre Tochter früh einen gleichaltrigen Freund hat, der ihr Kummer bereitet, dann können Sie mit ihr darüber sprechen, was es bedeutet, dass Mädchen den Jungen meist ein ganzes Stück voraus sind in ihrer Entwicklung und diese außerdem unterschiedlich verläuft. Deshalb passen Jungen und Mädchen im früheren Teenageralter emotional oft noch gar nicht richtig zusammen. Man könnte sogar sagen: Am Anfang der Pubertät sind männliche und weibliche Wesen so weit voneinander entfernt, wie zu keinem anderen Zeitpunkt des Lebens. Bei Mädchen entsteht sehr früh Sehnsucht nach Beziehung, Freundschaft und »Seelenverwandtschaft«. Genitale Sexualität spielt in den erwachenden Empfindungen für viele lange noch keine Rolle. Der spätere Prinz ist zunächst noch der hässliche Frosch, vor dem einen ekelt und gruselt, wenn er mit ins Bett möchte, wie im Märchen »Der Froschkönig«. Erst einige Jahre nach der Menarche sind Körper und Seele für die Lust mit einem Jungen bereit.

DAS MUTTER-TOCHTER-GESPRÄCH

»Je jünger man ist, umso wichtiger ist es, sich für jeden neuen Schritt in der Beziehung Zeit zu nehmen, damit man merkt, ob und wann man weitergehen möchte. Wenn man sich auch körperlich kennenlernt, sich gegenseitig und gemeinsam erkundet, ist das ja etwas sehr, sehr Aufregendes, und es muss nicht immer gleich weitergehen. Das muss man sich aber vorher *überlegen, weil man in der Liebe ganz leicht den Kopf verlieren kann. Für einen Jungen, der verliebt in dich ist, ist das übrigens genauso spannend und richtig. Für ihn ist ein Mädchenkörper ja erst mal ebenso fremd wie für ein Mädchen ein Jungenkörper. Man würde sich um sehr schöne Erfahrungen bringen, wenn man meint, ganz fix beim Geschlechtsverkehr landen zu müssen. Außerdem brauchen Mädchen ein bisschen Übung, einige Erfahrung und vor allem volles Vertrauen, um sich ihren Lustgefühlen hingeben zu können. Das erste Mal sollte dann schließlich wie ein Fest sein, auf das man sich freut und das man eine ganze Weile vorbereitet.«*

Anders bei Jungen. Die körperliche Lust beherrscht die Pubertät von Anfang an. Eine reale emotionale Beziehung hingegen finden die meisten Jungen lange noch viel zu kompliziert. Wenn Ihre Tochter das weiß, braucht sie das Verhalten, das ihr Freund möglicherweise an den Tag legt, nicht so persönlich zu nehmen. Irgendwann verläuft die Entwicklung im Idealfall dann mehr und mehr parallel, aber dafür müssen die Jungen 16, 17, 18 Jahre alt werden.

Sprechen Sie mit Ihrer Tochter darüber, dass auch die meisten Jungen sehr verletzlich sind, wenn sie sich in ein Mädchen, vielleicht auch heimlich, verlieben. Auch viele Jungen haben zarte Seelen. So wie Mädchen nicht von Jungen gekränkt werden sollten, dürfen auch Mädchen nie mit den Liebesgefühlen eines Jungen spielen oder sich über sie lustig machen.

Ist der von Ihrer Tochter Erwählte deutlich älter, sollten Sie davon sprechen, dass das Kräfteverhältnis womöglich nicht ausgeglichen ist. Dann ist es für Ihre Tochter umso wichtiger, über ihre eigenen Wünsche und über das, was sie noch nicht möchte, vorab völlige Klarheit zu gewinnen. Das Thema Verhütung sollten Sie keinesfalls in den Mittelpunkt des Gesprächs stellen, aber unbedingt auch ansprechen.

Die erste Liebesbeziehung – eine Herausforderung auch für die Eltern

In vielen Familien ist es selbstverständlich, dass die Tochter Freundinnen mit nach Hause bringt, die auch übernachten dürfen, und umgekehrt. Aber ein Freund, der erste feste Freund? Nicht nur für die Tochter ist die erste Liebe aufregend, auch für

info

Wenn der Freund der Tochter zu Besuch ist

- Wenn die Tür geschlossen ist, betreten Sie nie das Zimmer Ihrer Tochter, ohne vorher deutlich anzuklopfen und ein Ja abzuwarten.
- Wenn Sie befürchten, dass Ihrer Tochter Schädliches widerfahren könnte, zum Beispiel ein viel zu frühes oder falsches erstes Mal, dann demonstrieren Sie deutlich Ihre Anwesenheit. Von manchen Mädchen hörte ich, dass so etwas sie »gerettet« habe. Sprechen Sie mit Ihrer Tochter über Ihre Befürchtungen, damit sie weiß, dass Sie ihrem Liebesleben nicht grundsätzlich im Wege stehen, sondern nur aus triftigem Grund in diesem Einzelfall absichtlich gestört haben.
- Wenn Sie es so einschätzen, dass die Beziehung Ihrer Tochter liebevoll und reif ist, dann sollten Sie Ihrer Tochter auch räumlich einen ausreichenden Intimbereich zugestehen. Dann ist das Zimmer Ihrer Tochter für Sie tabu, wenn der Freund da ist.

Sie als Mutter, für die Eltern verändert sich einiges. Es kommt jemand von außen dazu, den die Eltern sich nicht ausgesucht haben.

Wird der Zuwachs geschätzt oder als unliebsamer Störenfried empfunden? Wie oft kann das junge Paar sich treffen, ohne dass die Schule vernachlässigt wird und andere Aktivitäten völlig ins Hintertreffen geraten? Wie wirkt es sich auf die übrigen Familienmitglieder aus, wenn der Freund häufig zu Besuch kommt? Man braucht Regeln, die allen Beteiligten erlauben, sich wohlzufühlen.

Darf der Freund über Nacht bleiben?

Es ist Ihre Wohnung, aber die Liebesbeziehung Ihrer Tochter, der Sie angemessenen Raum geben sollten. Sie müssen überlegen und entscheiden, was Sie moralisch richtig finden und was für Ihr eigenes Wohlbefinden und das der anderen Familienmitglieder nötig ist. Besprechen Sie das mit Ihrer Tochter und begründen und erklären Sie Ihre Vorstellungen.

Die Ansichten von Eltern dazu, welche Freiräume sie einem jungen Paar geben wollen, sind sehr unterschiedlich: Manche erlauben Besuche des Freundes jederzeit, auch über Nacht. Manche erlauben Übernachtungsbesuch nur dann, wenn der nächste Tag kein Schultag ist. Manche erlauben ihrer minderjährigen Tochter überhaupt nicht, die Nacht mit ihrem Freund zu verbringen, oder billigen es zwar, aber nicht bei sich zu Hause. Manche Eltern machen gute Erfahrungen mit klaren Altersvorgaben (gemeinsames Übernachten beispielsweise frühestens, wenn die Tochter 16 Jahre alt ist), andere finden das zu schematisch.

Ein Tipp könnte sein: Machen Sie Ihre Erlaubnisse und Vorgaben vom Alter und von der Reife Ihrer Tochter und vom Stand ihrer Beziehung abhängig. Und betonen Sie dabei, dass es um Ihre Fürsorge und Verantwortung geht. Deswegen sind offene Erklärungen wichtig und Gespräche, in denen Ihre Tochter wiederum ihre Wünsche äußern und begründen kann.

Der Freund Ihrer Tochter ist Gast

Auf jeden Fall können Sie erwarten, dass der Freund Ihrer Tochter sich höflich verhält und dass das junge Glück nicht Bad oder Küche auf den Kopf stellt und Ihnen das Aufräumen überlassen möchte.

Selbstverständlich spielt es eine Rolle, wie sympathisch Ihnen der junge Mann ist. Das lässt sich nämlich gar nicht vermeiden. Im positiven Fall ist es für Sie womöglich eine Bereicherung, wenn die jungen Leute an Ihrem Tisch sitzen. Im umgekehrten Fall werden Sie auf stärkere Abgrenzung Wert legen. Wichtig ist es, Unstimmigkeiten offen zu besprechen. Das ist auch für das junge Paar hilfreich. Je genauer Tochter und Freund wissen, was von ihnen erwartet wird, umso sicherer können sie sich in Ihrer Wohnung, in Ihrem Haus bewegen, und umso wohler fühlen sie sich dort.

Wenn die Tochter lieber beim Freund ist

Vielleicht möchte Ihre Tochter aber auch lieber bei ihrem Freund übernachten, als ihn als Übernachtungsgast zu sich einzuladen. Womöglich gibt es in der Familie des Freundes mehr Platz. Vielleicht fühlt sich Ihre Tochter dort freier. Seien Sie deswegen nicht gekränkt. Lassen Sie Ihrer Tochter die Freiheit, die ihrem Alter und ihrer Beziehung angemessen ist – selbst dann, wenn Sie traurig sind und schon ein wenig Abschiedsstimmung spüren. Mütter, Eltern, die ihre Kinder unangemessen einschränken wollen, erreichen das Gegenteil. Gegenseitige Vorwürfe und Schuldgefühle drohen dann, die Beziehung dauerhaft zu belasten.

Das erste Mal

Wenn es um die erste große Liebe, das erste Mal geht, zeigt sich, wie wichtig all die Mutter-Tochter-Gespräche in den Jahren zuvor waren. Mädchen, die ihren Körper schätzen und ihren Gefühlen trauen, können selbstbewusst und klar entscheiden, wann und mit wem sie ihren ersten Sex erleben. Aber auch zum ersten Mal selbst gibt es einiges Wissen, das Ihrer Tochter beunruhigende Überraschungen ersparen kann. Vermitteln Sie ihr das rechtzeitig. Zum ersten Sex gibt es zwar unzählige Anleitungen und Berichte in Jugendzeitschriften, Internet und Fernsehen, aber dort gibt es jede Menge Fehlinformationen, und vieles wird falsch gewichtet.

»In welchem Alter macht man es?«

Diese Frage wird mir dauernd gestellt. Wenn ich den Spieß umdrehe und in Schulklassen nach der Einschätzung der Kinder und Jugendlichen frage, wie viele ihres Alters bereits Sex hatten, erhalte ich regelmäßig viel zu hohe Prozentzahlen zur Antwort. Je jünger die Mädchen sind, umso wirklichkeitsferner sind ihre Einschätzungen. Wenn ich erzähle, wie die Wirklichkeit aussieht, quittieren die Mädchen das regelmäßig mit großer Erleichterung. Der erste Geschlechtsverkehr findet deutlich später statt, als in allen Altersgruppen vermutet wird (siehe Info Seite 194).

Die Entwicklung zeigt: Mädchen (und Jungen) sind heute beim ersten Mal tatsächlich jünger als beispielsweise 1980: Heute haben doppelt so viele 14- bis 16-jährige Mädchen schon

info

Zahlen und Fakten rund ums erste Mal

Es ist kein Zeichen eines erfolgreichen Reifeprozesses oder begrüßenswerter Freiheit, wenn Mädchen früh Geschlechtsverkehr haben. Im Gegenteil. Es ist oft ein Zeichen dafür, dass ihnen Halt gefehlt hat. In meinen Gesprächen mit Mädchen höre ich immer wieder davon. Meine Erfahrungen decken sich mit den Ergebnissen der Langzeitstudie zur Jugendsexualität der BZgA von 2006 und 2010. Wichtige Ergebnisse dieser Studie sind:

- Von den 14-jährigen Mädchen gaben 7 Prozent an, Geschlechtsverkehr gehabt zu haben. Bei den 15-jährigen Mädchen waren es 21 Prozent, bei den 16-jährigen 50 Prozent und bei den 17-jährigen 66 Prozent. (1980 waren es mit 14 nur 3 Prozent und mit 17 Jahren 56 Prozent).
- Mädchen, die sich in ihrem Körper nicht wohlfühlen, haben häufiger schon sehr viel früher (mit 14 Jahren und davor) Geschlechtsverkehr als Mädchen, die sich wohl in ihrem Körper fühlen.
- Je jünger ein Mädchen beim ersten Mal ist, umso häufiger findet das erste Mal spontan und unvorbereitet statt (bei 23 Prozent der Mädchen, die 14 Jahre oder jünger waren, und noch bei 15 Prozent der Mädchen, die mindestens 16 Jahre alt waren).

- Je älter Mädchen beim ersten Geschlechtsverkehr sind, umso mehr Wert legen sie auf die sorgfältige Wahl ihres ersten Liebespartners.
- 42 Prozent der Mädchen, die beim ersten Mal 14 Jahre oder jünger waren, waren mit ihrem ersten Sexualpartner nicht fest befreundet. Bei den mindestens 16-Jährigen waren das noch 28 Prozent.
- Mädchen hatten in jüngster Zeit häufiger als früher ihren ersten Geschlechtsverkehr, weil es »sich so ergeben hat« (39 Prozent).
- Je besser die Vertrauensbasis zwischen einem Mädchen und ihren Eltern ist, umso häufiger erleben sie ihr erstes Mal geplant und mit dem festen Freund.
- Je jünger ein Mädchen beim ersten Mal ist, umso seltener bleibt sie mit dem ersten Partner längere Zeit zusammen.

Geschlechtsverkehr. *Ein* Grund mag in dem früheren Eintreten der Pubertät liegen: 1980 gaben nur 8 Prozent der Mädchen an, ihre erste Regelblutung im Alter von 11 Jahren oder früher bekommen zu haben. 2009 hatte sich diese Zahl fast verdoppelt: auf 14 Prozent.

Umgekehrt lässt sich sagen: Die Hälfte der 16-jährigen Mädchen hatte noch keinen Geschlechtsverkehr, und von den 17-Jährigen hatte ungefähr ein Drittel noch keinen.

Da sich Jugendliche in ihrer Altersgruppe nicht blamieren wollen, weil sie vermeintlich die »Letzten« sind, ist es bedeutsam, ob man sagt: »Mit 17 hatte ein Drittel der Mädchen immer noch keinen Sex« oder: »Auch mit 17 hatte jedes dritte Mädchen noch keinen Sex; es gibt also sehr viele, die warten, bis alles zusammenpasst.« Das ist überaus wichtig, denn die Erfahrungen in der ersten Liebe sind prägend. Ob das erste Mal schön und stimmig ist, ist nicht *nur* eine Frage des Alters, aber es ist *auch* eine Frage des Alters.

Gesetzliche Vorgaben

Aus Unsicherheit trauen sich Lehrer und Eltern oft nicht einmal mehr, die rechtlich gesetzten Grenzen wenigstens zu nennen, dabei könnten gerade sie für eine gewisse Beruhigung sorgen: Sex mit unter 14-Jährigen ist verboten!

Sagen Sie Ihrer Tochter, dass das Gesetz Menschen bis zum vollendeten 14. Lebensjahr als Kinder bezeichnet und Sex mit Kindern eine Straftat ist. **Mädchen müssen unbedingt erfahren, dass es nicht normal, ja sogar verboten ist, sehr früh Sex zu haben.** Sie müssen auch wissen, dass mit Männern, die sich an sehr junge Mädchen heranmachen, etwas nicht stimmt (siehe Seite 364).

Wenn Mädchen all das gehört haben, dann hilft ihnen das auch dann, wenn sie sich über diese Grenzen hinwegsetzen: Wenn ihre ersten Erfahrungen keine guten waren, haben sie wenigstens eine Erklärung dafür: Ich war zu jung; es war noch zu früh. Gut möglich ist allerdings auch, dass sie sich irgendwann fragen: Warum hat uns das niemand rechtzeitig gesagt?

War das erste Mal schön?

14- bis 17-jährige Mädchen antworten auf die Frage »Wie haben Sie Ihren ersten Geschlechtsverkehr erlebt?« so:

- 17 Prozent fanden, es sei »nichts Besonderes« gewesen.
- 22 Prozent empfanden es als »etwas Unangenehmes«.
- 60 Prozent erlebten ihren ersten Geschlechtsverkehr als »etwas Schönes«.

Je älter ein Mädchen beim ersten Geschlechtsverkehr war, umso häufiger bezeichnete sie die damit verbundenen Gefühle als schön und umso seltener als »nichts Besonderes«. Und: Je besser das Verhältnis von Mädchen zu ihrem Körper ist, umso häufiger ist das erste Mal ein schönes Erlebnis. Am wichtigsten aber ist die Vertrautheit mit dem Freund. Je besser ein Mädchen ihren Partner bereits kennt, umso häufiger ist das erste Mal für sie ein schönes Erlebnis.

Immer wieder höre ich bedrückende Äußerungen über das erste Mal. Beispielsweise: »Ich hab's schon gemacht, aber im Nachhinein weiß ich gar nicht, ob ich das eigentlich musste.« Die 15-Jährige hat nur dem Jungen zuliebe Sex gehabt und nicht, weil sie es selbst gern wollte.

Oder: »Die meisten sagen zwar hinterher, es hat sich gar nicht gelohnt. Aber wenn man es mal gemacht hat, dann will der Junge das immer wieder, und dann macht man es eben einfach.«

So resignative, so lustlose Äußerungen am Anfang des Liebeslebens sind beklemmend und traurig.

Stimmte der Zeitpunkt?

Der Druck, der auf den Mädchen lastet, führt dazu, dass viele nicht nur *denken*, sie müssten früh Sex haben, sondern viele tatsächlich früher Sex *haben*, als ihnen gutgetan hätte.

Von den erfahrenen befragten 14- bis 17-jährigen jungen Frauen sagten mehr als ein Drittel (41 Prozent), sie hätten zu früh Geschlechtsverkehr gehabt.

Unter den bereits erfahrenen 14- und 15-jährigen Mädchen gab es einen größeren Anteil, die nach dem ersten kein weiteres Mal eine sexuelle Begegnung gesucht haben. Man kann interpretieren: Was nicht als schön, als nichts Besonderes oder sogar als unangenehm erlebt wird, soll sich nicht wiederholen.

Was sollte ein Mädchen vor dem ersten Mal wissen?

Gut aufgeklärte, selbstbewusste ältere Mädchen fragen sich von selbst, ob alle Voraussetzungen für das erste Mal gegeben sind – zum Teil intuitiv, zum Teil bewusst. Ganz junge Mädchen, etwa 11- bis 13-jährige hingegen, für die das innerlich alles noch in relativ weiter Ferne liegt, die aber von außen dauernd mit Fragen nach dem ersten Mal konfrontiert werden, brauchen beruhigende Informationen. Dann haben sie das Gefühl, Bescheid zu wissen und sich Zeit lassen zu dürfen.

Selbstprüfung

Die meisten Mädchen lieben Tests und Checklisten. Vielleicht mögen Sie Ihrer noch sehr jungen Tochter Testfragen fürs erste Mal aufschreiben, die sie immer mal wieder in Ruhe studieren kann, denn die große Frage nach dem Zeitpunkt für das erste

info

Großer Test vorm ersten Mal

1. Fühle ich mich schon sicher und wohl genug in meinem weiblichen Körper, um mich einem Jungen gegenüber ganz zu öffnen?
2. Kennen wir uns so lange und so gut, dass wir uns unserer Gefühle füreinander sicher sind und vollkommenes Vertrauen zueinander haben? Liebe ich ihn, und liebt er mich?
3. Kann ich rechtzeitig im Voraus für sichere Verhütung sorgen? Ist auch er reif genug, um sich ebenfalls verantwortlich zu fühlen für Verhütung von Schwangerschaft und sexuell übertragbaren Krankheiten? Können wir darüber reden, um uns auf das erste Mal vorzubereiten?
4. Möchte ich selbst unbedingt mit ihm schlafen? Habe ich Lustgefühle, wenn ich daran denke? Freue ich mich ungeduldig darauf?

Wer alle Fragen mit Ja beantworten kann, ist reif und in der Liebesbeziehung sicher genug, um bald das erste Mal zu wagen.

Mal spielt unter Gleichaltrigen heute eine ähnliche Rolle wie früher die Frage nach dem ersten Kuss. Wenn Ihre Tochter ihren Freundinnen vom »Liebestest« erzählt, könnte er auch bei ihnen für Beruhigung sorgen. (In der »Bravo«, viel gelesen von 11- bis

13-Jährigen, wird das Thema erster Geschlechtsverkehr ununterbrochen präsentiert.)

Verhütung

Ein Mädchen sollte das erste Mal nicht spontan erleben. Viele glauben aber, genau das sei richtig und sogar wichtig. »Das kann man doch nicht planen, das muss doch so kommen«, wird oft vermutet. Planung ist aber schon deshalb wichtig, damit sicher verhütet werden kann (siehe Seite 220 bis 265).

Lust und Unlust

Manche Mädchen haben heutzutage wieder wie vor 50 Jahren die Vorstellung, es ginge beim Sex nur um die Lust der Jungen. Insofern ist es wichtig, dass ein Mädchen weiß, es geht um Lust und Zufriedenheit von beiden und nicht darum, etwas zu leisten. Auch für den Jungen ist Sex beim ersten Mal oder mit einer neuen Freundin Neuland, das begleitet von Ängsten und Unsicherheit beschritten wird. Als Sexratgeber brauchen junge Paare ihre Eltern keineswegs. Manchmal treten aber beim Sex Körperreaktionen auf, die beunruhigen können. Um darauf vorbereitet zu sein, sind einige Informationen hilfreich.

»Es war eine große Liebe, und wir waren beide die Ersten für einander. Beim ersten richtigen Geschlechtsverkehr war ich 16 und er 20. So leicht, so selbstverständlich war die Liebe später nie wieder. Damals konnte ich mir gar nicht vorstellen, dass da irgendetwas kompliziert sein kann.«

Cornelia, 56 Jahre

Das Jungfernhäutchen

Das Jungfernhäutchen kann beim ersten Mal reißen. Es kann aber auch sein, dass es *nicht* reißt. Ganz genaue Zahlen gibt es nicht: Aber bei einem Viertel bis zu einem Drittel aller Mädchen reißt das Jungfernhäutchen (Hymen) beim ersten Geschlechtsverkehr nicht ein, und deshalb bluten sie dann auch nicht beim ersten Mal. Das Jungfernhäutchen ist sehr unterschiedlich ausgebildet (siehe Seite 310). Es kann sehr dehnbar sein oder auch nicht.

Wenn Ihre Tochter nicht genug darüber weiß, könnte sie denken, das Häutchen sei bereits zuvor gerissen, ohne dass sie es bemerkt hätte. Viele mutmaßen, es könnte beim Sport reißen oder durch einen Tampon. Leider kursieren zum Thema Jungfernhäutchen auch in Aufklärungsbüchern jede Menge Fehlinformationen. Wenn Frauen nicht wissen, dass das Jungfernhäutchen längst nicht immer beim ersten Mal reißt, können sie sogar argwöhnen, sie seien in früher Kindheit missbraucht worden.

Wenn das Jungfernhäutchen reißt, tut es auch bei einem zweiten Geschlechtsverkehr etwas später oder am Folgetag meist weh, denn dann gibt es am Scheideneingang ja eine kleine Wunde.

Beschwerden und Enttäuschungen beim ersten Mal

Weil die Medien die Vorstellung provozieren, jede Frau könne jederzeit zum Höhepunkt kommen – mit oder ohne Streicheln der Klitoris –, fühlen sich gerade junge Frauen oft unzulänglich, wenn sie diesem unrealistischen Bild nicht entsprechen. In der Sexualität geht es immer um Psyche *und* Körper, und deswegen

»» DAS MUTTER-TOCHTER-GESPRÄCH ««

»Wenn es beim ersten Mal wehtut, muss man nicht denken, bei mir oder uns ist etwas nicht in Ordnung. Schmerzen können beim ersten Mal durch das Einreißen des Jungfernhäutchens verursacht werden, aber auch das erstmalige Dehnen der Scheide kann unangenehm sein. Auch wenn beide sich auf das erste Mal gefreut haben, kann es sein, dass der Körper verhalten reagiert und der Penis nicht problemlos in die Scheide gelangen kann. Es kann sein, besonders am Anfang und am Ende des Zyklus, dass sie nicht feucht genug wird. Das kann Folge einer Antibabypille sein. Es kann aber auch ein Zeichen fehlender Lust sein oder seelische Gründe haben. Manchmal verkrampft sich die Scheide. Der Penis kann nicht stecken bleiben – das ist ein Gerücht. Möglich ist aber, dass die Scheide den Penis gar nicht erst aufnehmen kann. Nicht nur beim ersten Mal. Wenn der Körper nicht will, muss ein Paar das akzeptieren. Eine Frau sollte sich nie unter Druck setzen. Auch nicht im Hinblick auf einen Orgasmus. Auch das klappt nicht immer, schon gar nicht unbedingt beim ersten Mal. Deswegen ist es wichtig, dass sich beide so lieben, dass sie sich auch dann wohlfühlen, hinterher einfach miteinander kuscheln und nicht traurig sind oder sich schämen.«

funktioniert er nicht wie ein technisches Gerät, frei nach dem Motto: Wir füllen Wasser in einen Wasserkocher, betätigen den Stromschalter, dann blubbert es und kocht, und damit ist das Ziel erreicht. Ihre Tochter sollte wissen, dass nicht immer alles nach Plan läuft, auch beim Mann. Das ist normal. Aber bei dauerhaften Beschwerden ist natürlich ein Arztbesuch nötig.

Der Sinn von Sexualität

»Warum macht man überhaupt Sex?«, fragen mich jüngere Mädchen manchmal. Diese Frage verblüfft, ist aber naheliegend für Kinder, denen niemand ausreichende Erklärungen dazu gibt. Solange der Geschlechtsakt in ihrer Vorstellung etwas Abstoßendes ist, fragen sie sich, warum offenbar alle Welt Sex haben will. Auch wenn sie wissen, dass beim Sex ein Kind entstehen kann, hilft ihnen das nicht weiter, denn Jugendliche wollen ja noch nicht Eltern werden.

Sexualpädagogen sprechen von vier Sinnaspekten der Sexualität: Identität, Beziehung, Fruchtbarkeit und Lust. Wenn Sie Ihrer Tochter davon erzählen, versuchen Sie, die Erklärungen so zu dosieren, dass sie in Ruhe verarbeitet werden können. Lange Vorträge sind weniger hilfreich als regelmäßiger Informationsnachschub.

1. Identität: Wer bin ich?

In der Pubertät bekommt die Geschlechtszugehörigkeit eine neue Bedeutung. Jungen orientieren sich bewusster an älteren

Jungen und Männern. **Mädchen orientieren sich bewusster an weiblichen Vorbildern und suchen irgendwann in den Augen der Jungen nach Bestätigung dafür, dass sie nicht nur anders sind als sie, sondern gerade deshalb gemocht und attraktiv gefunden werden.** Vorläufig fühlen sich Jungen und Mädchen aber unter ihresgleichen wohler; das sieht man auf jedem Schulhof. Jungen stehen zusammen, und ein Stück entfernt Mädchen. Sie finden ihr Zugehörigkeitsgefühl zum Bereich des Weiblichen und zum Bereich des Männlichen, ihre geschlechtliche Identität, zunächst in der Abgrenzung vom anderen Geschlecht. Das ist ein wichtiger Entwicklungsschritt.

Auch als Identifikationsfigur spielen Sie eine wichtige Rolle für Ihre Tochter. An Ihnen, aber auch an Lehrerinnen, Tanten, Großmüttern, an Stars und Models und ernsteren fremden Vorbildern liest ein Mädchen ab: So sind Frauen. Das alles ist weiblich. Irgendwann erwacht aber hormonell bedingt die Sehnsucht nach Nähe zum anderen Geschlecht. Mädchen nehmen bewusster wahr: Frauen werden von Männern geliebt, und sie lieben. Das wirft Fragen und Unsicherheiten auf: Bin ich schön genug, um geliebt zu werden? Bin ich begehrenswert? Wofür will ich geliebt werden?

Um das herauszufinden, schminken und stylen sich Mädchen. Nicht, um wirklich einen Mann ins Bett zu kriegen, wie Jungen oft fehldeuten, sondern um ihre Attraktivität zu testen. Andere Mädchen beziehen eine Gegenposition, wollen bei der Schönheitskonkurrenz keinesfalls mitmachen und sind froh, wenn ihre Mutter ihnen nicht mit Schönheitstipps in den Ohren liegt.

So oder so, irgendwann wissen Mädchen anerkennende, begehrende Blicke von Jungen zu schätzen, weil sie sie bestärken:

Ich komme als Mädchen gut an. Aber das reicht natürlich nicht aus, um Selbstzweifel in Selbstbewusstsein zu verwandeln. Die Unsicherheiten bleiben, deshalb braucht Ihre Tochter Halt und Unterstützung im Elternhaus, Gespräche, Streit, Ermutigung. Freundliche Blicke des Vaters, ab und zu ein Kompliment von ihm, freuen und beruhigen oft besonders. Fehlt zu Hause Halt, sind Mädchen gefährdet, sich zu früh in eine – vielleicht auch sexuelle – Beziehung zu stürzen, um zu erfahren: Ich bin etwas wert und werde geliebt. Meistens geht das schief.

2. Beziehung: Sexualität bindet

Verliebtheit weckt sexuelle Wünsche. Klar. Umgekehrt führt Sexualität aber auch zu Verliebtheit. Deswegen ist der Ausdruck »Liebe machen« sehr passend – ein Paar empfindet Liebe, und deshalb macht es Liebe, hat Sex. Und Sexualität bindet wiederum. Nicht immer und nicht immer in gleichem Maße – aber Neurobiologen haben die Gehirne von Verliebten untersucht und herausgefunden: Der sexuelle Sinnenrausch wirkt als Beziehungskitt. Er aktiviert das Belohnungszentrum; das führt zu Glücksgefühlen, und die möchte man möglichst bald wieder verspüren. Und deshalb ist es wahrscheinlich, dass man sich in einen Partner, mit dem man häufig Sex hat, verliebt oder immer mehr verliebt.

Wünschenswert ist, dass junge Menschen ihre ersten sexuellen Erfahrungen mit jemandem machen, an den sie tatsächlich gebunden sein *wollen*, weil er gut zu ihnen passt, sie stärkt, sie beflügelt und menschlich intakt ist.

Wie die Liebe sich weiterentwickelt, kann man nie ganz genau wissen, wichtig aber ist: **Die Beziehung muss liebevoll sein, damit Sex für ein Mädchen schön sein kann und sie seelisch nicht verletzt wird.** Und: In der frühen Jugend, wenn ein Mädchen sich ihrer selbst noch nicht sicher ist, wiegen schlechte Erfahrungen besonders schwer, denn sie prägen ihr Bild von der Zukunft.

Verliebt, verlobt, verheiratet

So verschieden Kulturen sonst auch sind, fast alle unterstreichen sie den Zusammenhang zwischen Sexualität und Bindung durch die Eheschließung. Bei der Hochzeit verspricht das Paar füreinander da zu sein, es sagt Ja zueinander, nicht nur im stillen Kämmerlein, sondern in aller Öffentlichkeit. Beide bekennen: Wir haben eine Liebesbeziehung und wollen zusammenbleiben. Eine offizielle Bestätigung ihrer Gemeinschaft ist vielen Menschen nach wie vor sehr wichtig – auch schwule und lesbische Paare haben sich das Recht dazu erkämpft.

In unserer Gesellschaft hat sich in den letzten Jahrzehnten für Paare vieles geändert. Bis Ende der 1960er-Jahre hieß es, man dürfe vor der Ehe keinen Sex haben (zumal es noch keine sichere Verhütung gab). Das sagen heute nur noch wenige. Aber trotzdem möchten viele Liebespaare sich binden und heiraten oft nach einiger Zeit. Ein Liebespaar ist und bleibt eben etwas Besonderes und möchte das auch zeigen.

Früher war die Ehe selbstverständlich, heute kann man auch unverheiratet Sex haben und als Mann und Frau zusammenleben. Das bedeutet, jede und jeder muss sich überlegen, unter welchen Bedingungen sie oder er Sexualität gut und richtig findet und unter welchen nicht. Das ist eine hohe Anforderung, besonders dann, wenn man noch sehr jung ist. Deshalb ist es so wichtig, dass Sie mit Ihrer Tochter darüber sprechen.

3. Fruchtbarkeit: Ich könnte jetzt ein Kind bekommen

Durch die Menstruation werden Mädchen in der Pubertät mit ihrer Fruchtbarkeit konfrontiert, außerdem fühlen oder erahnen sie ihre erwachenden sexuellen Triebe. Dass auch Letztere mit ihrer Fähigkeit, sich fortzupflanzen, zusammenhängen, ist ihnen manchmal gar nicht recht klar.

Fortpflanzung und damit Arterhaltung – das ist das körperlich vorgegebene, das natürliche Programm aller Lebewesen und also auch der Menschen. Damit es sicher funktioniert, hat die Natur es mit Lustgefühlen verbunden. Die Menschen sind allerdings eine ganz spezielle Art. Mit ihrer besonderen Intelligenz können sie die Welt und sich selbst erforschen und ihre Lebensbedingungen beeinflussen. So haben sie auch nach Möglichkeiten gesucht, Fortpflanzung und Lust zu trennen, um Sex auch dann genießen zu können, wenn sie gerade kein Kind bekommen möchten.

Bis die Pille entwickelt wurde, gab es keine ganz sicheren Verhütungsmittel, sodass Frauen sehr oft Angst davor hatten, ungewollt schwanger zu werden. Diese Angst stand ihrer Lust oft im Weg. Heute haben wir die Chance, Lust freier zu genießen. Aber Babys und Sex haben nun einmal etwas miteinander zu tun, und auch an der besten Verhütung kann sich die Natur schon einmal vorbeimogeln. Ein Paar sollte zumindest mal darüber sprechen, wie es damit dann umgehen würde.

4. Lust: Ein einzigartiges Gefühl

Fortpflanzung setzt Lust voraus, jedenfalls beim Mann. Nur wenn er Lust bekommt, wird sein Penis steif. Das ist die Voraussetzung für die körperliche Vereinigung mit der Frau und für einen Samenerguss. Der wiederum ist notwendig, damit eine weibliche Eizelle befruchtet werden kann und so eine Schwangerschaft entsteht. Alle Gefühle, alle Triebe, die dafür sorgen, dass wir Menschen uns selbst und unsere Art erhalten, sind sehr stark. Hunger und Durst veranlassen uns dazu, genug zu essen und zu trinken. Lust drängt uns dazu, Sex zu haben.

Voraussetzungen für weibliche Lust

Viele Frauen erreichen die Plateauphase (siehe Info Seite 210) nicht oder manchmal nicht. Auch wenn sie es gern möchten, kann es sein, dass ihr Körper einfach nicht will. Das müssen sie dann akzeptieren und dem Körper Zeit geben.

Aber auch der Partner spielt eine wichtige Rolle: Ein ausgiebiges Vorspiel ist die Voraussetzung dafür, dass eine Frau die Plateauphase erreicht. Wenn sie sich nicht entspannen kann, klappt das nicht, denn Stresshormone können die Produktion der Sexualhormone und damit die Orgasmusfähigkeit negativ beeinflussen. Besonders bei jungen Frauen kann es aber auch sein, dass die Beckenbodenmuskulatur sich nicht anspannt und so eine körperliche Voraussetzung für den Orgasmus fehlt. Hier kann es helfen, die Beckenbodenmuskulatur zu erspüren und sie ein bisschen zu trainieren – durch wiederholtes Anspannen und Entspannen. (Wenn man beim Wasserlassen den Strahl unterbricht, spürt man die Beckenbodenmuskeln.) Auch Selbstbefriedigung, die in der Pubertät bei Mädchen aber im Gegensatz zu Jungen oft nur eine untergeordnete Rolle spielt, und Petting können ein gutes Training sein.

Die männliche Lust

Auch Männer werden durch Berührungen, Küsse, Phantasien, Streicheln der erogenen Zonen sexuell erregt. Ist die Erregung stark genug, führt sie zu einer Erektion. Wird sie weiter gesteigert, zum Beispiel durch Bewegungen des Penis in der Scheide, entlädt sich die aufgebaute Spannung beim Orgasmus in Muskelkontraktionen des Unterleibs und der Geschlechtsorgane. Auf dem Höhepunkt der Lust spritzt Samenflüssigkeit aus dem Penis (Ejakulation). Der Orgasmus ist mit der Ausschüttung von Glückshormonen verbunden. Danach erschlafft der Penis. Der Mann fühlt sich befriedigt. Wie bei der Frau, aber länger und ausgeprägter, breitet sich wohlige Müdigkeit im Körper aus.

Ein Mann hat beim Sex fast immer einen Orgasmus. Gerade ganz junge Männer sogar oft schneller, als sie möchten. So ein vorzeitiger Samenerguss kann die sexuelle Vereinigung (Koitus) verhindern. Es kann aber auch passieren, dass der Penis gar nicht steif genug wird, zum Beispiel, wenn der Mann zu angespannt ist. Sonst tritt dieses Problem eher bei älteren Männern auf.

Eine starke Kraft

Eine 15-Jährige sagte mir: »Man macht manches, was man in dem Moment möchte, aber im Nachhinein betrachtet doch nicht wirklich wollte.« Damit hat sie gut beschrieben, dass junge

info

Weibliche Lust

Erregung

Berührungen, Küsse, Phantasien, Streicheln der erogenen Zonen, all das bewirkt sexuelle Erregung. Der Herzschlag wird schneller, die Atmung geht stoßweise.

Plateauphase

Die Brustwarzen verhärten sich, der Unterleib wird stärker durchblutet und wird immer mehr zum gefühlten Körpermittelpunkt. Kitzler und Schamlippen schwellen etwas an. Die Scheide wird verstärkt feucht. Ihre Muskulatur weitet sich. Im Beckenboden und in der Gebärmutter baut sich eine kräftige muskuläre Spannung auf, so wie man eine Hand anspannt, die man zur Faust ballt. Diese Anspannung ist Voraussetzung für einen Orgasmus.

Orgasmus

Bei weiterer Erregung (mit oder ohne Eindringen des Penis) kann die Spannung schließlich so stark werden, dass sie sich »entlädt«: Wie Pulswellen sind dann im Unterleib schnelle Wechsel zwischen muskulärer Anspannung und Entspannung zu spüren. Gebärmutter, Beckenboden, Scheide und After sind davon ergriffen, aber auch Atmung und Stimme sind einbezogen. Lautes Atmen und Stöhnen können hörbar werden. Glückshormone (Endorphine) werden ausgeschüttet.

Frauen bekommen nicht bei jedem Geschlechtsverkehr einen Orgasmus. Besonders am Anfang ist das keineswegs selbstverständlich. Für sie gehört oft eine gewisse Erfahrung dazu, um die ganz besondere Mischung aus lustvoller Aktivität und Hingabe erleben zu können.

Rückbildungsphase

Nach dem Orgasmus oder, wenn er nicht stattfindet, nach der Plateauphase geht die Erregung zurück, die Blutversorgung der Geschlechtsorgane normalisiert sich, Puls und Atemfrequenz werden wieder langsamer.

Mädchen leicht in etwas hineinstolpern, wenn sie innerlich nicht vorbereitet sind. Ohne klare Vorstellungen, aus denen sich Vorsätze ergeben, folgen sie womöglich nur einem augenblicklichen Gefühl, einem Impuls, der zu Bedauern führt, sobald der Verstand wieder die Oberhand gewinnt. Dieses nachträgliche Bedauern unterminiert das Selbstwertgefühl, das Selbstbewusstsein. Es sagt: Ich war nicht in der Lage zu wissen, was ich wollte, und deshalb konnte ich nicht selbst klar bestimmen, sondern habe dem Drängen des Jungen und meinen eigenen Lustgefühlen nichts entgegenzusetzen gehabt.

Deshalb ist es besonders wichtig, dass Sie Ihrer Tochter etwas von der Macht der Lust erzählen und von der Kraft selbst gefasster Vorsätze. Erotische Anziehung kann magnetisch sein, ohne dass man es möchte, vielleicht sogar, obwohl man es aus-

» DAS MUTTER-TOCHTER-GESPRÄCH «

»Die Lust ist eine sehr starke Kraft. Sie kann wie eine große Welle sein und ist dann eines der tollsten Gefühle, die ein Mensch haben kann. Ein bisschen gefährlich ist sie aber auch. Dann nämlich, wenn sie – zum Beispiel weil Alkohol im Spiel ist – einen irgendwo hinspült, wo man gar nicht landen möchte. Manche Mädchen unterschätzen die Macht der körperlichen Lust bei sich selbst und bei dem Jungen, den seine Lust sehr drängend werden lassen kann. Dann haben sie zu früh und deswegen leider meist auch unvorbereitet Sex. Deshalb musst du dir immer vorher genau überlegen, wie weit du gehen möchtest! Diese Entscheidung liegt beim Mädchen. Und nur wenn sie selbst diese Entscheidung klar trifft und sagt, ja, ich will mit ihm schlafen, kann sie hinterher erhobenen Hauptes dazu stehen. Selbst dann, wenn die Erfahrung nicht so schön war, wie erhofft.«

drücklich nicht möchte. Das ist dann womöglich sehr verwirrend. Allerdings sind wir unseren sexuellen Trieben keineswegs ausgeliefert. So wie wir nicht sofort in ein Brot beißen müssen, wenn wir hungrig sind, sondern uns noch eine ganze Weile gedulden können, können wir auch unser sexuelles Begehren steuern, auch deshalb, weil sich die Lust auf Sex auch ohne Sex nach einer Weile wieder legt, nicht unbedingt für lange, aber zunächst einmal. Lust macht Sexualität verlockend, Lust drängt zur Sexualität, zum Orgasmus. Dieses Drängen kann überaus stark sein, sich fast verselbstständigen, leidenschaftlich Liebende vor sich her treiben, so, als ob »ein Schalter im Gehirn umgelegt wäre«.

Es ist gut, das zu wissen. Aber Eltern müssen heute keine Ängste mehr schüren. Im Gegenteil: Informationen beruhigen und stärken ein verantwortungsvolles Miteinander. Manchmal scheint es aber auch umgekehrt zu sein: Manchmal wirken junge Paare wie eine Notgemeinschaft unter zynischen und gleichgültigen Erwachsenen. Manchmal zeigen ein Junge und ein Mädchen mit großem Ernst, dass ihre Liebe über jeden Zweifel und Zeitgeist erhaben ist.

»Ich war 14 und wollte gar keinen Sex. Er war Mitte 20 und hat seine Wünsche einfach durchgesetzt. Es war nahezu eine Vergewaltigung. Danach hat es viele Jahre gedauert, bis ich mich in einer wirklich schönen Liebesbeziehung fallenlassen und Lust empfinden konnte.«

Marlene, 34 Jahre

Fragen und Antworten zu Liebe und Lust

Frage: Mein Freund macht manchmal echt krasse Sprüche. Dann mag ich ihn gar nicht mehr richtig. Soll ich ihm das sagen?

Dr. Schoonbrood: Auf jeden Fall. Wenn ein Junge sich in ein Mädchen verliebt, hat sie sehr großen Einfluss auf ihn. Er will ihr ja unbedingt gefallen. Manchmal müssen Mädchen Jungen auf die Sprünge helfen und ihnen sagen, was sie gut, was sie nicht gut finden. Da Jungen manches anders empfinden als Mädchen, wissen sie oft einfach nicht, was bei Mädchen ankommt. Mädchen helfen Jungen genau genommen, wenn sie sagen, wie ein Junge sich benehmen sollte, damit sie ihn sympathisch finden.

Wann sollte man zusammen schlafen?

Wenn man denkt, ja, wir gehören zusammen. Das sehen wir beide so und haben völliges Vertrauen zueinander. Ich möchte unbedingt mit ihm schlafen, und deshalb werde ich es hinterher nicht bereuen. Bis man sich da wirklich sicher sein kann, muss man sich viele, viele Male treffen, etwas zusammen unternehmen, sich unterhalten. Dann erlebt man, wie er ist und ob einem das so gut gefällt, dass aus einer Verliebtheit wirklich mehr wird. Das ist eine Entwicklung. Auf diesem Weg gibt es auch körperlich viel Aufregendes und Schönes zu erleben, ohne dass man schon Geschlechtsverkehr hat.

Wir sind ja eigentlich schon zu alt fürs erste Mal.

Nein, mit 13 oder 14 ist man noch zu jung dafür, und deswegen haben auch nur sehr wenige 14-Jährige schon Geschlechtsverkehr. Und die wenigen sagen hinterher im Stillen oft: Es war zu früh. Das heißt: Es war nicht schön. Auch von den 16-Jährigen hat mehr als die Hälfte es noch nicht gemacht. Leider wird in den Medien so getan, als ob alle schon wer weiß wie früh Sex hätten. Deshalb können sich viele Mädchen nicht in Ruhe darauf freuen, das irgendwann zur richtigen Zeit und mit dem richtigen Partner zu erleben, sondern denken dauernd, sie hätten es schon längst machen müssen.

Muss man für einen Jungen, den man liebt, alles tun?

Nein. Wenn es eine glückliche Liebe sein soll, dann fragen beide, was kann ich tun, damit wir zusammen glücklich sind. Manche Mädchen wissen nicht, dass guter Sex für beide schön ist. Sie hören und sehen durch die Medien, dass Sex angeblich nur damit zu tun hat, wie man es macht. Und deshalb fragen sie, was sie tun müssen, um einen Jungen zu befriedigen. Das ist falsch. Wenn ein Junge ein Mädchen liebt, dann will er nicht, dass sie etwas Bestimmtes für ihn tut, sondern dann will er mit dem Mädchen eine liebevolle Beziehung entwickeln und schließlich mit ihr zusammen etwas erleben, was für beide toll ist. Die Wünsche und Empfindungen des Mädchens sind dabei genauso wichtig wie die des Jungen. Die beiden sollten sich viel Zeit lassen, denn für ein junges Mädchen muss alles stimmen, vor allem die Beziehung, damit sie Sex schön findet.

Was ist der G-Punkt?

Der G-Punkt soll in der Scheide liegen, etwa fünf Zentimeter vom Scheideneingang entfernt, und es soll Frauen besonders große Lust machen, wenn der G-Punkt berührt wird. Soll. Denn so, wie es aussieht, gibt es gar keinen G-Punkt. Medizinisch hat man jedenfalls keinen Beweis dafür gefunden. Ganz sicher ist allerdings, dass Frauen – im Gegensatz zu Männern – einen Körperteil haben, der nur für ihre Lust da ist: der Kitzler, die Klitoris. Um Lust zu bekommen, um die Lust so zu steigern, dass sie zu einem Höhepunkt führt, dem Orgasmus, muss die Klitoris berührt werden, nicht nur die Scheide.

Ich hab mit meinem Freund geschmust. Plötzlich hatte ich nichts mehr an. Da bin ich aufgesprungen und hab »Nein« geschrien, hab meine Klamotten angezogen und bin mitten in der Nacht quer durch die Stadt nach Hause gelaufen.

So etwas kann passieren, denn es sind ja mächtige Gefühle im Spiel, wenn man schmust, wenn man Zärtlichkeiten austauscht. Deshalb ist es eine große Hilfe für ein Mädchen, wenn sie sich vorher überlegt: Wie weit möchte ich gehen? Was passt zu dieser Beziehung? Wenn sie sich das vorher klarmacht, lässt sie sich nicht überrumpeln, lässt sich nicht einfach vom Drängen des Jungen und von ihren eigenen Gefühlen irgendwohin tragen, wo sie sich hinterher gar nicht wiederfinden möchte.

5.

Was Mädchen über Verhütung wissen sollten

Welche Verhütungsmittel sind für sehr junge Frauen besonders geeignet? Welche Pannen gilt es zu vermeiden? Alles Wichtige zum Thema Verhütung lesen Sie in diesem Kapitel. Damit eine junge Liebe nicht nur schön, sondern auch sicher erlebt wird.

»Kann man beim ersten Mal schon schwanger werden?«

Über Verhütung Bescheid wissen

Das Thema Verhütung (Kontrazeption) liegt Müttern besonders am Herzen. Auch in Schulen wird es oft ausführlich behandelt. Ein Schwachpunkt der Verhütungsaufklärung dort besteht häufig in der zwar möglichst vollständigen, aber kommentarlosen Präsentation verschiedenster Mittel. So werden die Schülerinnen mit einer Fülle von Möglichkeiten bekannt gemacht, ohne dass sie erfahren, welche Methode sich wann für wen eignet.

Die Gespräche mit Mädchen und jungen Frauen zeigen mir, dass ihr Wissen trotz vielfältiger Bemühungen in Elternhaus und Schule auch beim Thema Verhütung oft unvollständig ist und – nicht nur bei den ganz Jungen – Fehlinformationen kursieren. Außerdem: Selbst dann, wenn sie sicher verhüten, wissen viele nicht, was die Pille oder andere hormonelle Verhütungsmittel (Kontrazeptiva) in ihrem Körper bewirken. Das wiederum führt zu Risiken. Wer beispielsweise glaubt, nach einer vergessenen Pilleneinnahme sei man nur an *diesem einen* Tag unzureichend geschützt, liebt riskant.

Angst ist ein schlechter Ratgeber

Beginnen Sie früh, ruhig schon, wenn Ihre Tochter 12 oder 13 ist, immer wieder einmal etwas zur Verhütung zu erzählen, gerade, wenn es sie noch nicht unmittelbar betrifft. Machen Sie aber sehr deutlich, dass Sie das wissen, und betten Sie die Informationen ein in Gespräche über Liebe und Freundschaft (siehe ab Seite 180).

Je älter ein Mädchen, je besser sie aufgeklärt ist, desto unpassender dürfte es ihr vorkommen, wenn ihre Mutter plötzlich, nur weil die Tochter einen Freund hat, das Thema Sexualität und Verhütung anschneidet. Dennoch werden Sie wahrscheinlich lieber etwas einmal zu viel sagen als einmal zu wenig. Manche Mütter sagen: »Ich möchte nicht, dass meine Tochter schon die Pille nimmt«, weil sie so verhindern wollen, dass sie Geschlechtsverkehr hat. Das ist der falsche Weg. Denn wenn Ihre Tochter sagt: »Ich brauche die Pille«, dann ist davon auszugehen, dass das erste Mal bevorsteht und sie sich vernünftige Gedanken über Verhütung macht. Sollte Sie das beunruhigen, dann sprechen Sie mit ihr darüber, ob der Zeitpunkt und die Voraussetzungen für das erste Mal stimmen (siehe ab Seite 193). Auf keinen Fall aber sollten Sie versuchen, Ihrer Tochter die Pille auszureden oder gar zu verbieten. Dann wird sie Geschlechtsverkehr haben, ohne sicher zu verhüten. Genauso falsch ist es, einem Mädchen die Pille vorzuschreiben, wenn Geschlechtsverkehr noch gar kein Thema für sie ist. Daraus kann sie nur schließen, dass die Mutter gar keinen wirklichen inneren Kontakt zu ihr hat.

Natürlich ist es verständlich, wenn eine Mutter auf Nummer sicher gehen will. Aber vor allem gilt es, die Gefühle der Tochter ernst zu nehmen. Mädchen erzählen mir immer wieder, dass ihre Mütter ihnen zum Thema Sexualität und Verhütung nur einen Satz gesagt haben, beispielsweise: »Lass dir bloß kein Kind andrehen!« Oder: »Hauptsache, du hast keinen Braten in der Röhre.«

Pillengebot oder Pillenverbot – beides verletzt ein Mädchen, wenn sie spürt, ihre Mutter macht sich nicht die Mühe oder ist nicht in der Lage, sie in ihren tatsächlichen Bedürfnissen zu sehen und zu verstehen. »Warum sagt meine Mutter so etwas? Ich will doch noch gar keinen Sex«, werde ich dann beispielsweise gefragt. Zum Ausdruck kommt damit das berechtigte Gefühl, mit der Mutter nicht reden zu können. **Sie können Ihrer Tochter weder Sex verbieten noch ihr die Verantwortung abnehmen, aber Sie können ihr durch sensible Gespräche viel Aufschlussreiches mitgeben.**

Die kleine Tochter ist nicht mehr klein

Zu akzeptieren, dass aus dem kleinen Mädchen eine große und sexuell attraktive Tochter geworden ist, ist nicht immer leicht für Eltern. Fürsorge, Verantwortung, Kontrolle – viele Jahre selbstverständliche Aufgaben werden nun immer weniger nötig. Ihre eigenen Umstellungsprobleme sollten die Gespräche mit Ihrer Tochter aber nicht dominieren. Sie muss mit dem Erwachsenwerden nicht warten, bis ihre Eltern so weit sind, auch nicht mit einer festen, mit einer sexuellen Beziehung.

Sind Mädchen auf den ersten Geschlechtsverkehr ausreichend vorbereitet?

Auch heute ist es ungeheuer wichtig, Sexualität und Verhütung im Elternhaus zu thematisieren. Es müssen nicht einmal unbedingt ganz konkrete Informationen sein, die Gesprächsoffenheit spielt die entscheidende Rolle. Mädchen mit gesprächsbereiten Eltern hatten zu 8 Prozent, solche ohne Gespräche zu Hause zu 18 Prozent ihr erstes Mal ohne sichere Verhütung. (Diese Zahlen und auch die weiteren in diesem Kapitel stammen wieder aus den Studien »Jugendsexualität. Repräsentative Wiederholungsbefragung von 14- bis 17-Jährigen und ihren Eltern« der Bun-

» DAS MUTTER-TOCHTER-GESPRÄCH «

»Wenn der Mann eine Erektion hat, kommt oft schon ein wenig Flüssigkeit aus dem Penis, die nennt man Lusttropfen. Sie dient dazu, die trockene Haut der Eichel feucht und damit gleitfähiger zu machen. Lusttropfen können Samen enthalten. Wenn sie durch die Hände oder durch den Penis an den Scheideneingang oder in die Scheide kommen, kann auch das schon zu einer Schwangerschaft führen. Deshalb muss ein Kondom für eine gute Verhütung sehr rechtzeitig benutzt werden, und das sogenannte Aufpassen, das Herausziehen des Penis aus der Scheide vor dem Samenerguss, ist überhaupt nicht sicher.«

info

Wissenswerte Fakten zum Thema Verhütung

- Jeder Geschlechtsverkehr, auch der erste, kann zu einer Schwangerschaft führen.
- Eine Frau kann auch durch Geschlechtsverkehr während der Regelblutung schwanger werden, wenn sie manchmal kurze Zyklen hat.
- Samenflüssigkeit (egal ob in »Lusttropfen« oder im Ejakulat) kann schwanger machen, sobald sie durch die Hände oder den Penis an oder in die Scheide gelangt. Dafür ist kein Geschlechtsverkehr nötig. Das kann auch beim Petting passieren.
- Sichere Verhütung muss vorbereitet werden.
- Spontaner Sex birgt die Gefahr, ungewollt schwanger zu werden.
- Die sichersten Verhütungsmittel – unter anderem die Pille – wirken hormonell. Sie müssen von einem Arzt oder einer Ärztin verschrieben werden.
- Es gibt sexuell übertragbare Krankheiten, vor denen sich ein Paar schützen muss.
- Kondome sind das einzige Verhütungsmittel, das vor sexuell übertragbaren Krankheiten schützt.
- Ein Mann, der Kondome ablehnt, weigert sich, die nötige Verantwortung zu übernehmen.

- Kondome bieten recht guten Verhütungsschutz, wenn auch nicht so sicheren wie die Pille.
- Nach einem völlig ungeschützten Geschlechtsverkehr oder einer Verhütungspanne ist die »Pille danach« eine Art Notfallmedikament.
- Chemische Verhütungsmittel, beispielsweise Cremes und Zäpfchen, bieten nicht genug Sicherheit. Auf solche Mittel sollte sich ein Mädchen, eine Frau nicht verlassen.

deszentrale für gesundheitliche Aufklärung von 2006 und 2010.) Insgesamt verhüteten nur 39 Prozent der Mädchen beim ersten Mal sicher mit der Pille. 8 Prozent der Mädchen, die zwischen 14 und 17 Jahren ihr erstes Mal hatten, betrieben keine ernsthafte Verhütung. Je jünger die Mädchen beim ersten Mal waren, umso geringer war der Anteil jener, die sicher verhüteten.

Die Gründe, warum Mädchen bei ihrem ersten Geschlechtsverkehr nicht verhütet haben, sind vielfältig. 60 Prozent sagten, die Situation entstand zu spontan. 42 Prozent meinten, es würde schon nichts passieren. Ungefähr jede Fünfte hatte sich nicht getraut, das Thema Verhütung mit dem Freund zu besprechen. Oft waren Alkohol oder Drogen im Spiel. Jede Fünfte konnte nicht begründen, warum sie nicht verhütet hatte. Gute Mutter-Tochter-Gespräche im Vorfeld hätten die Mädchen vermutlich vernünftiger handeln lassen.

Sicherheit hat Vorrang

Welches Verhütungsmittel Ihre Tochter anwenden kann und möchte, entscheidet sie im Gespräch mit ihrer Ärztin, ihrem Arzt. Aber sie wird sich auch schon zuvor eigene Gedanken machen. Umso wichtiger ist es, dass Sie sie rechtzeitig informieren. Oft benutzen Jugendliche zunächst Kondome, und ein Beratungsbesuch beim Frauenarzt wird hinausgeschoben. Grund dafür ist häufig, dass ein Verhütungsmittel schnell zur Hand sein soll. Und immer ist natürlich auch die Vermeidung von Ansteckungen wesentlich.

Pille und Kondom spielen im Folgenden eine herausgehobene Rolle. Andere Verhütungsmittel werden als Alternativen genannt für solche Fälle, in denen es Probleme mit der Pille gibt, oder wenn jemand nicht hormonell verhüten möchte oder darf.

Die Antibabypille

Die Pille ist das meistbenutzte Empfängnisverhütungsmittel bei Jugendlichen. Der Hauptgrund dafür und gleichzeitig ihr größter Vorteil ist ihre hohe Sicherheit, die bei 99,1 bis 99,9 Prozent liegt (Pearl-Index 0,1 bis 0,9). Das bedeutet, von 100 Frauen, die ein Jahr lang mit der Pille verhüten, ohne dass sie Fehler bei der Einnahme gemacht haben, wird höchstens eine schwanger, genauer gesagt, von 1000 eine bis neun.

Ein weiterer Vorteil ist die Bandbreite der unterschiedlichen Pillenpräparate, sodass die Pille sehr individuell verordnet werden kann. Bei anderen hormonellen Verhütungsmitteln, die genauso sicher sind (Pflaster, Verhütungsstäbchen, Verhütungs-

info

Wie sicher ein Verhütungsmittel ist: Der Pearl-Index

Wie zuverlässig ein Verhütungsmittel ist, zeigt der Pearl-Index. Er gibt an, wie viele von 100 Frauen in einem Jahr trotz einer bestimmten Verhütungsmethode – deren korrekte Anwendung vorausgesetzt – schwanger geworden sind. Einen Pearl-Index von 0, vollkommene Verhütungssicherheit also, gibt es nicht. Hormonelle Verhütungsmittel (Pille, Dreimonatsspritze, Hormonspirale, Verhütungspflaster und Verhütungsring) sind mit einem Pearl-Index von 0,1 bis 0,9 die sichersten Verhütungsmittel. Chemische Mittel sind mit einem Pearl-Index von 3 bis 21 sehr unsicher. (Diese Angaben stammen von der Deutschen Gesellschaft für Gynäkologie und Geburtshilfe.)

ring), steht jeweils nur ein Präparat zur Verfügung. Sie können also nicht auf die körperlichen Gegebenheiten und Bedürfnisse jedes einzelnen Mädchens, jeder Frau abgestimmt werden.

Die Wirkweise der Pille

Die meisten Pillen sind Kombinationspräparate, und auch Jugendlichen werden diese Pillen am häufigsten verschrieben. Sie enthalten zwei Hormone (ein Östrogen und ein Gestagen, siehe ab Seite 79). Fast alle Pillen enthalten dasselbe Östrogen (Ethinylestradiol), aber unterschiedliche Gestagene. Das macht einen Großteil ihrer Vielfalt und unterschiedlichen Einsatzmöglichkeiten aus. Meist handelt es sich um Einphasenpräparate: Jede Tablette der Packung ist gleich. Liegt die Menge an Östrogenen sehr niedrig (das heißt unter 35 Mikrogramm), wie das bei neueren Präparaten der Fall ist, spricht man von Mikropillen.

Sogenannte Stufenpräparate und Sequenzpräparate enthalten unterschiedliche Tabletten. Hier sind die verwendeten Hormone im Verlauf des Monats in unterschiedlichen Dosierungen kombiniert.

Die Pille verhütet auf dreierlei Weise:

1. Entscheidend ist: Der Eisprung wird verhindert.
2. Der Gebärmutterhalskanal wird für Samen undurchlässig, weil sich der Schleim dort verfestigt.
3. Die Gebärmutterschleimhaut baut sich wesentlich geringer auf.

»Die Pille täuscht eine Schwangerschaft vor«, höre ich oft von Mädchen. Da sie ja wissen, dass eine Schwangerschaft neun Monate dauert, glauben sie, eine einzelne Pille an einem einzigen Tag zu vergessen, könne im Verhältnis dazu so schlimm nicht sein. Die Realität sieht anders aus.

Tatsächlich haben eine Schwangerschaft und die Pillenwirkung etwas gemeinsam: Die Eierstöcke werden hormonell dazu gebracht, keine Eizelle fertig reifen zu lassen, und deshalb findet natürlich kein Eisprung statt und damit auch keine Befruchtung. Durch die Hormone der Pille, nämlich synthetische Östrogene und Gestagene, wird die verstärkte LH-Ausschüttung der Hirnanhangsdrüse (siehe ab Seite 86), die sonst etwa in der Zyklusmitte den Eisprung auslöst, unterdrückt. Diese Ovulationshemmung bewirken fast alle hormonellen Verhütungsmittel, und deshalb sind sie so sicher.

Als Besonderheit gibt es Pillen, die nur Gestagene enthalten, die sogenannten Minipillen (Pearl-Index 0,5 bis 3, nicht zu verwechseln mit der Bezeichnung Mikropille). Bis auf eine Pillenart, die den Eisprung unterdrückt und flexibel in der Einnahme ist wie Kombinationspillen, verhindern Minipillen den Eisprung nicht, sondern verfestigen nur den Schleimpfropf im Gebärmutterhalskanal. Sie müssen exakt zur stets gleichen Uhrzeit eingenommen werden und sind deshalb für Jugendliche nicht geeignet.

Wie wichtig es jedoch auch bei der »normalen« Pille ist, sie täglich und zur festgelegten Zeit einzunehmen, können Sie Ihrer Tochter mit einer einfachen Erklärung verständlich machen:

» DAS MUTTER-TOCHTER-GESPRÄCH «

»Die Pille ist wie eine Schlaftablette für die Eierstöcke. Unter ihrer Wirkung schlafen sie sozusagen für einen Tag und produzieren keine Eizelle. Aber wenn du die Pille vergisst und nicht mit höchstens zwölf Stunden Verspätung doch noch nimmst, werfen die Eierstöcke ihre Produktion an. Irgendwann ist dann die Eizelle fertig, und es findet ein Eisprung statt. Deshalb ist eine Schwangerschaft für den Rest des Zyklus nicht ausgeschlossen, auch wenn du die Pille nur an einem einzigen Tag nicht genommen hast.«

Die Wirkung der Pille beschränkt sich nicht nur auf die Verhütung einer Schwangerschaft. Es gibt Präparate, die sehr gut helfen, wenn ein Mädchen zu viele männliche Hormone (Androgene) hat und deswegen unter zu starker Körperbehaarung oder unter Akne leidet. Außerdem hilft die Pille bei krankhaften Menstruationsbeschwerden: Weil die Gebärmutterschleimhaut nur gering aufgebaut wird, ist die Blutung schwächer, schmerzhafte Krämpfe der Gebärmuttermuskulatur treten nicht oder weniger auf.

Sollte ein Mädchen also stark unter einer der genannten Beschwerden leiden, wird ein Arzt ihr unter Umständen die Pille auch verschreiben, ohne dass sie verhüten möchte – nach gründlichem Abwägen der Risiken und Nebenwirkungen.

Anwendungsfehler und Pannen

Wenn die Pille vergessen wurde, kann die Einnahme in den folgenden 12 Stunden nachgeholt werden, beispielsweise statt abends um acht bis morgens um acht. Dann ist die Wirkung noch voll gegeben. Nur wenn die Pille immer etwa zur gleichen Zeit eingenommen wird, weiß man allerdings im Falle des Vergessens, wann die Zwölf-Stunden-Frist endet.

Genau genommen müsste man sagen: Spätestens 36 Stunden nach der letzten Einnahme muss wieder eine Pille geschluckt werden. In jedem Fall nimmt man dann die nächste wieder zur üblichen Zeit, möglicherweise dann also schon wieder nach 12 Stunden. Diese Regeln muss Ihre Tochter sehr ernst nehmen. Ist die 36-Stunden-Frist überschritten worden, sollte die Pille dennoch weiter eingenommen werden, um den Blutungsrhythmus nicht durcheinanderzubringen, aber dann muss ganz konsequent bis zur nächsten Blutung zusätzlich ein Kondom benutzt werden!

Es gibt oft Tabellen in der Packungsbeilage, die zeigen, wie die weitere Verhütung noch gewährleistet ist, wenn an diesem oder jenem Tag eine Pille vergessen wurde. Aber das ist recht kompliziert. Deshalb sollte Ihre Tochter wissen: Nach einer vergessenen Pille besteht die Gefahr einer Schwangerschaft. Im Zweifelsfall sollte sie mit ihrer Ärztin, ihrem Arzt sprechen. Besonders dringlich ist das, wenn die Pille in der ersten Woche vergessen wurde! Dann besteht sogar die Möglichkeit, dass ein zurückliegender Geschlechtsverkehr zu einer Schwangerschaft führt.

Eine sichere Verhütung ist auch dann nicht mehr gewährleistet, wenn eine Frau innerhalb von 4 Stunden nach der Einnahme der Pille erbricht. Das Gleiche gilt für Durchfall innerhalb von 6 Stunden nach der Pilleneinnahme. Auch dann ist die Verhütung nicht nur für diesen Tag, sondern für den Rest des Zyklus nicht mehr garantiert, es sei denn Erbrechen oder Durchfall lassen innerhalb von 12 Stunden nach der Pilleneinnahme nach, und man nimmt in dieser Zeit noch eine Pille. Bei den Präparaten, bei denen alle Tabletten die gleiche Farbe, also die gleiche Zusammensetzung haben, kann man dafür die letzte Pille aus der Packung nutzen.

Sollten die Wirkstoffe der Pille durch Erbrechen oder Durchfall *nicht* beeinträchtigt worden sein, muss man sich wegen der einmaligen doppelten Hormonmenge keine Sorgen machen; die verkraftet der Körper gut. Im Zweifelsfall ist unbedingt der Arzt oder die Ärztin zu Rate zu ziehen.

Die Wirkung der Pille kann auch beeinträchtigt werden durch Antibiotika oder durch Kohlepräparate gegen Durchfallerkrankungen. Bei verschreibungspflichtigen Medikamenten sollte eine Frau beim Arzt, bei der Ärztin immer darauf hinweisen, dass sie die Pille nimmt, und fragen, ob das verordnete Medikament Einfluss auf deren Wirkung haben könnte.

Zusammengefasst können Sie sagen: »Die Pille ist das sicherste Verhütungsmittel. Allerdings musst du sie sehr zuverlässig einnehmen, und in drei Fällen sollten bei dir die Alarmglocken schrillen: Pille vergessen, bei Erbrechen oder Durchfall und wenn du ein Antibiotikum nimmst.«

Die Nebenwirkungen der Pille

Die Pille kann – wie jedes Medikament – Nebenwirkungen haben. Deshalb ist die Verschreibung an eine ärztliche Beratung gebunden. Dabei wird erfragt, ob es in der Familie Fälle von Thrombose gegeben hat, außerdem das Zyklusgeschehen, eventuelle Vorerkrankungen, Beschwerden, Gesundheitsverhalten, beispielsweise ob das Mädchen raucht – all das gibt dem Arzt oder der Ärztin wichtige Hinweise dafür, ob eine Pillenverschreibung zu verantworten ist und welches Präparat in Frage kommt. So lassen sich die Risiken so weit wie möglich verringern. In zunächst kürzeren Abständen, dann etwa halbjährlich, werden eventuelle Nebenwirkungen besprochen und das Mädchen gegebenenfalls untersucht.

Gewichtsveränderungen

Mädchen fragen mich immer wieder, ob die Pille dick mache. Eine Vorstellung, die sich hartnäckig hält. Mädchen nehmen zwischen 14 und 19 Jahren normalerweise mit oder ohne Pille fünf

info

Was sind Langzyklen?

Heute nehmen manche Frauen die Pille ohne Unterbrechung zwei, drei oder noch mehr Monate lang. Dadurch entfällt dann in dieser Zeit die Monatsblutung. Das wünschen sich manchmal auch junge Mädchen. Wenn dafür passende Pillen ausgewählt werden, ist grundsätzlich nichts dagegen einzuwenden, allerdings nehmen Frauen in Langzyklen ein Drittel mehr Hormone ein, nämlich im Lauf von vier Wochen 28 Tage lang, anstatt 21 Tage mit einer nachfolgenden einwöchigen Pause.

Wirkungen und Nebenwirkungen der Pille sind über 40 Jahre hinweg bei 21-Tage-Einnahmen beobachtet worden und bekannt. Die Hormonmengen sind in vier Jahrzehnten stark reduziert worden, um Nebenwirkungen zu verringern. Diesen Vorteil macht man teilweise wieder rückgängig, wenn man die Pille durchgehend nimmt.

Die Zukunft wird mehr Erfahrungen mit Langzyklen bringen. Im Moment könnte man sagen: Ab und an ein Langzyklus schadet sicher nicht und ist natürlich mit Vorteilen verbunden, beispielsweise, um den Urlaub blutungsfrei erleben zu können. Mit fortwährenden Langzyklen wäre ich vorerst noch zurückhaltend, es sei denn, medizinische Gründe sprächen dafür. Krankhafte Menstruationsbeschwerden könnten so ein Grund sein.

Kilo zu, weil sie noch wachsen, mehr Busen und ein breiteres Becken bekommen. Wenn junge Mädchen das nicht wissen und die Pille nehmen, meinen sie, sie hätten dadurch zugenommen. Wenn man gleichaltrige Mädchen, die mit der Pille verhüten, mit solchen vergleicht, die das nicht tun, dann nehmen jene mit Pille im Durchschnitt ein halbes Kilo mehr zu als die anderen.

Es kann sein, dass es am Anfang der Pilleneinnahme durch die Hormonumstellung und durch vorübergehende stärkere Wassereinlagerungen tatsächlich zu einer Gewichtszunahme kommt. Die geht in den allermeisten Fällen wieder zurück. Wenn die Gewichtszunahme hingegen stärker wird, stellt die Ärztin oder der Arzt meistens auf ein anderes Präparat um. Es kommt aber auch vor, dass Mädchen unter der Pilleneinnahme sogar etwas abnehmen.

Kopfschmerzen

Andauernde Kopfschmerzen sind eine relativ häufige Nebenwirkung, entweder während der Pilleneinnahme oder wegen des Hormonentzugs während der einnahmefreien Tage.

Thromboserisiko

Das Risiko, an einer Thrombose zu erkranken, ist normalerweise bei jungen Frauen extrem gering, erhöht sich aber durch die Pille und andere hormonelle Verhütungsmittel – vor allem für Raucherinnen und in der ersten Zeit der Einnahme. Deswegen kann es sinnvoll sein, auch in Enthaltsamkeitsphasen die Pille weiterzunehmen. Falls Ihre Tochter raucht und die Pille nimmt, sollten Sie sie deshalb ganz besonders auf das erhöhte Risiko hinweisen.

Brustkrebsrisiko

Ob langjährige Pilleneinnahme das Risiko, an Brustkrebs zu erkranken, erhöht, dazu gibt es immer wieder Studien, deren Ergebnisse sich teilweise widersprechen. Fest steht: Das Risiko einer Erkrankung an Eierstockkrebs sinkt.

Verminderte Knochendichte

Der Knochenaufbau ist erst etwa im Alter von 20 Jahren abgeschlossen. Bis dahin kann hormonelle Verhütung bewirken, dass die Knochendichte sich nicht ungestört vervollständigt. Das ist zwar sehr von der Zusammensetzung des Präparats abhängig, aber es bleibt ein gewisses Risiko. Deshalb möchten manche Ärzte und Ärztinnen ganz jungen Mädchen die Pille nicht verschreiben, zumindest nicht, ohne mit den Eltern darüber zu sprechen. Allerdings gilt es immer abzuwägen, welches Risiko dominiert. Für eine 14-Jährige, die mit oder ohne Pille mit ihrem Freund schlafen wird, muss sicher manch anderes eher in Kauf genommen werden als eine ungewollte Schwangerschaft.

Verringerte Libido

Die Pille kann die Libido verringern. Dann wird zwar durch die Pille sicher verhütet, aber das Mädchen, die Frau, hat gar nicht mehr viel Lust auf Sex.

Wer bekommt die Pille?

Ein Knackpunkt bei der Verschreibung ist die ärztliche Schweigepflicht. Die hat eine Ärztin, ein Arzt auch einer minderjährigen Patientin gegenüber. Wenn nicht ein bedrohliches medizinisches Problem vorliegt, sind die Eltern bei der Verhütungsfrage außen vor. Ohne Zustimmung des Mädchens darf der Arzt die Eltern sonst nicht einmal informieren. (Bei jungen Privatpatientinnen allerdings, also bei allen Kindern von Lehrern, anderen Beamten und Freiberuflern beispielsweise, bekommen die Eltern die Rechnung für den Frauenarztbesuch nach Hause geschickt, sodass die Tochter mit Nachfragen rechnen muss.)

Ob Ihre minderjährige Tochter ohne Ihr Wissen ein Kontrazeptivum verordnet bekommt, ist von ihrer eigenen »Einwilligungsfähigkeit« abhängig. Das heißt davon, ob sie in der Lage ist, die ärztlichen Erklärungen über Wirkungen und insbesondere die Nebenwirkungen zu verstehen. Bei Mädchen zwischen 14 und 16 haben Ärzte Ermessensspielraum. Wenn sie sehen, die junge Patientin ist verantwortungsbewusst, sie versteht die Erklärung zu möglichen Nebenwirkungen, dann verschreiben sie die Pille meistens auch ohne Einwilligung der Eltern. Manche Ärzte und Ärztinnen fragen grundsätzlich: »Wissen deine Eltern, dass du dir die Pille verschreiben lassen möchtest? Sind sie einverstanden?« Andere verschreiben die Pille 14- und 15-Jährigen grundsätzlich nur, wenn die Mutter zu einem Gespräch hinzukommt. Ab 16 bekommt ein Mädchen sie auf ihren Wunsch auf jeden Fall verschrieben.

Die Kosten der Pille

Kassenversicherte junge Frauen müssen bis zum vollendeten 18. Lebensjahr weder die Pille selbst noch eine Rezept- oder Praxisgebühr bezahlen. Bis zum vollendeten 20. Lebensjahr müssen sie dann die Rezept- und Praxisgebühr entrichten. Die Pille selbst ist für sie weiterhin kostenlos. Privatversicherte bezahlen bis zum vollendeten 20. Lebensjahr die Pille und den Arztbesuch, sonst aber keine Gebühren. Diese Regelungen können gesundheitspolitisch begründeten Änderungen unterworfen sein.

Die Pillenpackungen unterscheiden sich je nach Hersteller, vor allem aber nach den enthaltenen Wirkstoffen preislich stark; mit der Qualität hat dies jedoch nichts zu tun. Für welches Präparat sich der Arzt oder die Ärztin entscheidet, hängt von den körperlichen Gegebenheiten der Patientin und den ärztlichen Erfahrungen mit unterschiedlichen Präparaten ab. Vor einer zweiten Verordnung wird erfragt, wie wohl sich die junge Frau mit der Pille gefühlt hat.

Kein Schutz vor sexuell übertragbaren Krankheiten

Vor sexuell übertragbaren Krankheiten schützt die Pille natürlich nicht (siehe ab Seite 282). Da die Gefahr einer Ansteckung stark zugenommen hat, ist es jedoch unbedingt nötig, sich auch dagegen zu schützen. Verzichtet werden kann darauf nur, wenn Ihre Tochter ganz sicher ist, dass ihr Intimpartner vorher noch keinerlei Geschlechtsverkehr gehabt hat und beide einander treu sind, oder wenn durch Untersuchungen und Impfungen klar ist, dass keine Ansteckung droht. Dazu gehören die Impfungen gegen Hepatitis B und HPV, ein Bluttest auf HIV auch beim Partner, eine urologische Untersuchung des Partners auf sexuell übertragbare Krankheiten sowie eine gynäkologische Untersuchung.

Pille plus Kondom ist gerade für sehr junge Frauen, die ja auf keinen Fall schwanger werden sollten, die ideale Kombi-

nation zur Verhütung und zur Gesundheitsvorsorge. Zudem fördert diese Kombination partnerschaftliches Handeln: Beide sind aktiv beteiligt. (Allerdings gaben nur 25 Prozent der von der BZgA befragten Jugendlichen an, bei ihrem letzten Geschlechtsverkehr Pille und Kondom benutzt zu haben!)

Das Kondom

Ein Kondom – auch als Präservativ oder umgangssprachlich Gummi bezeichnet – ist eine dünne Hülle, meist aus Latex, die vor dem Geschlechtsverkehr über den erigierten Penis gerollt wird. Der Samenerguss erfolgt in das Kondom, genauer gesagt, in das Reservoir an der Kondomspitze, und gelangt nicht in die Scheide. Zudem wird ein direkter Kontakt zwischen Scheide und Penis verhindert, sodass die Gefahr einer Ansteckung mit sexuell übertragbaren Krankheiten so gut es geht verringert wird (siehe ab Seite 282).

Kondome (Pearl-Index 2 bis 12) sind nach der Pille das am zweithäufigsten verwendete Verhütungsmittel. Sie bieten bei der Schwangerschaftsverhütung eine Sicherheit von durchschnittlich 93 Prozent. Das heißt, von 100 Paaren, die ein Jahr lang mit Kondomen verhüten, werden sieben schwanger.

Zusätzlich Wissenswertes über Kondome

- Ab und zu gibt es Latex-Allergien. Dann können latexfreie Kondome benutzt werden, die aber teurer sind. Allergien sind oft auch auf andere Kondombestandteile zurückzuführen, deshalb kann schon der Wechsel zu einer anderen Marke helfen.

- Spermizidbeschichtete Kondome haben einen Überzug aus samenabtötenden Mitteln. Auch die können Reizungen oder Allergien verursachen. Ob die Beschichtung im Fall eines Risses oder Abrutschens Nutzen bringt, ist fragwürdig.
- **Kondome werden überwiegend in Standardgröße angeboten. Sie ist durch EU-Norm geregelt. Und dabei wird offenbar nur von der Penisgröße Erwachsener ausgegangen! Das ist ein Problem – vor allem bei Jungen, deren Penis noch nicht voll ausgewachsen ist.** Für 20 Prozent der Jugendlichen sind die Standardkondome zu groß, das ergab eine Studie von der Universität Essen und pro familia.
- Ein zu großes Kondom kann sehr leicht abrutschen. Deshalb ist es wichtig zu wissen, dass es kleinere Kondome gibt. Man muss sie allerdings derzeit noch im Handel suchen oder im Internet.
- Lässt sich ein Kondom schwer abrollen, ist es zu klein und wird zum Spaßverderber. Große Größen tragen auf der Packung meist Begriffe wie »Max« oder »XXL«.
- Man sollte nur Markenpräservative benutzen (mit CE-Kennzeichnung, Prüfnummer, Haltbarkeitsdatum).
- Zäpfchen oder Salben, die direkt in der Scheide oder an den Schamlippen benutzt werden, wie zum Beispiel bei der Behandlung von Pilzinfektionen, können, wenn sie fetthaltig sind, ebenso wie fetthaltige Gleitmittel Kondome beschädigen. Wasserhaltige Gleitmittel beschädigen Kondome nicht.

info

Der richtige Umgang mit Kondomen

- Kondome können durch scharfkantige Gegenstände wie Schlüssel oder falsche Lagerung (zum Beispiel im überhitzten Handschuhfach) beschädigt werden oder beim Auspacken (Schere, Fingernägel) ❶. Die Verpackung muss unbeschädigt sein und darf auf Druck keine Luft verlieren.
- Das Kondom auf die Eichel setzen ❷. Es darf nicht so weit über den Penis gezogen werden, dass der Platz an der Kondomspitze eingeengt wird. Aus der Spitze des Kondoms, dem Reservoir, in dem sich das Sperma sammeln kann, muss die Luft herausgestrichen werden ❸.

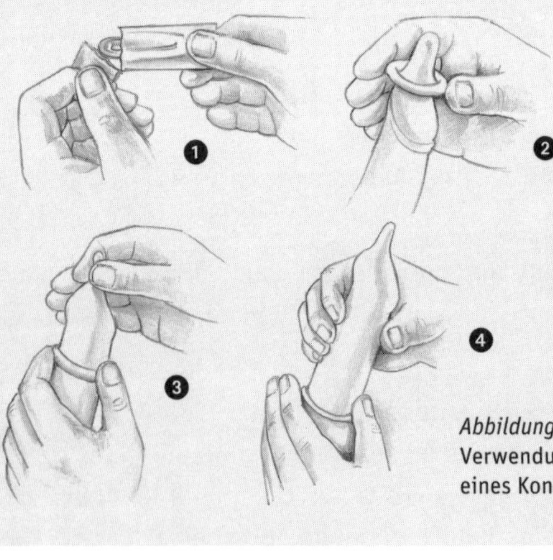

Abbildung 5.1: Verwendung eines Kondoms

- Das Kondom muss langsam und sorgfältig über den steifen Penis gerollt werden ❹. Sollte es versehentlich falsch herum aufgesetzt worden sein, muss ein neues Kondom benutzt werden, da ja mit dem Lusttropfen schon Samenflüssigkeit an die Außenseite gelangt sein könnte.
- Nach dem Samenerguss muss der Mann seinen Penis möglichst rasch aus der Scheide ziehen und das Gummi dabei an der Peniswurzel festhalten, denn wenn der Penis schlaff wird, kann es leicht abrutschen. Übrigens: Kondome dürfen immer nur ein Mal benutzt werden und gehören danach eingewickelt in den Restmüll, nicht durch die Klospülung ins Abwasser.

Kondome: auch eine Sache der Mädchen

Zwar können sich Jungen und Männer nur mit einem Kondom aktiv vor einer ungewollten Vaterschaft schützen, doch nehmen sie Verhütung sehr viel weniger ernst als ihre Partnerinnen. Deshalb ist es nötig, dass Sie Ihrer Tochter das Wichtigste erklären: dass sie sich selbst für die Kondombenutzung verantwortlich fühlen muss; wo sie Kondome erhalten kann und wie sie verwendet werden. Sagen Sie Ihrer Tochter auch, dass es verantwortungslos ist, wenn ihr Partner kein Kondom benutzen will.

Nur etwas mehr als die Hälfte der männlichen Jugendlichen, nämlich 60 Prozent, sind von ihren Eltern über Empfängnisverhütung aufgeklärt worden (bei den Mädchen waren es 70 Pro-

»» DAS MUTTER-TOCHTER-GESPRÄCH ««

»Eigentlich müssten alle sagen: Gut, dass es Kondome gibt, ich habe immer welche vorrätig. Keine Frage: Ohne Kondome kein Sex, außer in stabilen und ganz treuen Beziehungen. Aber so einfach ist es nicht. Wenn ein Mädchen die Pille nimmt, muss sie das nicht zeigen. Aber wenn sie Kondome aus der Tasche zieht, würde sie zugeben, dass sie sich auf Sex vorbereitet hat. Eigentlich vorbildlich, aber was heißt das dem Jungen gegenüber? Es könnte heißen: Ich will mit dir schlafen, war mir aber nicht sicher, ob du das auch willst und entsprechend vorsorgst. Ein Mädchen könnte fürchten, für abgebrüht oder wahllos gehalten zu werden. Und für einen Jungen ist es ganz ähnlich. Deshalb könnte es passieren, dass zwar Präservative da sind, aber keiner sich traut, das anzusprechen oder einfach eins zu benutzen.

Es gibt nur zwei Möglichkeiten, um so eine Situation gut zu meistern. Entweder fasst sich der eine oder die andere ein Herz, benutzt ein Präservativ und erklärt dann hinterher, warum ein Gummi in der Tasche war und wie wichtig es ihm ist, dass der andere das richtig einordnet. Oder die beiden sagen einander, wie schade es sei zu verzichten, aber ohne Kondom ginge es ja leider nicht, und nehmen sich vor, für die nächste Gelegenheit Kondome zu besorgen. Am allerbesten ist es allerdings, wenn man so vertraut miteinander ist, dass man Verhütungsfragen vor dem ersten Sex besprechen kann, möglichst so rechtzeitig, dass beide sich vorbereiten können: Sie lässt sich die Pille verschreiben, und er besorgt Kondome.«

zent). Junge Frauen müssen ihren Partner also manchmal selbst aufklären, und sehr häufig müssen sie ihn dazu motivieren, Präservative zu benutzen. Sie könnten ihrem Partner, wenn dessen Haltung zu Kondomen zögernd oder gar ablehnend ist, sagen: »Wenn ich an deiner Stelle wäre, würde ich es gern selbst bestimmen, ob ich Vater werde oder nicht. Und das ist die einzige Möglichkeit für dich.«

Wenn kein Kondom verwendet wird, liegt der Grund auch häufig darin, dass die Beziehung auf so wackligen Füßen steht, dass es beiden peinlich ist, dieses Thema anzusprechen. Gerade bei überraschenden sexuellen Begegnungen fällt es dann oft einfach unter den Tisch, weil beide es beklemmend finden, darüber zu reden.

So können bei spontanem Sex die Probleme auf der zwischenmenschlichen Ebene jegliche Verhütung verhindern. Über solche Beziehungsfragen zu reden ist für Mütter und Väter (die auch mit ihren Söhnen unbedingt über Kondome sprechen sollten!) oft viel schwieriger, als rein sachlich die Verhütungsmittel zu erklären. Aber genau da sind Eltern unersetzlich.

Das Verhütungspflaster

Das Verhütungspflaster (Pearl-Index 0,72 bis 0,9) enthält im Klebstoff die Hormonarten Östrogen und Gestagen. Die Hormone werden durch die Haut aufgenommen. Auch wenn es unwahrscheinlich klingt: Es funktioniert tatsächlich. Verhütungspflaster verhindern wie die Pille den Eisprung, sind ebenso sicher und müssen ebenfalls ärztlich verordnet werden.

Sie sind eine Alternative zur Pille, beispielsweise dann, wenn eine regelmäßige Einnahme nicht klappt, oder auch bei Essstörungen und bei chronischen Darmerkrankungen. Der Vorteil ist, dass man nur einmal in der Woche daran denken muss. Verhütungspflaster werden auch von ganz jungen Frauen verwendet.

Das Pflaster bleibt eine Woche kleben, zum Beispiel auf dem Rumpf, auf einem Oberschenkel oder Oberarm. Es ist wasserfest. Man sollte aber jeden Tag überprüfen, ob es noch gut klebt. Nach einer Woche wird es erneuert. Nach drei Wochen *mit* folgt eine Woche *ohne* Pflaster, in der dann eine Blutung einsetzt.

Die Pflaster sind teurer als die meisten Pillen. Der wichtigste Nachteil ist: Im Gegensatz zur Pille gibt es Verhütungspflaster nur mit einer Hormonkombination. Zudem werden mehr Hormone vom Körper aufgenommen als bei der Pille.

Das Verhütungsstäbchen

Das Verhütungsstäbchen (Pearl-Index 0 bis 0,08), auch Hormonimplantat genannt, wird im Bereich des Bizeps am Oberarm vom Frauenarzt in örtlicher Betäubung und nach einem winzigen Schnitt unter die Haut geschoben. Dort gibt es drei Jahre Gestagene in den Körper ab und wird dann wieder entfernt. Diese verhindern den Eisprung, verfestigen den Schleim am Gebärmutterhals und verhindern den Aufbau der Gebärmutterschleimhaut.

Der große Vorteil des Verhütungsstäbchens, die hohe Verhütungssicherheit, um die man sich lange Zeit nicht weiter kümmern muss, wird mehr als wettgemacht durch einen gravierenden Nachteil: Es ist zunehmend vorgekommen, dass man das Stäbchen nach drei Jahren nicht wiedergefunden hat. Das kleine Silikonteil kann sich nicht auflösen, aber es kann wandern. Das kann eine Operation nötig machen oder durch weitere Hormonabgabe die Erfüllung eines späteren Kinderwunsches längere Zeit verhindern.

Der Verhütungsring

Der Verhütungsring, auch Vaginalring genannt (Pearl-Index 0,4 bis 0,65), ist verschreibungspflichtig und wird von der Frau selbst in die Scheide eingeführt – ähnlich wie ein Tampon. Dazu wird der Ring zusammengedrückt. Am Gebärmutterhals springt er von selbst in die richtige Position, liegt dann um den Muttermund und ist nicht zu spüren.

Der flexible Ring ist aus Silikon, vier Millimeter dick und hat einen Durchmesser von fünf Zentimeter. Diese Einheitsgröße passt sich jeder Scheidenwand um den Gebärmutterhals herum an. Die Kosten sind mit dem Verhütungspflaster oder einer eher teuren Pille vergleichbar.

Der Ring enthält die beiden Hormone Östrogen und Gestagen. Sie gelangen durch die Scheidenschleimhaut ins Blut und entfalten die gleiche Wirkung wie die Pille. Nach drei Wochen wird der Ring von der Frau entfernt. Und nach einer Woche ohne Ring, in der eine Blutung einsetzt, führt sie einen neuen ein. In seltenen Fällen macht sich der Ring beim Geschlechtsverkehr störend bemerkbar. Dann kann er bis zu drei Stunden täglich herausgenommen werden. Das Einführen und Herausnehmen

info

Anwendung des Verhütungsrings

Für die Verwendung wird der Verhütungsring ❶ von der Frau zunächst mit Daumen und Zeigefinger in der Mitte zusammengedrückt ❷, wie ein Tampon in die Scheide eingeführt und dort so weit wie möglich nach oben geschoben. Dann springt er von selbst in die richtige Position. Zum Herausnehmen fährt die Frau mit dem Zeigefinger unter den Ring. Er ist so leicht herauszuziehen.

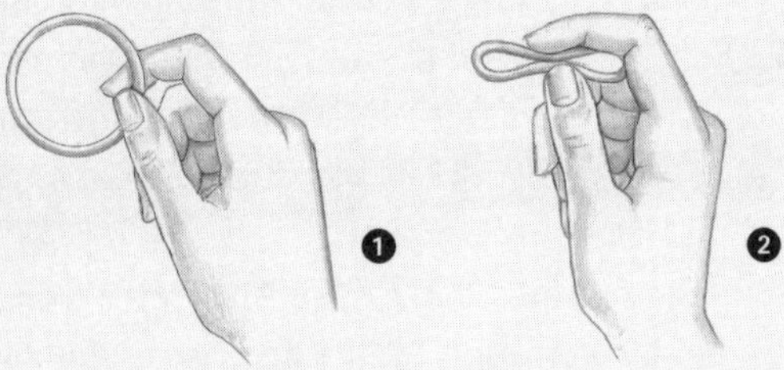

Abbildung 5.2: So wird der Verhütungsring eingesetzt.

ist für Frauen, denen das nicht grundsätzlich unangenehm ist, problemlos zu bewerkstelligen.

Vor dem ersten Geschlechtsverkehr kann ein Verhütungsring nicht eingesetzt werden, weil die Scheide noch nicht dehnbar und elastisch genug ist. Der Verhütungsring kann jedoch zu einem späteren Zeitpunkt eine Alternative sein, wenn mit der Pille Probleme auftreten sollten. Er ist ebenfalls sehr sicher.

Für Mädchen kaum geeignete Methoden

Die **Dreimonatsspritze** hat stärkere Auswirkungen auf den Knochenstoffwechsel als die Pille. Deshalb kommt sie normalerweise nur für Frauen in Frage, deren Knochenwachstum abgeschlossen ist, also erst ab etwa 20 Jahren.

Die **Hormonspirale** ist für junge Mädchen noch nicht empfehlenswert, weil man den Muttermund passieren muss. Der ist bei einer Frau, die nicht geboren hat, fest und eng, und das Einführen wäre ziemlich schmerzhaft.

Die **Kupferspirale** kann begünstigen, dass Entzündungen von der Scheide in die Gebärmutter und in die Eileiter aufsteigen, was zu Verklebungen der Eileiter und zu späterer Sterilität führen kann.

Auch das **Diaphragma** ist für ganz junge Frauen nicht zu empfehlen: Es bietet nicht die Sicherheit hormoneller Verhütung; es ist umständlich, denn es muss vor dem Verkehr mit spermienabtötender Creme eingestrichen, von der Frau eingesetzt und frühestens acht Stunden danach wieder entfernt und sorgfältig gereinigt werden.

Auch alle **natürlichen Vorgehensweisen** wie die Temperaturmethode, die Schleimmethode oder eine Kombination aus beidem sind für die Verhütung für Mädchen nicht zu empfehlen, denn sie erfordern ein hohes Maß an Disziplin, einen regelmäßigen Lebenswandel, gute Kenntnis des eigenen Körpers und fundiertes Wissen über die jeweilige Verhütungsart. Als spannender kleiner Selbstversuch, um den eigenen Körper besser kennen zu lernen, sind diese Methoden aber doch schon sehr nützlich (siehe Info, Seite 249).

Verhütung, die eigentlich keine ist

Beim **Koitus interruptus** (Pearl-Index 4 bis 18), dem sogenannten Rückzieher, zieht der Mann den Penis vor dem Samenerguss – also unmittelbar vor dem Orgasmus – aus der Scheide. Der Lusttropfen gelangt dabei natürlich sehr wohl in die Scheide, und außerdem gelingt es einem Mann nicht immer, den Erguss tatsächlich außerhalb der Scheide – und weit genug vom Scheideneingang entfernt – stattfinden zu lassen. Das ist also eher ein Lotteriespiel als eine Verhütungsmethode!

Wenn Jugendliche im Biologieunterricht gut aufgepasst haben und zu den wenigen gehören, die wissen, wann der Eisprung stattfindet, dann führt das manchmal zu der gefährlichen **Kalendermethode** (Pearl-Index 9): Wenn ich weiß, wann der Eisprung ist und wie lange die Eizelle befruchtungsfähig ist, weiß ich auch, wann eine Befruchtung nicht möglich ist. Da bei der Kalendermethode nicht berücksichtigt wird, dass der weibliche Zyklus Schwankungen unterliegt und sich der Zeitpunkt des Eisprungs kräftig verschieben kann, ist diese schematische Methode sehr unsicher.

Unter **Petting** versteht man sexuelle Berührungen ohne Penetration (Eindringen des Penis in eine Körperöffnung der Frau). Aber auch beim Petting kann immer dann eine Schwangerschaft entstehen, wenn Samenflüssigkeit (Lusttropfen oder Ejakulat) in die Scheide oder an den Scheideneingang gelangt: durch Hände, durch einen Samenerguss zwischen den Beinen oder an einer Stelle, von der aus Ejakulat zur Scheide rinnen kann (beispielsweise nach Analverkehr), durch das Sitzen auf samenfeuchter Bettwäsche, durch einen Erguss auf die Unter-

info

Natürliche Verhütung

Mit etwas Disziplin und einem Fieberthermometer (zwei Stellen hinter dem Komma) kann ein Mädchen herausfinden, wann der Eisprung war. Dafür misst man täglich sofort nach dem Aufwachen, immer zur gleichen Zeit und an derselben Körperstelle (in Mund, Po oder Scheide) die Temperatur. Man beginnt damit am ersten Tag der Regelblutung. Die Werte werden in eine Tabelle eingetragen (siehe Abbildung unten) und dann zu einer Kurve verbunden. Diese macht ein bis zwei Tage nach dem Eisprung einen Hüpfer nach oben, denn nach dem Eisprung steigt die Temperatur um drei bis fünf Zehntel Grad an. Da das Ei nur 12 Stunden nach dem Eisprung befruchtet werden kann und sich drei Tage nach dem Temperaturanstieg spurlos aufgelöst hat, beginnt dann die unfruchtbare Zeit. Frauen mit einem regelmäßigen Zyklus können die Kurve, kombiniert mit der Kontrolle der Schleimbeschaffenheit am Scheideneingang, zur Verhütung nutzen.

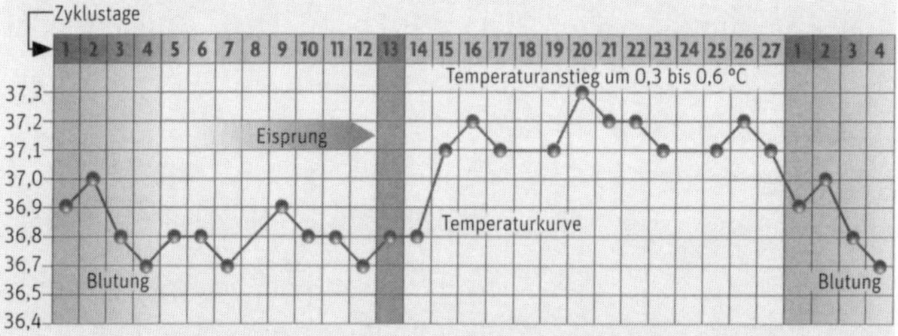

Abbildung 5.3: **Temperaturkurve für die natürliche Verhütung**

hose und Durchfeuchtungen zur Scheide. Samen sind Überlebenskünstler, aber nur, solange sie feucht sind. Und: Auch eine Jungfrau könnte schwanger werden, denn das Jungfernhäutchen ist kein Verschluss! All das ist nicht sonderlich wahrscheinlich, aber möglich.

Im Notfall: Die »Pille danach«

Hinter dem Begriff »Pille danach« verbergen sich Notfallmedikamente, die nicht zu den eigentlichen Verhütungsmitteln gehören. Aber wenn alle Stricke reißen und es zu einem Geschlechtsverkehr ohne Verhütung gekommen ist oder wenn das Kondom abgerutscht oder gerissen ist, dann ist die »Pille danach« eine Art Notbremse.

Die »Pille danach« (Postkoitalverhütung) wirkt auf mehrfache Weise: In der ersten Zyklusphase verhindert sie mit großer Wahrscheinlichkeit den Eisprung. Durch Verdickung des Zervixschleims hindert sie zudem Spermien daran, in Gebärmutter und Eileiter zu gelangen. In diesen Fällen wirkt sie wie ein normales Verhütungsmittel. Hat zum Zeitpunkt der Tabletteneinnahme bereits ein Eisprung stattgefunden, ist eine Befruchtung möglich, aber die »Pille danach« kann dann die Einnistung des Keimlings verhindern. Wegen dieser letzten Wirkung wird die »Pille danach« zum Teil moralisch kritisch bewertet. Rechtlich gesehen, ist sie jedoch kein Abtreibungsmittel, da man juristisch erst von einer Schwangerschaft spricht, wenn sich eine befruchtete Eizelle in der Gebärmutterschleimhaut eingenistet hat.

Die älteren Präparate müssen innerhalb von 72 Stunden nach dem Geschlechtsverkehr eingenommen werden, wirken fast sicher aber nur bei Einnahme innerhalb der ersten 24 Stunden. Ein seit 2009 erhältliches Präparat soll jedoch sogar bei Einnahme bis zu fünf Tagen nach dem Geschlechtsverkehr sicher wirken. Diese Zahlen sollte Ihre Tochter kennen, damit sie gegebenenfalls schnell reagieren kann.

Die »Pille danach« beinhaltet hoch dosiertes Gestagen und hat bisweilen Nebenwirkungen, meistens Übelkeit und Kopfschmerzen, manchmal Schmierblutungen, selten Erbrechen. Für den Rest des Zyklus bietet sie keine Verhütung!

Wie kommt man an die »Pille danach«?

In Deutschland wird die »Pille danach« seltener angewandt als in anderen Ländern, weil sie bei uns rezeptpflichtig ist. Es muss also erst ein Arzt, Notarzt oder Krankenhaus aufgesucht werden. In vielen anderen Ländern ist die »Pille danach« rezeptfrei zu bekommen. In manchen Ländern (etwa in England) wird sie sogar an Schulen verteilt. Dennoch hat England die höchste Rate an Teenagerschwangerschaften in Europa. Die Notbremse in der Schublade zu haben, scheint also eher einen lockeren Umgang mit Verhütung nahezulegen. So locker, dass auch die »Pille danach« nicht zuverlässig zum Einsatz kommt. Das zeigt, Aufklärung und Anleitung zu verantwortlichem Umgang mit Sexualität sind für junge Leute wichtiger als die »Pille danach« vorrätig zu haben.

Ungeplante Schwangerschaft

Es wäre gut, wenn ein junges Paar, das Sex haben möchte, nicht nur über Verhütung reden würde, sondern auch darüber, was wäre, wenn sie versagen sollte. Zwar ist das Risiko, bei guter Verhütung schwanger zu werden, nicht groß. Es ist aber nicht gleich null.

Wird ein Mädchen ungeplant schwanger, dann steht sie – wenn nicht von vornherein klar ist, dass sie das Kind bekommen will – vor einer Frage, die nicht nur sie selbst betrifft, sondern auch den Embryo und dessen Lebensrecht. Und deshalb geht ein Schwangerschaftskonflikt mit ethischen, mit moralischen Fragen einher, die ich hier nicht bewerten kann.

Ob Ihre Tochter und ihr Freund sich über dieses Thema unterhalten, ist allein deren Sache. Aber Sie sollten entscheiden, ob und wann Sie mit Ihrer Tochter darüber reden. Wie würden Sie

» DAS MUTTER-TOCHTER-GESPRÄCH «

»Deine Tage können am Anfang noch unregelmäßig sein. Wenn die letzte Blutung länger als drei Monate her ist, dann sag mir aber bitte Bescheid, damit wir dann besprechen, ob alles in Ordnung ist. Es sei denn, da wäre was Richtung Sex. Dann sollte man natürlich sofort reagieren, wenn die Tage nicht nach einem Monat kommen. Und dann wäre es am besten, du würdest mir das sofort sagen.«

empfinden und reagieren, wenn Ihre Tochter schwanger würde? Es würde Ihre Tochter stärken, wenn Sie ihr sagen: »Ich wünsche dir sehr, dass du nicht ungewollt schwanger wirst, denn das ist eine überaus belastende Situation, aber *solltest* du schwanger werden, kannst du jederzeit mit meiner Unterstützung rechnen, so oder so. Du könntest es mir ohne Angst sagen.«

Solche Ermutigungen sind zum einen wichtig, damit sich ein schwangeres Mädchen nicht zu lange allein mit ihren Ängsten herumplagen muss, zum anderen aber auch deshalb, weil sehr junge Schwangere häufig den Kopf in den Sand stecken, sich mit der Vorstellung zu beruhigen versuchen, das Ausbleiben der Regel habe wohl etwas mit Zyklusunregelmäßigkeiten zu tun.

Auf jeden Fall sollte Ihre Tochter wissen, wie eine Schwangerschaft festzustellen ist:

- Das Ausbleiben der Regel ist meistens das erste Zeichen.
- Eines der Schwangerschaftshormone, das HCG (Humanes Chorion-Gonadotropin), kann mit Teststäbchen im Urin nachgewiesen werden. Das ist der Schwangerschaftstest. Er ist – bei regelmäßigem Zyklus – zuverlässig aussagekräftig ab dem Tag, an dem die Regel nicht wie erwartet eingetreten ist.

Auch aufgeklärte Mädchen werden schwanger

Ich erlebe immer wieder, dass Mädchen zunächst abfällig, ja, verächtlich über Mitschülerinnen sprechen, die schwanger geworden sind. »Ist die blöd, sich ein Balg andrehen zu lassen!«, war kürzlich die einhellige Meinung in der 9. Klasse einer Realschule über eine schwangere Mitschülerin aus der Parallelklasse.

In fast jeder größeren Schule sind immer ein oder zwei Mädchen schwanger (auf eine Geburt kommt bei Jugendlichen ungefähr ein Abbruch). Damit sehe ich in der Praxis die statistischen Angaben der BZgA aus dem Jahr 2006 bestätigt, denen zufolge an Gymnasien 3 von 1000 und an Hauptschulen 15 von 1000 minderjährigen Mädchen jährlich schwanger werden.

Als ich in der eben erwähnten Klasse dann mit den Mädchen darüber sprach, was bei der Verhütung alles schieflaufen kann, änderte sich deren Meinung: »So blöd muss man ja gar nicht sein, damit das passiert«, sagte eine. Eine andere: »O Mann, ich hätte auch schwanger werden können. Ich hab echt Glück gehabt.«

Je besser ein Mädchen aufgeklärt ist, je wohler sie sich in ihrer Liebesbeziehung und im Elternhaus fühlt, je klarer Schul- und Berufsziele als vielversprechende Herausforderungen vor ihr liegen, desto unwahrscheinlicher ist es, dass sie aus Mangel an Information (beispielsweise beim Petting) oder aus unbewussten Wünschen heraus schwanger wird.

Die Wirkung von Alkohol

Als Grund dafür, nicht verhütet zu haben, nennen Mädchen an zweiter Stelle (nach »es kam zu spontan«) Einfluss von Alkohol und Drogen. Sprechen Sie mit Ihrer Tochter über die Wirkung der Droge Nummer eins bei Jugendlichen, über die Wirkung von Alkohol. Das bekömmliche Maß ist entscheidend. Und das ist leider für Frauen viel geringer als für Männer (erst recht, wenn das Wachstum noch nicht abgeschlossen ist), nämlich maximal 10 Gramm Alkohol täglich, das ist etwa ein halbes Glas Wein.

Es gibt Eltern, die ihren Kindern Gelegenheit geben, ihre ersten Erfahrungen mit der Wirkung von Alkohol zu Hause zu machen; sie bieten ihnen, wenn sie 14 Jahre alt sind, ein Glas Wein oder Sekt an oder ein Bier. Die Jugendlichen empfinden es als Auszeichnung, zum Kreis der »Großen« zu zählen. Vor allem aber erlaubt es ihnen, im geschützten Rahmen zu erleben, wie man sich nach Alkoholgenuss fühlt. Ein Gespräch am nächsten oder übernächsten Tag kann dann helfen, diese Erfahrung bewusst zu machen.

DAS MUTTER-TOCHTER-GESPRÄCH

»Alkohol vermindert die Reaktionsfähigkeit und die Selbstkontrolle. Deshalb ist es lebensgefährlich, alkoholisiert Auto zu fahren, natürlich auch für die Mitfahrenden! Alkohol verändert Stimmung und Verhalten. Manche Menschen werden aggressiv, andere sentimental oder traurig. Wenn Alkohol im Spiel ist, gilt es, doppelt wachsam zu sein: Zum einen muss ein Mädchen damit rechnen, dass ein Junge sich weniger gut im Griff hat und auch von einem Mädchen weniger leicht in seine Schranken zu verweisen ist. Zum anderen musst du damit rechnen, dass du selbst dich auch weniger im Griff haben könntest, wenn du zu viel trinkst. Eine andere große Gefahr könnte sein, dass man seine guten Vorsätze in Sachen Sex über Bord wirft und womöglich ungeschützten Geschlechtsverkehr hat.«

Schwangerschaft als unbewusster Rettungsanker

Wie oft unbewusste Wünsche zu einer verfrühten Schwangerschaft führen, ist nicht genau bekannt. Bekannt ist aber sehr wohl, dass es solche unbewussten Wünsche gibt: Dann werden Minderjährige schwanger, um den Freund an sich zu binden, um ihren Wert und ihre Fähigkeit unter Beweis zu stellen, um sich als erwachsen zu erweisen, um Schul- und Ausbildungsproblemen zu entgehen und – vor allem – um geliebt zu werden. Wenn nicht von ihren Eltern, ihrem Freund, dann vom »eigenen« Kind. In solchen Fällen geht es um den Wunsch nach Liebe, Geborgenheit und Lebenssinn.

Die Tochter muss entscheiden, nicht die Eltern

Je jünger die Schwangere ist, desto verständlicher ist es, dass die Mutter, die Eltern ihre eigene Betroffenheit sehen. Sie sehen neue Verpflichtungen für sich selbst. Und sie wissen, welche Schwierigkeiten in Schule, Ausbildung oder Studium auf ihre Tochter mit einem Kind zukommen würden. Vielleicht wächst neben den Sorgen aber auch bald die Vorfreude auf ein Baby in der Familie, ein Enkelkind. Eltern sollten alle ihre Argumente, die natürlich viel mit ihren ethischen oder religiösen Überzeugungen zu tun haben, aber natürlich auch alle Argumente der Tochter verantwortungs- und liebevoll diskutieren und Unterstützung zusagen. Dabei können Sie sich an den Vorgaben der gesetzlichen Schwangerschaftskonfliktberatung orientieren, die auch den Embryo nicht außer Acht lässt (siehe Seite 259). In dieser Situation ist das Ziel: Die Tochter muss zu einer eigenen Entscheidung gelangen, denn sie muss dauerhaft die Konsequenzen tragen. Einfache Sätze, wie »Abtreibung kommt nicht in Frage« oder: »Du musst abtreiben!«, helfen nicht und gehen über die Gefühle der jungen Frau hinweg. Wenn sie mit so kategorischen Haltungen rechnen muss, vertraut sie sich ihren Eltern womöglich gar nicht an oder erst, wenn es nicht mehr anders geht.

»Mit 16 wurde ich schwanger. Mein Freund sagte: Du musst das entscheiden. Meine Mutter weinte immerzu. Meine Tante wollte, dass ich abtreibe. Niemand hat mir wirklich geholfen. Ich bin glücklich, dass ich meine Tochter bekommen habe. Und über meinen Enkel! Mit 39 wurde ich Großmutter.«

Hildegard, 43 Jahre

Wann ist die Zustimmung der Eltern nötig?

Das Gesetz geht davon aus, dass keine Zustimmung der Eltern nötig ist, wenn die Minderjährige »nach ihrem Reifegrad in der Lage ist, die Bedeutung eines Schwangerschaftsabbruchs und dessen Tragweite für ihr Leben zu erkennen«. Arzt oder Ärztin muss sich von der Reife der Patientin ein Bild machen und deren Einwilligungsfähigkeit bestätigen. Und die ist auch von der Bedeutung möglicher Maßnahmen abhängig. **Dasselbe Mädchen kann für eine Pillenverordnung einwilligungsfähig sein, nicht aber für das Verlangen nach einem Schwangerschaftsabbruch.** Arzt oder Ärztin muss jeden Einzelfall gründlich prüfen. Altersgrenzen für die Einwilligungsfähigkeit nennt das Gesetz nicht, aber durch die Rechtsprechung haben sich Altersstufen dafür abgezeichnet:

- Bei Mädchen unter 14 Jahren wird normalerweise die Einwilligung der gesetzlichen Vertreter, also im Allgemeinen der Eltern, für nötig gehalten.
- Bei Mädchen zwischen 14 und 16 Jahren geht man davon aus, dass ihre Einwilligungsfähigkeit nur »im Einzelfall« gegeben sein kann, die Eltern also üblicherweise zustimmen müssen.
- Jungen Frauen ab dem 16. Lebensjahr wird zugetraut, über einen Schwangerschaftsabbruch normalerweise ohne Einwilligung ihrer gesetzlichen Vertreter entscheiden zu können.

Was geschieht, wenn sich die Beteiligten nicht einig sind?

- Solange keine Einwilligungsfähigkeit der Tochter gegeben ist, darf ohne Zustimmung der Eltern kein Schwangerschaftsabbruch vorgenommen werden.
- Wenn die Eltern *für* einen Schwangerschaftsabbruch plädieren, ist der Eingriff normalerweise nicht ohne die Zustimmung der Tochter möglich. Mit zunehmendem Alter zählt ihre Meinung, ihr Wille immer mehr. Unabhängig von ihrer Einwilligungsfähigkeit hat das Mädchen ein Vetorecht: Sie kann Nein sagen, und das gilt. Manche Eltern versuchen in so einem Fall, eine medizinische Indikation zu erwirken, oder setzen die Tochter so unter Druck, dass sie dem Abbruch schließlich zustimmt. Das ist ein schwerer Eingriff in das Persönlichkeitsrecht und kann das Eltern-Tochter-Verhältnis ein Leben lang belasten.
- Der Vater des Kindes hat kein Recht auf Einflussnahme.

info

Die Rechtslage bei einem Schwangerschaftsabbruch

Wenn ein Mädchen unter 14 Jahren schwanger wird, ist das eine besondere Situation, da Geschlechtsverkehr mit unter 14-Jährigen ja gesetzlich verboten ist.

Wenn derjenige, der das Mädchen geschwängert hat, 14 oder älter war, liegt juristisch ein Sexualdelikt vor und damit gibt es eine kriminologische Indikation für einen straffreien Schwangerschaftsabbruch.

Eine andere Indikation wäre die medizinische. Sie besagt, dass nur ein Abbruch die Frau vor schwerwiegenden körperlichen oder psychischen Gesundheitsgefahren bewahren könnte.

Sonst gilt: Schwangerschaftsabbrüche sind in den ersten zwölf Wochen nicht strafbar, wenn

- die Schwangere selbst dies will und
- sie mindestens drei Tage vor dem Eingriff durch eine anerkannte Beratungsstelle beraten wurde,
- der Abbruch von einem Arzt, einer Ärztin vorgenommen wird, der oder die nicht auch die Beratung vorgenommen hat.

Schwangerschaftsberatung

Der Besuch bei einer professionellen Beratungsstelle ist hilfreich für die Entscheidungsfindung Ihrer Tochter, und für den Fall, dass ein Abbruch gewünscht wird, gesetzlich vorgeschrieben. Alle staatlich anerkannten Beratungsstellen müssen die rechtlich vorgegebenen Themen ansprechen. Einige Aspekte sind dabei besonders wichtig. Deshalb zitiere ich hier das Gesetz wörtlich:

- »Die Beratungsregelung folgt der Erkenntnis, dass ungeborenes menschliches Leben in der Frühphase der Schwangerschaft nur mit der Frau und nicht gegen sie zu schützen ist.«
- »Die Schwangerschaftskonfliktberatung dient dem Schutz des ungeborenen Lebens. Sie hat sich von dem Bemühen leiten zu lassen, die Frau zur Fortsetzung der Schwangerschaft zu ermutigen und ihr Perspektiven für ein Leben mit dem Kind zu eröffnen. Sie soll ihr helfen, eine verantwortliche und gewissenhafte Entscheidung zu treffen – im Wissen darum, dass das Ungeborene in jedem Stadium der Schwangerschaft auch ihr gegenüber ein eigenes Recht auf Leben hat. Die Beratung ist ergebnisoffen zu führen und geht von der Verantwortung der Frau aus. Sie soll ermutigen und Verständnis wecken, nicht belehren oder bevormunden.«

Die Frau wird auch über alle finanziellen und sozialen Hilfen informiert, die ihr zustehen. Perspektiven für ein Leben mit dem Kind werden genauso erörtert wie ihre Erwägungen zu einem Abbruch.

Machen Sie Ihrer Tochter Mut, keine Vorwürfe. Sagen Sie ihr, dass jede Frau ungewollt schwanger werden kann und es für jede eine enorme Belastung ist, wenn sie dadurch in einen Konflikt gerät. Sagen Sie Ihrer Tochter, dass Sie bereit sind, sie zu einer Beratung zu begleiten. Aufdrängen sollten Sie sich jedoch nicht.

Die Folgen eines Schwangerschaftsabbruchs

Medizinisch gesehen, birgt ein Abbruch keine großen unmittelbaren Risiken. Allerdings hat eine Studie mehrerer deutscher Universitäten mit mehr als 2 Millionen Schwangeren in den Jahren 1995 bis 2000 ergeben, dass sich das Risiko einer Frühgeburt bei einer späteren Schwangerschaft nach einem Schwangerschaftsabbruch von 7,6 auf 8,7 Prozent, nach zwei oder mehr Abbrüchen auf 10,1 Prozent erhöht.

Sehr unterschiedlich sind die Untersuchungsergebnisse auf psychische Reaktionen. Es gibt Studien, die bei Frauen nach dem Abbruch einer ungewollten Schwangerschaft weniger psychische Probleme feststellten als bei Frauen, die eine solche Schwangerschaft austrugen. Eine neuseeländische Studie hingegen fand, dass 38 von 90 Frauen unter 25, die einen Abbruch hinter sich hatten, an schweren Depressionen erkrankten.

Je eindeutiger eine Frau sich für die Austragung der Schwangerschaft oder deren Abbruch entscheidet, desto besser dürfte sie das psychisch verarbeiten. Aber auch eindeutige Entscheidungen können vielschichtige Gefühle zur Folge haben. Frauen empfinden nach einem Schwangerschaftsabbruch häufig Trauer, auch jene, die klar zu ihrer Entscheidung stehen können und erleichtert sind.

Gerade eine sehr junge Frau braucht jemanden, dem sie ihre Gefühle anvertrauen kann, der mit Verständnis und frageloser Zuneigung an ihrer Seite ist. Oft ist das nicht der Freund, sondern die Mutter.

»Als ich mit 15 schwanger geworden war, habe ich mich einer Lehrerin anvertraut. Die hat mir bei allem beigestanden, bei den Gesprächen mit meiner Mutter und in der Beratungsstelle. Sie hat mich auch nach dem Abbruch unterstützt. Ohne sie hätte ich das alles nicht geschafft.«

Jessica, 26 Jahre

Fragen und Antworten zur Verhütung

Frage: Wirkt die Pille noch, wenn ich Alkohol trinke?

Dr. Schoonbrood: Ja. Es sei denn, du musst innerhalb von vier Stunden nach der Pilleneinnahme erbrechen oder bekommst innerhalb von sechs Stunden nach der Pilleneinnahme Durchfall.

Ich habe mich von meinem Freund getrennt und weiß deshalb gar nicht, wann ich wieder Sex haben werde. Soll ich die Pille trotzdem weiternehmen?

Das solltest du in Ruhe mit deiner Ärztin oder deinem Arzt besprechen und abwägen. Dabei wird dann auch berücksichtigt werden, ob es neben der Verhütung noch andere Gründe für die Pilleneinnahme gab, Hautprobleme oder starke Menstruationsbeschwerden. Wenn du die Pille weiternimmst, muss sich dein Körper nicht immer wieder erneut hormonell umstellen. Aber vielleicht passt es ja auch nicht zu deinen Gefühlen, die Pille zu nehmen, obwohl du keinen Freund hast.

Meine Mutter will, dass ich die Pille nehme, warum denn?

Weil du jetzt geschlechtsreif geworden bist, deine Tage bekommen hast, könntest du schwanger werden, wenn du mit einem Jungen Geschlechtsverkehr hättest. Davor hat deine Mutter wahrscheinlich Angst. Du kannst ihr sagen: Die Pille braucht ein Mädchen erst dann zu nehmen, wenn sie bald Sex haben will. Ich will aber noch keinen Sex haben, und deshalb brauche ich auch die Pille noch nicht.

Wenn man beim Petting die Unterhose anbehält, kann man dann schwanger werden?

Ob mit oder ohne Kleidung – wann immer Samenflüssigkeit an oder in die Scheide gelangt, beispielsweise durch die Finger, könnte eventuell eine Schwangerschaft entstehen. Wenn dein Freund eine Erektion hat, kann der sogenannte Lusttropfen aus dem Penis kommen, ein wenig Flüssigkeit, in der schon männliche Samen sind. Wenn er davon oder von der Samenflüssigkeit nach einem Samenerguss etwas an seiner Hand hat und berührt dann damit deine Scheide, dann schützt dich auch deine Unterhose nicht. Wenn ein Paar nicht immerzu aufpassen möchte beim Petting, sollte es sich auch dabei schützen, zum Beispiel durch ein Kondom.

Warum gibt es Kondome, die nach Erdbeeren schmecken?

Weil sie dann auch nach Erdbeeren riechen. Andere Kondome riechen manchmal etwas nach Gummi. Das stört womöglich.

Schützen Tampons beim Petting vor einer Schwangerschaft?

Ein kleines bisschen vielleicht. Aber darauf würde ich mich auf keinen Fall verlassen. Wenn du den Tampon wechselst und dabei Samenflüssigkeit in deine Scheide kommt, dann reicht eventuell auch die kleinste Menge schon für eine Befruchtung.

Während der Menstruation kann man doch gar nicht schwanger werden, das Ei wird doch dann ausgespült?!

Bei Sex während der ersten fünf oder sechs Tage des Zyklus entsteht meistens keine Schwangerschaft. Aber es gibt Schwangerschaften, die doch in dieser Zeit entstanden sind. Wenn der Zyklus manchmal besonders kurz ist, dann kann der Eisprung schon so wenige Tage nach der Blutung stattfinden, dass dann noch befruchtungsfähiger Samen vom letzten Sex vorhanden ist. Die männlichen Samen können nämlich bis zu eine Woche lang im Körper der Frau auf ein reifes Ei warten. Zwischen zwei Pillenpackungen ist man aber auch während der Blutung vor Schwangerschaft geschützt.

Ist es sicherer, wenn man zwei Kondome übereinanderzieht?

Nein. Im Gegenteil. Dadurch, dass sich die Kondome aneinander reiben, können sie beschädigt werden und reißen viel leichter ein. Besonders sicher ist es, wenn das Mädchen zusätzlich die Pille nimmt.

Wie lange darf man die Pille nehmen, wenn man später mal Kinder haben will?

Die Pille macht nicht unfruchtbar, auch wenn man sie etliche Jahre lang nimmt.

6. Gesundheitsvorsorge für Mädchen

Teenager können viel dafür tun, um sich wohlzufühlen und gesund zu bleiben. Hier erfahren Sie alles, was Mädchen über den ersten Frauenarztbesuch wissen sollten. Und Sie erhalten Informationen zum Schutz vor sexuell übertragbaren Krankheiten, zu Impfungen und Hygiene.

»Gehören Schmerzen zu den Tagen dazu?«

Vorbeugung, Vorsorge und Hygiene

In der Pubertät finden zwar gravierende körperliche Veränderungen statt, aber zum Arzt gehen Mütter mit ihren Töchtern eher seltener als zuvor, denn Krankheiten treten in dieser Lebensphase glücklicherweise kaum auf. Umso wichtiger ist es, das Angebot zur Jugenduntersuchung J1 beim Kinder- und Jugendarzt wahrzunehmen, am besten, wenn Ihre Tochter 13 Jahre alt ist.

Vom Kinderarzt zum Frauenarzt

Die J1 ist der letzte von zehn vorgesehenen Gesundheitschecks für Kinder. Die gesetzlichen Krankenkassen tragen die Kosten dieser Vorsorgeuntersuchung für 12- bis 14-Jährige. Sie ist auch deshalb empfehlenswert, weil Kinderärzte und -ärztinnen die Jungen und Mädchen meist seit langer Zeit kennen und deren Entwicklung daher besonders gut einschätzen können. Besprechen Sie mit Ihrer Tochter, ob sie diesen Arztbesuch allein machen möchte. So oder so: Wenn Sie etwas beunruhigt, sollten Sie das den Arzt wissen lassen. Sie können ihn auch anrufen.

Bei der J1 werden Größe und Gewicht festgestellt sowie Blut und Harn untersucht, der körperliche Entwicklungsstand, der Zustand der inneren Organe und die Funktion der Sinnesorgane überprüft. Gegebenenfalls können Fehlhaltungen, die manchmal während der pubertären Wachstumsschübe entstehen, sowie chronische Krankheiten frühzeitig erkannt und entsprechend behandelt werden. Auch auf typische Pubertätsprobleme wird eingegangen: eventuelle Hautprobleme, Essstörungen, Auffälligkeiten im Zusammenhang mit dem Sozialverhalten sowie Suchtgefährdungen.

Nehmen Sie zu dieser Untersuchung den Impfausweis Ihrer Tochter mit. Denn bei der J1 wird auch die Vollständigkeit der Impfungen überprüft. Fast immer sind dort Lücken zu schließen.

Warum Impfungen wichtig sind

Dank guten Impfschutzes ist die Kindersterblichkeit im letzten Jahrhundert drastisch zurückgegangen. Etliche Krankheiten sind eine Zeit lang nur noch so selten aufgetreten, dass manche sich vor ihnen schon völlig sicher wähnten und eine gewisse Impfmüdigkeit einsetzte. Dadurch sind die Risiken wieder gestiegen: Die Masernepidemie unter ungeimpften Kindern in Nordrhein-Westfalen im Jahr 2006 mit Hunderten schwer Erkrankten, bleibenden Hirnschäden und Todesfällen hat das vor Augen geführt.

Sicher hat Ihre Tochter in ihrer frühen Kindheit die empfohlenen Impfungen erhalten (siehe Info Seite 270). In der Pubertät sind einige meist letzte Auffrischungen erforderlich. Sollten Ihnen Impfungen »durchgegangen« und Ihre Tochter bisher gesund geblieben sein, ist nichts verpasst! Allerdings sollten Sie spätestens jetzt alle fehlenden Impfungen nachholen lassen.

info

Empfohlene Impfungen

Die Ständige Impfkommission (STIKO) der Bundesrepublik Deutschland empfiehlt für Kinder und Jugendliche Impfungen gegen

- Diphtherie
- Hepatitis B (infektiöse Leberentzündung, evtl. mit Gelbsucht)
- Hib (Hämophilus influenzae Typ B, führt unter anderem zu Hirnhautentzündung)
- Keuchhusten (Pertussis)
- Wundstarrkrampf (Tetanus)
- Kinderlähmung (Poliomyelitis)
- Masern
- Mumps
- Röteln
- Windpocken
- Pneumokokken
- Meningokokken
- Humane Papillomviren (können zu Genitalwarzen und Gebärmutterhalskrebs führen)

Impfungen in der Pubertät

Die Ständige Impfkommission (STIKO) empfiehlt im Alter von

9 bis 17 Jahren Auffrischungsimpfungen gegen Diphtherie, Keuchhusten, Wundstarrkrampf und Kinderlähmung sowie eine Grundimmunisierung gegen Hepatitis B, wenn sie nicht schon zuvor erfolgt ist. Weiter wird überprüft, ob schon zweimal gegen Masern, Mumps und Röteln geimpft wurde. Seit 2007 empfiehlt die Impfkommission zudem für *alle* Mädchen zwischen 12 und 17 Jahren eine Impfung gegen humane Papillomviren. Im Rahmen dieser Empfehlungen sind Impfungen kostenlos.

Zum Beispiel Röteln

Röteln sind eine an sich harmlose Krankheit, sowohl für Kinder als auch für Erwachsene: ein bisschen Ausschlag, ein paar geschwollene Lymphknoten im Kopf- und Halsbereich, Fieber – schlimmere Symptome gibt es meistens nicht. Steckt sich jedoch eine in den ersten Monaten schwangere Frau irgendwo – oft sogar ganz unbemerkt – an, ist die Gefahr groß, dass die Entwicklung ihres Babys beeinträchtigt wird. Fehlgeburten sind möglich oder Fehlbildungen der Augen (Blindheit), Ohren (Taubheit), von Herz oder Gehirn. Und das nur aufgrund einer versäumten Impfung!

Die Impfung gegen Röteln beziehungsweise die Überprüfung des Impfschutzes bietet Ihnen eine gute Gelegenheit, über die weibliche Fähigkeit, Kinder zu bekommen, zu sprechen. Das Gleiche gilt für weitere Schutzimpfungen, die etwas mit dem Erwachsenwerden und mit Sexualität zu tun haben: Die Impfungen gegen Hepatitis B, Genitalwarzen und Gebärmutterhalskrebs (siehe Seite 290) schützen ja vor Krankheitserregern, die beim Küssen (Hepatitis B) und durch Geschlechtsverkehr (Hepatitis B und HP-Viren) übertragen werden.

Zum ersten Mal bei der Frauenärztin

»Wann muss ich da hin?« oder »Was passiert da?«, fragen mich Mädchen oft beklommen. Sie haben gehört, jedes Mädchen müsse irgendwann zum Frauenarzt, zur Frauenärztin, und jede sieht sofort den gynäkologischen Stuhl vor sich. Alle haben Angst, selbst auf so ein Ungetüm steigen zu müssen.

»Beim ersten Besuch ist eine Untersuchung auf dem Stuhl oft noch gar nicht nötig« – diese Auskunft beruhigt.

In der Frauenheilkunde wurde zunehmend erkannt, dass man jungen Mädchen auf besondere Weise begegnen muss. Es gibt Fortbildungen und Initiativen für spezielle Mädchensprechstunden. Deshalb ist die Chance für ein junges Mädchen gewachsen, auf jemanden zu treffen, der ihr einfühlsam begegnet.

Sollten Sie selbst schlechte Erfahrungen bei Ihrem ersten Frauenarztbesuch gemacht haben, wird es Ihnen besonders wichtig sein, Ihre Tochter darin zu bestärken, sich selbstbewusst zu verhalten. Aber *alle* Mädchen können eine solche Ermutigung gut gebrauchen – und natürlich Informationen.

Arzt oder Ärztin? Begleitet oder allein?

»Wie finde ich einen guten Frauenarzt?«, »Ist eine Ärztin oder ein Arzt besser?«, »Erzählt sie meiner Mutter etwas weiter?« –

DAS MUTTER-TOCHTER-GESPRÄCH

»Der Frauenarztbesuch beginnt immer mit einem Gespräch. Du kommst rein, sitzt Arzt oder Ärztin angezogen gegenüber, und es wird darüber gesprochen, warum du gekommen bist. Beim ersten Besuch geht es immer auch darum, ob du die Ärztin oder den Arzt vertrauenswürdig findest. Gefällt dir, was sie sagt, wie sie mit dir spricht? Du kannst auch sagen: ›Ich bin gekommen, um Sie kennenzulernen. Fragen habe ich im Moment eigentlich nicht, ich wollte nur mal sehen, wohin ich mich wenden kann, wenn es irgendwann nötig ist.‹

Du kannst immer und zu jedem Zeitpunkt sagen: ›Nein, ich möchte nicht mehr. Ich gehe wieder.‹ Auch wenn man auf dem Stuhl liegt und sich plötzlich unwohl fühlt, kann man sagen: ›Ich habe es mir anders überlegt, ich möchte jetzt doch nicht.‹ Du hast in jedem Moment jede Freiheit. Du bist diejenige, die über deinen Körper bestimmt. Dieses Recht hat jede Frau, auch ein junges Mädchen.«

das sind häufige Fragen vor dem ersten Frauenarztbesuch. Viele Mädchen sagen, sie möchten lieber zu einer Frauenärztin gehen. Manche möchte auf keinen Fall, manche gerade zum gleichen Arzt gehen wie die Mutter. So oder so: Wichtig ist, dass auf die speziellen Bedürfnisse eines jungen Mädchens eingegangen wird. Im Freundinnenkreis kann man nach guten Erfahrungen fragen oder im Internet beispielsweise unter dem Stichwort

»Mädchensprechstunde« recherchieren. In Großstädten hat man Auswahl; auf dem Land gibt es oft nur wenige gynäkologische Praxen. Aber auch dann gilt: Bevor sich ein Mädchen bei einem Arzt, einer Ärztin nicht gut aufgehoben fühlt, ist ein weiterer Weg besser als unnötiges Unbehagen.

Wenn Ihre Tochter es wünscht, können Sie sie begleiten. Aufdrängen sollten Sie sich aber nicht. Sollten Sie mitgehen, bleiben Sie auf jeden Fall im Wartezimmer, es sei denn, Ihre Tochter bittet Sie ausdrücklich mit ins Sprechzimmer. Es ist eigentlich immer unpassend, wenn die Mutter bei der gynäkologischen Untersuchung dabei ist. Eine Mutter sollte umgekehrt auch auf keinen Fall ihre Tochter zu ihrer eigenen frauenärztlichen Untersuchung mitnehmen. Ich höre von Mädchen, dass sie es als sehr unangenehm empfunden haben, bei einer Untersuchung der Mutter dabei zu sein.

Ärztliche Schweigepflicht

Akzeptieren Sie die Selbstständigkeit Ihrer Tochter! Wenn sie zum Frauenarzt geht, muss sie Ihnen nichts darüber erzählen. Und auch im Hinblick auf ganz junge Patientinnen besteht Schweigepflicht. Das ist eine wichtige Information für Ihre Tochter. Ob ein Mädchen schon Geschlechtsverkehr hatte oder nicht, ob sie nach der Pille fragt, selbst wenn sie sich über einen Schwangerschaftsabbruch beraten lässt – alles fällt unter die ärztliche Schweigepflicht. Arzt oder Ärztin dürfen mit den Eltern der Patientin normalerweise nur sprechen, wenn diese das ausdrücklich gestattet. Es gibt Ausnahmen davon. Die sind abhängig von der Tragweite der Diagnose, dem Alter der Patientin und

info

Beschwerden, die eine gynäkologische Untersuchung nötig machen

- Keine Menstruation bis zum 16. Geburtstag.
- Sich stetig verlängernde unregelmäßige Zyklen.
- Beunruhigend zunehmende Körperbehaarung.
- Schmerzen und Brennen beim Wasserlassen, verstärkter Harndrang.
- Juckreiz im Genitalbereich oder in der Scheide.
- Übel riechender, gelblicher, grünlicher, ungewohnt verstärkter Ausfluss.
- Rötungen, Hautausschlag, weißliche Beläge, entzündete Stellen, Pickel, Warzen, Bläschen im Bereich von Vulva, Scheide, After.
- Ungewöhnliche vaginale Blutungen.
- Schmerzen im Genitalbereich oder im Unterleib.
- Starke Menstruationsbeschwerden.

ihrer Einwilligungsfähigkeit (siehe Seite 257). Von gravierenden Problemen würden Sie als Mutter also erfahren, jedenfalls solange Ihre Tochter unter 16 ist. **Für Mädchen ist es jedoch sehr wichtig zu wissen: Egal, um was es in der Frauenarztpraxis geht, wenn nichts Lebensbedrohendes vorliegt, wird meiner Mutter nichts ohne mein Wissen erzählt.**

Informationen vor dem ersten Frauenarztbesuch

Je besser Ihre Tochter informiert ist, desto weniger Angst wird sie haben. Erklären Sie ihr deshalb vorher möglichst genau, wie der normale Ablauf beim ersten Frauenarztbesuch ist:

Zunächst wird besprochen, warum eine Patientin gekommen ist, ob sie Beschwerden, ob sie Verhütungsfragen hat. Wenn es um Beschwerden geht, wird der Arzt, die Ärztin wahrscheinlich

DAS MUTTER-TOCHTER-GESPRÄCH

»Steht eine gynäkologische Untersuchung an, wird nur der Bereich entkleidet, der untersucht werden soll, also meist der Unterkörper. Man zieht sich nicht vor den Augen anderer aus, sondern in einer Kabine. Praktisch ist ein langes T-Shirt, das über den Po reicht. Dann fühlt man sich bei den Schritten von der Kabine zum Untersuchungsstuhl nicht so nackt. Ein weiterer Tipp ist: Socken tragen! Dann musst du nicht barfuß laufen. Das ist aus hygienischen Gründen empfehlenswert, und du bekommst keine kalten Füße. Sollte eine Brustuntersuchung nötig sein, dann würdest du erst wieder in die Kabine gehen, dich unten rum anziehen und deinen Oberkörper freimachen. Du bist also nie völlig ausgezogen. Außerdem ist bei männlichen Ärzten immer eine Frau bei der Untersuchung dabei: eine Helferin oder Schwester. Und du kannst von der ärztlichen Schweigepflicht ausgehen, das heißt, es wird nichts weitererzählt.«

eine Untersuchung vorschlagen. Ein junges Mädchen kann dann sagen: »Wenn's irgendwie geht, möchte ich nicht auf dem Stuhl untersucht werden.« Und gegebenenfalls sollte sie unbedingt hinzufügen: »Ich bin noch Jungfrau.« Dann kann der Arzt, die Ärztin sich auf all das einstellen. Manchmal reicht für die Beurteilung der inneren Organe eine Ultraschalluntersuchung, die bei jungen Mädchen meist durch die Bauchdecke gemacht wird. Sollte doch eine vaginale Untersuchung, also durch die Scheide, auf dem gynäkologischen Stuhl nötig sein, dann kann die Ärztin, der Arzt sie besonders ausführlich begründen und erklären. Manche Ärztinnen und Ärzte untersuchen eine junge Patientin beim ersten Besuch nicht auf dem Stuhl, sondern auf einer Untersuchungsliege. Die Untersuchungsmöglichkeiten sind dadurch aber eingeschränkt.

info

Die gynäkologische Untersuchung

Erzählen Sie Ihrer Tochter, was Sie aus Ihrer Erfahrung wissen, und nehmen Sie das Folgende als Anregung hinzu. Es berücksichtigt die häufigsten Fragen junger Mädchen.

So sollte sich Ihre Tochter vorbereiten

- Wenn man einen Termin verabredet, dann achtet man darauf, dass er nicht gerade in die Zeit der Regelblutung fällt. Wenn es noch Unregelmäßigkeiten im Zyklus gibt, ist das natürlich schwer abzuschätzen. Aber bei jungen Mädchen ist eine Untersuchung durch die Scheide nicht unbedingt sofort erforderlich, und deshalb wäre das kein großes Problem. Sonst kann ein neuer Termin ausgemacht werden.

- Vor dem Arztbesuch duscht man und wäscht sich dabei normal mit Seife oder Duschlotion. Ein Intimdeo ist nicht nötig. Man zieht frische Wäsche und Socken an.
- Für das Arztgespräch sollte Ihre Tochter wissen, wann sie das letzte Mal ihre Tage hatte und wie lange ihre Blutungen dauern. Wenn sie einen Zykluskalender geführt hat, sollte sie diesen auf jeden Fall mitnehmen und dem Arzt von sich aus zeigen.
- Es ist empfehlenswert, sich Fragen, Sorgen, Beschwerden vorher aufzuschreiben. In der aufregenden Situation des ersten Frauenarztbesuchs wird nämlich sonst oft das Wesentliche vergessen. Das handhaben viele Mädchen so, und deshalb sind Arzt oder Ärztin durchaus daran gewöhnt, dass solche Spickzettel benutzt werden.
- Wichtig ist, sich für die Untersuchung möglichst zu entspannen, zu denken: Ich bin freiwillig hergekommen, weil ich möchte, dass man mir hilft. So wie Hals-Nasen-Ohren-Ärzte jeden Tag in Hälse, Nasen und Ohren schauen, ist es für eine Frauenärztin, einen Frauenarzt alltäglich, Frauen gynäkologisch zu untersuchen. Und die Schleimhaut im Mund sieht nicht viel anders aus als die Schleimhaut in der Scheide.

- Für ein Mädchen ist es beklemmend, wenn sie sich entblößen und die Beine spreizen muss, aber für Arzt oder Ärztin ist das ganz normal. Peinlich müssen einem jungen Mädchen auch ihre Fragen nicht sein. Für die Ärztinnen und Ärzte gehören die Sorgen und Nöte junger Frauen zu ihrer täglichen Arbeit. Das gilt auch für Probleme beim Sex.

So verläuft die Untersuchung

- Die Untersuchung dauert etwa 5 Minuten, kann aber sogar noch schneller erledigt sein.
- Sie beginnt damit, dass der Arzt oder die Ärztin von außen beurteilt, ob alles in Ordnung ist. Ist die Behaarung normal (zum Beispiel kann ein eher männlicher Behaarungstyp für Hormonstörungen sprechen), gibt es wunde Stellen, gibt es Zeichen für eine Entzündung?
- Dann wird in die Scheide hinein (vaginal) untersucht. Dazu muss sie ein bisschen gespreizt werden, denn sonst ist es nicht möglich, bis zur Gebärmutter am oberen Ende der Scheide zu schauen. Dafür gibt es Instrumente: Spekula. Für die Untersuchung einer Jungfrau sind sie sehr fein und klein. Für die Untersuchung einer Frau, die schon Geschlechtsverkehr hatte, sind die Instrumente etwas breiter. Die Untersuchung tut normalerweise nicht weh.
- Die Scheide wird gut ausgeleuchtet. So kann der Arzt, die Ärztin bis zur Gebärmutter sehen und den Muttermund am unteren Ende der Gebärmutter begutachten. Dann ist

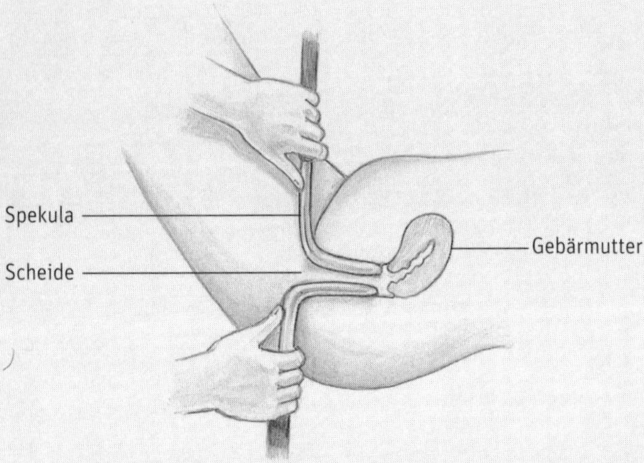

Abbildung 6.1: Während der gynäkologischen Untersuchung weitet der Arzt oder die Ärztin die Scheide mit Spekula, um bis an die Gebärmutter sehen zu können.

zu erkennen, ob beispielsweise Entzündungen vorliegen, Verletzungen oder Warzen.

- Vom Muttermund und aus dem Gebärmutterhalskanal kann ein Abstrich genommen werden. Mit einem dünnen Wattestäbchen, wie man sie in kürzerer Form aus dem Badezimmer kennt, werden von der Oberfläche des Muttermunds Zellen abgestrichen (das ist kaum zu spüren), auf ein Glasplättchen aufgetragen und unter einem Mikroskop untersucht. Mit solchen Abstrichen können Krankheiten von Scheide und Gebärmutter erkannt werden, beispielsweise Infektionen, und im Rahmen der jährlichen Krebsvorsorge bei Patientinnen ab 20, ob Zellveränderungen vorliegen. Für das erste Pillenrezept ist solch eine Untersuchung nicht zwingend nötig.

- Außerdem tastet der Arzt, die Ärztin nach Eierstöcken und Gebärmutter. Die Gebärmutter ist vom Bauch her nur mit einem Trick zu fühlen. Dazu wird die Ärztin sich Handschuhe anziehen, mit einem Finger in die Scheide hineingehen und die Gebärmutter etwas nach vorn schieben. Mit der anderen Hand tastet sie dann vom Unterbauch aus der Gebärmutter entgegen. So kann sie fühlen, ob die Gebärmutter normal geformt ist.
- In seltenen Fällen kann es sein, dass Ärztin oder Arzt mit einem behandschuhten Finger eine Untersuchung vom After her vornimmt (rektale Untersuchung), weil dann die hintere Seite der Gebärmutter noch etwas besser zu fühlen ist. Das wird bei jungen Mädchen aber nur in Ausnahmefällen gemacht.
- Eine Untersuchung, bei der der Intimbereich so betastet und beguckt wird, ist eine eigentümliche Sache. Wenn einem das Unbehagen verursacht, heißt das nicht, dass Arzt oder Ärztin etwas falsch macht, sondern das entspricht dem normalen Schamempfinden. Allerdings sollte es nicht schmerzhaft sein.
- Wenn eine Untersuchung wehtut, muss das Mädchen das auf jeden Fall sagen. Das könnte ein Hinweis auf eine Entzündung sein.

Menstruationsbeschwerden (Dysmenorrhö)

Ein häufiger Grund für einen Frauenarztbesuch junger Mädchen sind Beschwerden vor oder während der Regel. Menstruationsbeschwerden treten im Unterbauch oder im unteren Rückenbereich auf und können manchmal bis zu den Oberschenkeln ausstrahlen. Bei normalen Menstruationsbeschwerden handelt es sich im Wesentlichen um Krämpfe der Gebärmuttermuskulatur, der Muskeln, die das Baby am Ende einer Schwangerschaft durch ihren Druck (Wehen) in die Außenwelt befördern.

Immer dann, wenn der reguläre Tagesablauf in Folge solcher Beschwerden nicht mehr möglich ist, ist ein Arztbesuch auf jeden Fall angezeigt. Dahinter könnten sich auch eine Endometriose (im Bauchraum versprengte Gebärmutterschleimhaut) oder Entzündungen von Eileitern und Eierstöcken (Adnexitis) oder der Gebärmutter verbergen. Darüber hinaus gibt es Fehlstellungen der Gebärmutter, Verwachsungen oder Zysten, die Beschwerden hervorrufen können. All das ist aber selten.

Sexuell übertragbare Krankheiten

Hier geht es um Krankheiten, die *nur, hauptsächlich* oder *auch* auf sexuellem Weg übertragen werden. Ansteckungen mit solchen Krankheiten haben in den letzten Jahren zugenommen. Das ist ein Alarmsignal, ein Zeichen dafür, dass zu sorglos über diese Gesundheitsrisiken hinweggegangen wird.

Besonders junge Mädchen sind gefährdet: Das Immunsystem ihrer Vaginalschleimhaut ist noch nicht ausreichend ausgereift. So, wie kleine Kinder besonders oft Erkältungskrankheiten

info

Hilfe bei Menstruationsbeschwerden

Beschwerden während der Tage müssen nicht einfach hingenommen und ausgehalten werden. Geben Sie Ihrer Tochter ein paar Tipps, die ihr gegebenenfalls helfen können:

- Oft verschaffen bereits natürliche Mittel Linderung: eine Wärmflasche oder ein Körnerkissen, ein Saunabesuch oder ein warmes Vollbad.
- Sport ist auch gut geeignet und wirkt vielfach sogar vorbeugend, besonders Ausdauerbewegung wie Fahrradfahren oder Walken. Die Gebärmutter darf ruhig auch durchgeschüttelt werden – beispielsweise durch Jogging oder Bauchtanz. Die dadurch verbesserte Durchblutung löst die Verkrampfungen oft.
- Auch einfache gymnastische Übungen können helfen.
- Wer sich quält, kann auch zu einem geeigneten Schmerzmittel aus der Apotheke greifen. Besonders gut wirken oft Prostaglandinhemmer.
- Auch die Antibabypille bewirkt oft eine Besserung der Beschwerden. Besonders sinnvoll ist sie natürlich dann, wenn zusätzlich Verhütung gewünscht ist.

haben, sind gerade junge Mädchen anfällig für sexuell übertragbare Krankheiten. Darauf weisen Jugendgynäkologen immer wieder hin.

Das macht die Sache für Sie als Mutter aber nicht leichter: Einerseits wäre Unwissenheit mit nicht zu akzeptierenden Risiken verbunden, andererseits wollen Sie Ihre Tochter natürlich auch nicht unnötig in Ängste versetzen, in Ängste, die unfrei machen. Bei Ihren Mutter-Tochter-Gesprächen geht es also auch um Ihre einfühlsame Gewichtung und die richtige Dosierung der Gesundheitsinformationen. **Bei allem geht es immer auch darum, dass Ihre Tochter versteht, dass Sie ihr ein schönes Liebesleben wünschen. Gesund zu bleiben, ist dafür eine wichtige Voraussetzung.**

Möglichkeiten der Prävention

Ansteckungsgefahr besteht bei jedem ungeschützten Geschlechtsverkehr, wenn der Partner nicht ganz sicher gesund ist. Dabei muss der Sexualpartner nicht zwangsläufig sichtbare oder spürbare Symptome haben, um Überträger einer Krankheit zu sein.

Es gilt,

- sich vor Ansteckungen so gut es geht zu schützen, vor allem vor Virusinfektionen, denn sie können nicht wie bakterielle Infektionen mit Antibiotika behandelt werden,
- verdächtige Symptome und Beschwerden ernst zu nehmen,
- sich um rechtzeitige Behandlung zu kümmern.

Der erste Punkt, eine Infektion zu vermeiden, ist dabei selbstverständlich das wichtigste Ziel! Sie sollten Ihre Tochter jedoch über *alle* Möglichkeiten aufklären, die dazu angetan sind, ihre sexuelle Gesundheit zu erhalten. Das sind: die Benutzung von

Kondomen, Impfungen (Hepatitis B, HPV), Treue zwischen zwei gesunden Partnern und das Vermeiden von wechselnden sexuellen Partnerschaften.

Kondome

Diese Verhütungsmittel reduzieren die Wahrscheinlichkeit einer Ansteckung stark, aber schließen sie nicht vollkommen aus, weil

- sie abrutschen oder reißen können,
- es zusätzliche Übertragungswege gibt (zum Beispiel bei Hepatitis B über Speichel oder bei Pilzerkrankungen über Gegenstände),
- weil die Keimbesiedlung nicht auf Penis und Scheide begrenzt ist und eine Ansteckung auch über andere Bereiche der Intimregion (als sogenannte Schmierinfektion) möglich ist: zum Beispiel Genitalherpes an den Schamlippen, HPV-bedingte Warzen an den Schamlippen oder um den Penis herum oder Filzläuse in den Schamhaaren.

Treue und wechselnde Partnerschaften

Wer eine sexuelle Beziehung zu nur einem Partner hat, begibt sich weitaus weniger in Gefahr, sich mit einer sexuell übertragbaren Krankheit anzustecken, als jemand, der seine Partner häufig wechselt. Heutzutage haben auch junge Mädchen oft schon mehr als *eine* sexuelle Beziehung: Von den 14- bis 17-jährigen Mädchen, die bereits Geschlechtsverkehr hatten, gaben 1980 51 Prozent an, *nur einen* Partner gehabt zu haben. 2010 war das lediglich noch bei 48 Prozent so. Bei den sexuell aktiven Jungen hatten 1980 29 Prozent bis zum vollendeten

17. Lebensjahr mindestens drei Partnerinnen. 2010 waren das sogar 40 Prozent.

Bedenkt man, dass das jugendliche Immunsystem noch nicht ausgereift ist und gerade Jugendliche sowohl unbekümmert als auch unwissend sein können, sind das brisante Zahlen. In Fachzeitschriften wird immer wieder berichtet, dass die Krankheitsverbreitung durch Geschlechtsverkehr stark zugenommen hat und damit auch das Risiko für jeden Einzelnen. Eltern sollten sich also nicht davor drücken, mit ihren Kindern über die Gefahren sexuell übertragbarer Krankheiten zu sprechen, denn das Motto lautet: »Gefahr erkannt – Gefahr gebannt«.

Die häufigsten Krankheiten

Im Folgenden gehe ich auf die häufigsten sexuell übertragbaren Krankheiten Genitalherpes, HPV-Infektion, HIV/Aids, Chlamydieninfektion und Pilzinfektion etwas näher ein. In der Übersichtstabelle auf den Seiten 290 bis 295 erhalten Sie darüber hinaus Informationen zu weiteren Krankheiten.

Genitalherpes

Genitalherpes ist wohl die häufigste, durch Viren verursachte sexuell übertragbare Krankheit. Sie ist ungefährlich, aber sehr unangenehm. Bläschen, ähnlich denen des Lippenherpes, bilden sich an Schamlippen, Scheide oder Penis. Genau wie beim Lippenherpes können sie trotz Behandlung immer wieder auftreten.

HPV-Infektion

HPV ist die Abkürzung für humane Papillomviren. Sie werden unterteilt in die Hochrisikotypen 16, 18 und dreizehn seltenere Typen (wie 31 und 33) und die Niedrigrisikotypen 6 und 11.

HP-Viren sind weit verbreitet. 75 Prozent der Menschen kommen mit ihnen in Kontakt. 1 Prozent der Erwachsenen ist von Genitalwarzen betroffen, 10 Prozent sind Virusträger ohne Warzen, können aber andere infizieren. Etwa 25 Prozent der unter 30-jährigen Frauen sind Virusträger. Meistens schafft es das Immunsystem, die Viren erfolgreich zu bekämpfen. Wenn nicht, führen sie zu unterschiedlich schlimmen Erkrankungen, je nachdem, ob es sich um Niedrigrisiko- oder Hochrisikotypen handelt.

Durch die Niedrigrisikotypen 6 und 11 werden Feigwarzen im Bereich von Vulva, Scheide, Penis und After hervorgerufen. Nach der Ansteckung können Wochen vergehen, bis die Symptome zu erkennen sind. Die Warzen können örtlich medikamentös behandelt oder operativ entfernt werden, aber immer wieder auftreten.

Wenn die Hochrisikoviren das Immunsystem überlisten, verändern sie Zellen am Muttermund, was sich unbehandelt zu Gebärmutterhalskrebs (nach Brustkrebs die zweithäufigste krebsbedingte Todesursache bei Frauen unter 45 Jahren) weiterentwickeln kann. In etwa 70 Prozent der so verursachten Fälle sind dafür die Typen 16 und 18 verantwortlich.

Seit 2007 gibt es Impfungen gegen HP-Viren der Typen 16, 18, zum Teil zusätzlich 6 und 11. Die Impfung wird von der Ständigen Impfkommission (STIKO) empfohlen und von den Kassen für Mädchen zwischen 12 und 17 Jahren bezahlt, oft sogar bis 27 Jahre. Eine individuelle Beratung dazu ist sinnvoll.

Da die Impfung nicht vollständig gegen die durch HP-Viren verursachten Erkrankungen schützt, sind ab 20 jährliche Vorsorgeuntersuchungen auch nach einer Impfung nötig. Wenn sich dabei ein Krebsverdacht bestätigen sollte, wird eine Konisation vorgenommen, das bedeutet, ein kegelförmiges Gewebestück wird aus dem Gebärmutterhals beziehungsweise aus dem Muttermund entfernt und damit Schlimmeres verhindert. Aber die jährlichen Vorsorgeuntersuchungen sind selbstverständlich weiterhin nötig. Bei zu später Entdeckung muss die Gebärmutter entfernt werden.

HIV/Aids

HIV ist die Abkürzung für humanes Immundefizienz-Virus. Ob man sich mit diesem Immunschwäche-Virus infiziert hat, ist mit einem Bluttest zu ermitteln. Lautet das Ergebnis »HIV-positiv«, heißt das: Im Blut befinden sich HI-Viren. »HIV-negativ« bedeutet: Im Blut sind keine HI-Viren nachweisbar. Wer infiziert ist, kann andere mit dem Virus anstecken, auch wenn er selbst nichts von der Infektion merkt und weiß. Durch zahlreiche Medikamente konnte die Zeitspanne, bis aus einer HIV-Infektion Aids wird, erheblich verlängert werden. Das und die riskante Vorstellung, heterosexuelle Jugendliche seien nicht gefährdet, hat die Sorglosigkeit im Umgang mit der tödlichen Gefahr wachsen lassen. Die Zahl der Neuinfizierten ist so wieder angestiegen. Nach wie vor sind tatsächlich hauptsächlich homosexuelle Männer betroffen. Aber rund 15 Prozent der mit dem HI-Virus Infizierten in Deutschland sind Frauen.

Übertragen wird das Virus vor allem durch Sperma, Vaginalsekret und Blut. Durch Speichel (Küssen), Tränen, gemeinsame

Toilettennutzung oder Händeschütteln kann man sich *nicht* anstecken.

Aus jeder zunächst nicht spürbaren HIV-Infektion wird – unter der besten Therapie durchschnittlich nach zehn Jahren – die tödliche Krankheit Aids. Aids ist die Abkürzung für »Acquired Immune Deficiency Syndrome«. Die Immunschwächekrankheit führt zu zahlreichen Folgeerkrankungen (unter anderem Durchfall, Hautausschläge, Lungen- und Gehirnentzündungen, verschiedene Krebsarten) und meist nach vier bis fünf Jahren, trotz Behandlung, zum Tod.

Chlamydieninfektion

Unbehandelte Chlamydieninfektionen sind die häufigste Ursache für ungewollte Kinderlosigkeit. Etwa 10 Prozent der Infizierten sind unbehandelt schließlich davon betroffen. Chlamydieninfektionen verursachen zunächst oder dauerhaft meist keine Beschwerden. Deshalb können diese Bakterien unerkannt über viele Jahre die inneren Geschlechtsorgane einer Frau unbemerkt schädigen.

Wie weit die Bakterien verbreitet sind, belegten Studienergebnisse, die die Ärztliche Gesellschaft zur Gesundheitsförderung der Frau zusammen mit der Berliner Charité 2005 im Deutschen Ärzteblatt (Heft 28/29) veröffentlichte: Bis zu 10 Prozent der 17-jährigen Mädchen sind bereits infiziert. Seit 2008 bezahlen die gesetzlichen Krankenkassen für Frauen bis 25 Jahre einmal jährlich eine Früherkennungsuntersuchung. Dafür wird Erststrahlurin einem speziellen Test unterzogen. Werden die Bakterien nachgewiesen, können sie erfolgreich mit einem Antibiotikum behandelt werden.

info

Die häufigsten sexuell übertragbaren Krankheiten

Durch Viren verursacht

Name der Krankheit	*Krankheitszeichen (Symptome)*	*Übertragungswege*
Genital-herpes	Einige Tage nach Infektion Bläschen auf Haut und Schleimhäuten (Schamlippen, Scheide, Penis)	Geschlechtsverkehr (vaginal, anal, oral), Schmierinfektionen.
Hepatitis B (ansteckende Leberentzündung Typ B)	Übelkeit, Appetitlosigkeit, Bauchschmerzen, Durchfall. Gelbfärbung von Augenweiß und Haut. Nachlassende Leistungsfähigkeit.	Speichel. Alle Schleimhautkontakte, u. a. Geschlechtsverkehr und Petting. Unsteriles Vorgehen beim Piercen oder Tätowieren. Blut.
HIV/Aids	Infektion verursacht zunächst keine Symptome. Aids ist mit vielfältigen lebensbedrohlichen Krankheiten verbunden: u. a. Entzündungen und bösartigen Tumoren	Geschlechtsverkehr (anal, vaginal, oral). Blut, z. B. durch gemeinsame Nutzung von Drogenspritzen.

	Zusatzinformationen	*Vorbeugung und Therapie*
	Besonders verbreitet! Auch nach Abheilung kann es immer wieder zur Reaktivierung kommen, auch ohne erneuten Sexualkontakt.	Salben, Cremes und Tabletten fördern schnelleres Abheilen.
	Sehr ansteckend! Kann chronisch werden und dann Leberzirrhose und Leberkrebs verursachen.	Impfung.
	Gefährdet sind vor allem homosexuelle Männer, aber keineswegs nur.	Kondome. Früherkennung durch HIV-Test. Therapie sehr aufwendig, aber stark lebensverlängernd. Heilung von Aids bislang unmöglich.

Name der Krankheit	*Krankheitszeichen (Symptome)*	*Übertragungswege*	
HPV-Infektionen	Warzen im Bereich von Vulva, Scheide, Penis, After (Typen 6, 11). Gebärmutterhalskrebs (Typen 16, 18, 31, 33).	Geschlechtsverkehr (vaginal, anal, oral), Schmierinfektionen.	
Durch Bakterien verursacht			
Chlamydien-infektion	Meistens keine Beschwerden! Evtl. Brennen beim Wasserlassen, Ausfluss, Schmerzen.	Geschlechtsverkehr (vaginal, anal, oral).	
Gonorrhö (Tripper)	Brennen beim Wasserlassen, eitriger Ausfluss aus Scheide oder Penis. Oft nur wenige oder keine Beschwerden.	Geschlechtsverkehr (vaginal, anal, oral).	
Syphilis (Lues)	Anfangs oft ein Knötchen oder Geschwür im Genitalbereich, am Mund oder After. Kann unbehandelt nach Jahren tödlich sein.	Geschlechtsverkehr (vaginal, anal, oral).	

	Zusatzinformationen	Vorbeugung und Therapie
	Besonders verbreitet!	Impfung gegen die Typen 6, 11, 16 und 18. Kondome. Krebsvorsorgeuntersuchung. Medikamentöse oder operative Behandlung.
	Weit verbreitet! 10 % der infizierten Frauen werden unfruchtbar.	Antibiotika töten die Bakterien ab. Der Partner muss mitbehandelt werden.
	Nach Ansteckung beim Oralverkehr kann eine Halsentzündung zunächst einziges Zeichen sein. Bei zu später Behandlung entsteht bei der Frau Unfruchtbarkeit.	Antibiotika töten die Bakterien ab. Der Partner muss mitbehandelt werden.
	Wird oft nicht gleich erkannt. Meldepflichtig.	Antibiotika heilen die Krankheit aus; im frühen Stadium ohne Folgen.

Durch andere Erreger verursacht

Name der Krankheit	*Krankheitszeichen (Symptome)*	*Übertragungswege*	
Pilzinfektionen der Scheide (Vaginalmykose)	Jucken, Brennen, Rötungen an Schamlippen und in der Scheide, verstärkter Ausfluss.	Geschlechtsverkehr, Toiletten, Schwimmbad, aus dem eigenen Darm	
Trichomonaden (Geißeltierchen)	Jucken, Brennen in der Scheide, übelriechender Ausfluss, Brennen beim Wasserlassen.	Geschlechtsverkehr.	
Filzläuse	Starkes Jucken im Schamhaarbereich, kleinste Blutergüsse an den Saugstellen.	Sexuelle Kontakte, selten auch über Kleidung, Betten, Handtücher.	

Pilzinfektion

Eine Pilzinfektion der Scheide (Vaginalmykose) ereilt fast jede Frau irgendwann einmal. Das ist also keineswegs peinlich und außerdem sehr gut zu behandeln. Pilzinfektionen können beim Geschlechtsverkehr übertragen werden, und man kann sie

	Zusatzinformationen	*Vorbeugung und Therapie*
	Häufig, aber harmlos.	Hygiene. Mit Antimykotika rasch zu heilen.
	Eher selten. Unangenehm, aber harmlos.	Antibiotikum als Scheidenzäpfchen oder Tabletten. Partner muss mitbehandelt werden.
	Kein Zeichen mangelnder Hygiene. Sehr unangenehm, aber ungefährlich.	Entfernung der befallenen Haare oder medizinische Shampoos. Heißes Waschen der Textilien. Kontaktpersonen müssen mitbehandelt werden.

sich auf Toiletten oder im Schwimmbad holen. Sie entstehen aber auch »von selbst«, denn die Pilze finden sich im Darm und können von da in die Scheide gelangen. Dort gibt es einen Schutz: die Milchsäurebakterien (Döderlein-Bakterien). Sie machen die Scheide sauer. Bei Störung der Besiedlung durch Döderlein-Bakterien, zum Beispiel durch Scheidenspülungen, durch Antibiotika, hormonelle Einflüsse (Pille, Wechseljahre) und bei Schwächung der Immunabwehr (unter anderem durch Stress), kann die Abwehr versagen. Dann gewinnt die Pilzbesiedlung die Oberhand.

Pilzinfektionen führen unter anderem zu Jucken, Brennen, Rötungen, weißlichen Belägen an den Schamlippen und in der Scheide sowie zu verstärktem Ausfluss. Das ist sehr lästig, aber ungefährlich.

Rasch wirksame Medikamente (Antimykotika) gibt es in Form von Salben, Vaginalzäpfchen und Tabletten. Wichtig ist, die Behandlung auch nach dem Verschwinden der Symptome weiterzuführen, wie vom Arzt verordnet.

Hygiene und Schönheit

In der Entwicklungsphase können Mädchen und Jungen sehr rigoros sein. Entweder – oder, lautet dann die Devise. Und das heißt im Hinblick auf Körperpflege manchmal: Entweder übertrieben viel oder gar nicht. In so manchem Klassenraum müffelt es aber derart atemberaubend, dass ich auf der Stelle sämtliche Fenster öffne.

Viele Mädchen sind jedoch überaus penibel, manche nahezu ängstlich um ihre Pflege bemüht. Andere brauchen doch einen kleinen mütterlichen Anstoß: Tägliches Duschen oder Waschen, abends, ehe man ins Bett geht, oder morgens, bevor man das Haus verlässt – das ist weitgehend Standard, ebenso wie die Benutzung eines Deos (nach dem Waschen, nicht anstatt des Wa-

» DAS MUTTER-TOCHTER-GESPRÄCH «

»Das Erwachsenwerden bringt es mit sich, dass man unter den Armen und im Intimbereich intensiver und anders riecht als in der Kindheit. Der veränderte Geruch zeigt, dass man eine ›eigene Marke‹ wird, denn jeder Mensch hat einen individuellen Körpergeruch. Darauf muss man sich einstellen durch Körperpflege, denn das ist in unserer Gesellschaft Standard. Wer das missachtet, kann sich damit selbst zum Außenseiter machen und wird von anderen als rücksichtslos empfunden, weil man Gerüchen nicht entgehen kann und weil es peinlich ist, andere darauf anzusprechen.«

schens). Das Gesicht, die Achseln, den Genitalbereich, die Füße waschen die meisten Erwachsenen täglich. Wer trockene Haut hat, duscht womöglich nur jeden zweiten Tag und benutzt sonst einen Waschlappen. Vulva und After wäscht man am besten mit milder Seife oder hautfreundlicher Duschlotion – und mit der Hand. Während der Regel ist die Körperpflege natürlich besonders wichtig. Die Intimregion muss immer sorgfältig abgetrocknet werden! Das hält Pilze fern, denn sie lieben Feuchtigkeit und Wärme. Wer anfällig ist, kann die zarte Haut der Vulva und um den After herum durch Einfetten schützen. Unterwäsche und Strümpfe sollte ein Mädchen von der Pubertät an jeden Tag wechseln.

Übertriebene Hygiene

Wie schon angedeutet, gibt es Mädchen, die den körperlichen Veränderungen mit besonders viel Wasser und Seife begegnen. Und die Mütter sind irritiert, wenn ihre Töchter plötzlich zwei- oder dreimal am Tag unter die Dusche steigen. Manchmal ist der Grund, dass die Mädchen völlig verunsichert sind, weil plötzlich etwas aus ihrem Körper kommt, was sie zuvor nicht kannten, weil die Weißflussproduktion eingesetzt hat und ihnen bislang noch nicht erklärt wurde, was es damit auf sich hat. Einmal tägliches Waschen des Genitalbereichs ist völlig ausreichend. Scheidenspülungen sind schädlich, weil sie die »guten« Döderlein-Bakterien (siehe Seite 295) angreifen. Seife ist alkalisch und würde die Balance beeinträchtigen. Der äußere Schambereich, die Haut der Schamlippen hat die gleiche Säure wie die übrige Körperhaut.

Hygiene ist Gesundheitsvorsorge

Viele Blasenentzündungen werden ausgelöst, weil Mädchen keine richtige Stuhlgangshygiene gelernt haben, sich falsch oder nicht gut genug abputzen. All das führt nicht selten zu Harnwegsinfekten: Schon kleine Mädchen sollten lernen, sich nach dem Stuhlgang von vorn nach hinten abzuputzen und dabei Toilettenpapier nur einmal zu verwenden. Das verstehen sie manchmal nicht auf Anhieb. Dann kann man sagen: »Kleine Verrenkung, Arm nach hinten vom Rücken her an den Popo und dann abputzen. Wenn man von vorn abputzt, könnten Bakterien vom After zur Scheide und zur Harnröhre gelangen und dort Entzündungen verursachen.«

Nach dem Wasserlassen sollte ein Mädchen das letzte Tröpfchen mit Toilettenpapier abtupfen, denn Feuchtigkeit begünstigt das Wachstum von Pilzen, die zu Entzündungen im Bereich der Schamlippen oder der Scheide führen.

Kinder müssen lernen, sich auf öffentlichen Toiletten Bakterien vom Leib zu halten. Man sollte ihnen erklären, dass auf fremden Toilettenbrillen und -rändern Krankheitserreger sein können, die man besser nicht an seine eigene zarte Popohaut kommen lässt. Wenn Mädchen groß genug sind, sollten sie über der Toilette »schweben«, also so hocken, dass sie die Brille nicht berühren. Ein kleines Mädchen kann die Brille mit Toilettenpapier abdecken, bevor sie sich draufsetzt. Auf jeden Fall sollte sie beim Hinsetzen oder Aufstehen nicht mit den Schamlippen über die Brille rutschen.

Tangas

Scheuernde Tangas sind aus medizinischer Sicht nicht gut. Sie können die Schleimhaut reizen und Entzündungen begünstigen. Baumwollwäsche ist gesünder als Synthetik-Slips, weil Baumwolle Feuchtigkeit besser absorbiert.

Haare

Viele Jugendliche bekommen in der Pubertät fettige Haare, weil sich durch übermäßig viele Androgene die Talgproduktion stark erhöht. Sehr oft höre ich: Haare darf man nicht jeden Tag waschen. Das wäre aber nur schlecht, wenn die Haare sehr trocken sind und die Kopfhaut schuppig ist. Aber wenn die Haare fettig sind, dann schadet das nicht und lässt sie auch nicht schneller fetten.

Hautunreinheiten

Pickel treten in der Pubertät fast bei allen auf. Mit mangelnder Hygiene oder Pflege hat das nichts zu tun. **Auch Hautunreinheiten entstehen, weil die weiblichen und männlichen Hormone noch kein Gleichgewicht gefunden haben** (siehe Info, Seite 302). Pickel belasten viele Mädchen, die in der Pubertät ja ohnehin Schwierigkeiten haben, sich mit ihrem veränderten Aussehen anzufreunden. Dann stimmt die Redewendung, jemand fühlt sich nicht wohl in seiner Haut, in besonderer Weise. Beruhigend ist: Wenn die Pubertät vorbei ist, bilden sich normalerweise auch keine Pickel mehr. Oft ist das aber in der Gegenwart kein ausreichender Trost.

Sie können Ihrer Tochter einige Tipps geben: Wichtig ist, das Gesicht zu waschen. Zwei-, dreimal am Tag mit lauwarmem Wasser, um das Fett zu beseitigen, aber nicht mit Seife, sondern mit pH-neutralen Lotionen, um den Säureschutz der Haut nicht zusätzlich zu schädigen. Manchen helfen alkoholhaltige Reinigungswässer speziell gegen Hautunreinheiten, manchen kosmetische Behandlungen. Selbst an Pickeln und Mitessern rumzuwerkeln ist nicht empfehlenswert, denn wenn die Bakterien in einem Pickel nach innen gedrückt werden, kann das die Entzündung verschlimmern.

Ob als mögliche Hilfe gegen Pickel oder nur der Schönheit wegen: Die Sonnenbank ist tabu! Hautärzte diagnostizieren immer häufiger Hautkrebs schon bei ganz jungen Frauen und führen das darauf zurück, dass immer mehr Jugendliche sich regelmäßig auf eine Sonnenbank legen.

Akne

Wenn sich die Pickel weit und tief verbreiten und sogar eitrig entzünden, spricht man von Akne. Oft liegt eine erbliche Veranlagung vor. Wer von Akne betroffen ist, sollte zum Hautarzt gehen, auch weil sie zu Narben führen kann. Ein Dermatologe wird Medikamente verschreiben, die wirksamer sind als Hausmittel. Aber auch dann muss man damit rechnen, dass es Geduld und Zeit fordert, bis sich die Situation deutlich und nachhaltig verbessert.

Hautärzte empfehlen meist Mittel, die gegen die Bakterien wirken und die Haut abschilfern, sodass der Abfluss aus den Talgdrüsen besser wird. Vorübergehend kann die Haut dadurch sogar schlimmer aussehen, aber schließlich tritt dann meistens doch eine deutliche Besserung ein.

Wenn auch eine hautärztliche Behandlung nicht fruchtet, können Mädchen sich eine Antibabypille verschreiben lassen, die speziell gegen Akne wirkt. Das führt meist schlagartig zu guten Erfolgen, denn diese Pille setzt bei der Wurzel des Übels an, dem hormonellen Ungleichgewicht. Es gibt Pillen, die speziell gegen überschießende männliche Hormone (Androgene) gegeben werden und deren Wirkung man deshalb antiandrogen nennt. Viele Mädchen gehen aus diesem Grund zum ersten Mal zum Frauenarzt und nehmen die Pille wegen ihrer Hautprobleme und nicht, weil sie schon Sex haben. Das ist medizinisch durchaus vertretbar, weil Akne Narben hinterlassen kann und weil sie die Mädchen sehr belastet. Wie bei jeder medizinischen Behandlung gilt es natürlich auch hier abzuwägen. Die Pille ist ein Medikament, kein Lifestyle-Produkt, das man nimmt, wenn man drei, vier oder zehn Pickel hat. Aber für Mädchen, die durch

Akne stark in Mitleidenschaft gezogen sind, kann die Pille eine empfehlenswerte Therapie sein.

Nehmen Sie den Leidensdruck Ihrer Tochter bitte ernst! Sorgen Sie für eine gute Behandlung, auch damit keine unschönen Aknenarben zurückbleiben!

info

Wie Pickel entstehen

Wenn in der Pubertät der Hormonhaushalt noch verrücktspielt, leiden viele Jugendliche unter Hautunreinheiten und Akne. Vor allem die männlichen Hormone (Androgene) wirken auf die Talgproduktion der Haut ein. Das kann dazu führen, dass die Fettdrüsen der Haut, die Talgdrüsen neben den Haarwurzeln, vorübergehend übermäßig viel produzieren ❶. Zudem können die Poren, die Talg absondern, verstopfen, weil das Fett etwas dickflüssiger wird. Das bewirkt dann kleine Staus, in denen sich Bakterien wohlfühlen. Alle Menschen haben Bakterien auf der Haut, das ist also nichts Negatives. Aber wenn sich das Fett unter der Haut staut, können Bakterien dort zu Entzündungen führen. Wo sich Bakterien vermehren, wird es rot und dick und tut ein wenig weh: Ein Pickel entsteht. Hinzu kommt, dass die Farbstoffe (Pigmente) der Haut, die uns bei Sonneneinwirkung auch braun werden lassen, manchmal in dem Stau stecken bleiben und sich nicht gleichmäßig verteilen können. Dann bilden sich dunkle Punkte: Mitesser (Komedonen) ❷. Mitesser sind also keine kleinen Dreckansammlungen, wie häufig angenommen, sondern Pigmentansammlungen. Akne entsteht, wenn sich Pickel zu ausgedehnten eitrigen Entzündungsherden entwickeln ❸.

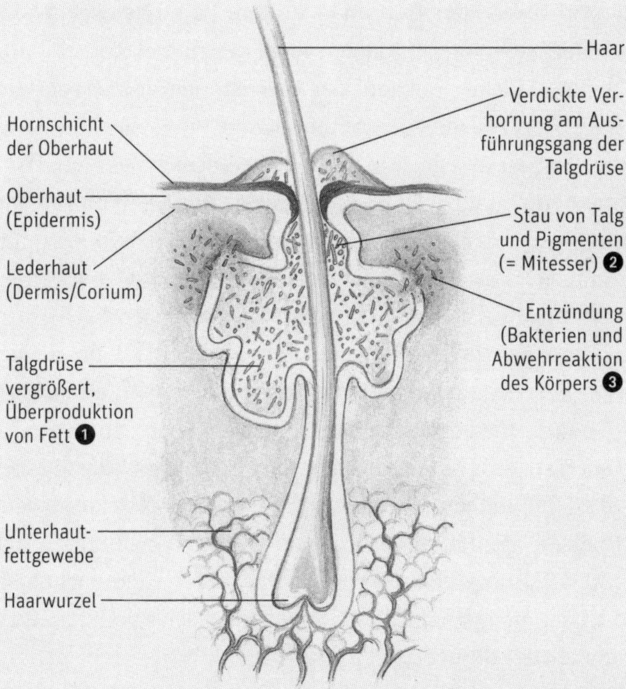

Abbildung 6.2: Entstehung von Pickeln und Akne

Menstruationshygiene

Bereits vor der ersten Regelblutung sollten Sie Ihrer Tochter Informationen über Binden und Tampons geben. Auch wenn es bei der Anwendung von Binden weiter nicht viel zu wissen gibt, was ja ein Vorteil dieser Art der Menstruationshygiene ist, sind ein paar Worte dazu sinnvoll, damit die Anwendung auch wirklich problemlos klappt, wenn es für Ihre Tochter »losgeht«: Klebestreifen ab, in den Schlüpfer, nicht gegen den Körper kleben (manche Mädchen denken, der Klebestreifen diene zum »Abdichten« der Scheide), und schon sitzt die Binde an der richtigen Stelle. Ein paarmal am Tag muss sie gewechselt werden. Da bei Bindenbenutzung zu spüren ist, wie das Blut fließt und es dann auch in der Binde zu sehen ist, wird das neue Phänomen fühlbar und sichtbar. Deshalb ist es durchaus sinnvoll, bei den ersten Blutungen zunächst einmal Binden zu benutzen.

Wenn die erste Blutung stattfindet, sollten Sie dann zusätzliche praktische und konkrete Hinweise zur Menstruationshygiene geben: Vielleicht erscheint es Ihnen zu simpel, aber sprechen Sie auch an, dass es gerade während der Regel richtig und wichtig ist, den Intimbereich mindestens einmal täglich zu waschen, am besten abzuduschen. Manche Mädchen befürchten, dass sich die Blutung dadurch verstärken könnte, und pflegen sich aus Angst nicht ausreichend. In Schulklassen kursieren die erstaunlichsten Gerüchte.

Es ist immer hilfreich, wenn Sie Ihre Erklärungen durch Abbildungen der anatomischen Gegebenheiten illustrieren und nachvollziehbarer machen, besonders auch was die richtige Nutzung von Tampons angeht (siehe Info, Seite 306).

Geben Sie auch praktische Tipps zur Entsorgung von Binden und Tampons. Mädchen kommen nicht immer von selbst darauf, dass einzeln verpackte Binden oder Slipeinlagen zunächst in die aufbewahrte oder neue Plastikhülle eingewickelt werden können. Binden können, ebenso wie Tampons, großzügig in Toilettenpapier gewickelt werden, dann wandert das kleine Päckchen in öffentlichen Toiletten in eine der dafür vorgesehenen Tüten und dann in den Eimer. Ist Ihre Tochter irgendwo, wo sie keinen passenden Abfallbehälter vorfindet – so ist es oft in Schultoiletten wegen des zunehmenden Vandalismus –, ist sie mit einer kleinen Plastiktüte in ihrer Tasche immer gut gerüstet. In einer solchen Tüte feuchtet nichts durch, und sie kann bei nächster Gelegenheit in einen Mülleimer geworfen werden. Verabreden Sie, wie Tampons und Binden zu Hause entsorgt werden. Nirgendwo sollten sie offen hingeworfen oder in der Toilette weggespült werden. Aus Umweltgründen und weil es durch moderne Sparspültasten, die immer nur wenig Wasser rauschen lassen, auch durch kleinere Gegenstände leicht zu Rohrverstopfungen kommen kann.

Besprechen Sie auch, wer für den Einkauf eines ausreichenden Vorrats von Tampons, Binden, Slipeinlagen zuständig ist. Vielleicht möchte Ihre Tochter das gern selbst übernehmen.

Gerade auch bei den praktischen Fragen ist es wichtig, die Schamgrenzen sehr ernst zu nehmen – auch die eigenen. Sonst wird es peinlich. Auch beim Thema Menstruation empfinden es viele Mädchen keineswegs als positiv, wenn die Mutter zu viel von ihrer eigenen Körperlichkeit spricht oder gar die Benutzung eines Tampons an sich selbst demonstriert. Ein paar erklärende Sätze sind allerdings immer besser als Schweigen,

info

Tampons: So klappt die Verwendung problemlos

- Man packt den Tampon – mit gewaschenen Händen – aus, zieht das Rückholbändchen lang, spreizt die Beine.
- Um die Scheide zu entspannen, benutzt man dieselben Muskeln, die man braucht, um Urin anzuhalten. Diese Muskeln muss man möglichst locker lassen. Viele Frauen können sich am besten entspannen, wenn sie auf der Toilette sitzen oder wenn sie ein Bein hochstellen. Man kann aber auch etwas in die Hocke gehen oder sich aufs Bett legen und die Beine leicht anwinkeln.
- Da, wo das Rückholbändchen gesessen hat, setzt man den Zeigefinger auf und hält den Tampon zwischen Daumen und Mittelfinger fest. Dann führt man den Tampon so weit wie möglich in die Scheide ein.
- Weder kann man einen Tampon zu weit schieben, noch kann er im Körper verloren gehen, denn am Ende der Scheide sitzt der Gebärmutterhals, der untere Teil der Gebärmutter. Er hat nur eine winzig kleine Öffnung, groß genug, um Samenflüssigkeit in die Gebärmutter hinein- und Menstruationsblut aus der Gebärmutter herauszulassen.
- Um den Tampon wieder herauszuholen, zieht man an dem Bändchen; wenn sich der Tampon vollgesogen hat, ist er ganz leicht wieder herauszuziehen.
- Wenn die Scheide zu trocken ist, kann es unangenehm sein, den Tampon herauszuziehen. Dann versucht man es

vielleicht zu einem späteren Zeitpunkt noch einmal, oder man zieht etwas kräftiger. Dabei kann nichts passieren, denn das Rückholbändchen ist fest im Tampon verankert.

- Zum Wasserlassen braucht man den Tampon nicht zu entfernen, aber man kann das Rückholbändchen ein bisschen zur Seite halten, damit es nicht nass wird.
- Wie oft ein Tampon gewechselt werden muss, hängt von der Blutungsstärke ab. Mit einer Slipeinlage zusätzlich kann man etwas sorgloser sein. Wenn die Blutung sehr stark ist, kann das Wechseln schon nach 3 oder 4 Stunden nötig sein, sonst vielleicht erst nach 5 oder 6. Man muss nachts deshalb auch nicht aufstehen. Allerdings sollte man den »Nachttampon« erst vor dem Schlafengehen einführen und gleich nach dem Aufstehen wechseln.
- Alle Mädchen sammeln Erfahrungen mit ihrem Körper, mit ihrem Blutungsmuster. Und nach einiger Zeit wissen sie, wann sie wie stark bluten, und stellen sich ganz automatisch darauf ein.
- Tampons sind nicht dafür vorgesehen, um Weißfluss aufzunehmen. Dadurch könnte die Scheide zu trocken werden, und das wäre schädlich.

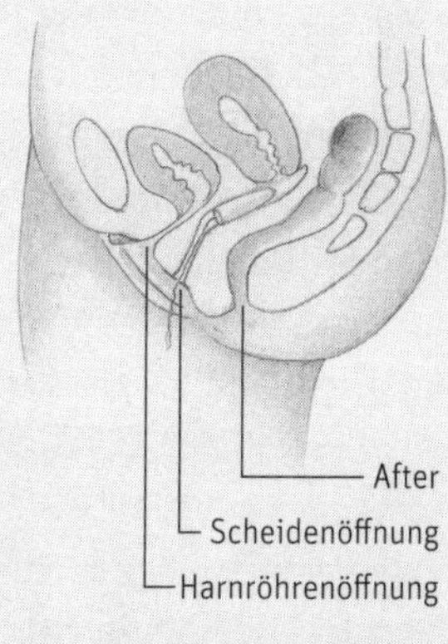

Abbildung 6.3:
Eingeführter Tampon

sonst fühlen Mädchen sich im Stich gelassen. Sprechen Sie unbedingt gerade über die ganz praktischen Fragen offen – offen, aber die persönlichen Grenzen eindeutig wahrend.

Ob Binde oder Tampon – Ihre Tochter soll sich wohlfühlen

Es gibt Frauen, die finden es angenehm zu spüren, wie das Blut fließt. Andere, häufig besonders sportlich aktive Mädchen, mögen gerade das überhaupt nicht und benutzen deshalb nur Tampons und gegebenenfalls zusätzlich eine Slipeinlage. Manche Mädchen kombinieren Tampons und Binden oder benutzen sie im Wechsel, je nach Situation und Blutungsstärke. Auch hier gilt: Gut ist das, womit sich ein Mädchen, eine Frau wohlfühlt. Die einzige Ausnahme: Schwimmen ist während der Menstruation natürlich nur mit einem Tampon möglich. Grundsätzlich können Mädchen von der ersten Regel an Tampons benutzen. Sie fühlen sich damit oft freier und in ihren Aktivitäten weniger eingeschränkt. Zu Anfang sollten immer die kleinsten Tampons, die Minis, benutzt werden. Sie sind sehr leicht einzuführen und eignen sich besonders zum Sammeln erster Erfahrungen. An den Tagen mit stärkeren Blutungen reichen aber auch bei jungen Mädchen die Minis nicht.

Komforttampons sind heute mit einer seidigen Hülle umgeben, sodass sie besonders gut rutschen. Mini-Tampons und Tampons in mittlerer Größe verletzen das Jungfernhäutchen nicht, es sei denn, es wäre verwachsen oder verklebt. Aber das kommt extrem selten vor. Sollte das der Fall sein, würden sich, wenn davon vorher nichts bemerkt wurde, später beim Geschlechtsverkehr Probleme einstellen; deshalb wäre es in einem solchen Fall sogar ein Vorteil, diese kleine Fehlanlage rechtzei-

» DAS MUTTER-TOCHTER-GESPRÄCH «

»Wenn man zwischen den Schamlippen tastet, fühlt man – und wenn man einen Spiegel zu Hilfe nimmt, sieht man auch –, wo ein Finger reinkann. Das Betasten der Scheide kann man in gewisser Weise mit Nasebohren vergleichen. Es schadet nicht. Das einzige Loch, das man da fühlt und sieht, ist der Scheideneingang. Da passt auch ein Tampon hinein. Du kannst es sorglos probieren, da kann nichts kaputtgehen, denn das Jungfernhäutchen, das den Scheideneingang einrahmt, ist weich und dehnbar. Man kann auch nicht im falschen Loch landen, denn die Harnröhre ist viel zu winzig. Und wo der After ist, das weiß man genau. Es gibt also kein Vertun. Wenn man merkt, da geht der Tampon rein, dann ist das auf jeden Fall die Scheide. Dann schiebt man, bis es nicht mehr weitergeht. Die Scheide ist nur am Eingang empfindlich, deswegen spürt man den Tampon nicht, wenn er weit genug oben und damit an der richtigen Stelle sitzt.«

tig zu entdecken (siehe auch Info »Formen des Jungfernhäutchens«, Seite 310). Sie ist durch einen winzigen Eingriff bei örtlicher Betäubung zu beheben, und danach ist dann die Benutzung von Tampons ganz normal möglich und auch der erste Geschlechtsverkehr.

Mädchen sollten immer erst dann einen Tampon in die Scheide einführen, wenn sie bereits ihre Regelblutung haben. Erst

info

Formen des Jungfernhäutchens

Abbildung 6.4: Die Abbildungen zeigen, wie unterschiedlich Jungfernhäutchen aussehen können. Am häufigsten sind die Formen 1 und 2. Bei den Formen 1 bis 4 ist es problemlos möglich, einen Tampon einzuführen oder Geschlechtsverkehr zu haben. Hat das Jungfernhäutchen jedoch die seltenen Formen 5, 6 oder 7, ist das Einführen eines Tampons oder Sex erst nach einem kleinen Eingriff möglich.

dann nämlich ist der Scheideneingang mit dem Jungfernhäutchen dafür weich und elastisch genug. Das ist vorher noch nicht unbedingt gegeben; deshalb könnte das Jungfernhäutchen vor der Menarche, also vor der ersten Blutung, verletzt werden. Wenn die Menstruation eintritt, ist das Jungfernhäutchen aber so dehnbar, dass im normalen Fall ein Tampon durchpasst. Und die Scheide ist dann ja auch nass durch das Blut und rutschiger.

Piercing und Tattoos

Viele Kinder und Jugendliche wollen unbedingt Piercings. Eltern sind von diesem Wunsch oft ebenso wenig entzückt wie über den nach Tattoos, denn die kann man nicht so einfach wieder rauswachsen lassen wie schrill gefärbte Haare. Und aus medizinischer Sicht sind Tattoos und Piercings fragwürdig. Das Deutsche Ärzteblatt veröffentlichte im Juli 2008 (Heft 28/29) Ergebnisse aus Universitätsstudien in Deutschland und Großbritannien: Bei 31 Prozent der Jugendlichen zog ihr Piercing ein gesundheitliches Problem nach sich: unter anderem Schwellungen, Blutungen, Infektionen, Allergien, Ausrisse, überschießende Narbenbildung (Keloide). Wie oft es zu Komplikationen kommt, hängt davon ab, an welcher Körperstelle das Piercing angebracht wird: Im Genitalbereich trat bei 45 Prozent eine Komplikation auf, an den Brustwarzen in 25 Prozent, an der Zunge in 23 Prozent, am Bauchnabel in 15 Prozent, am Ohr in 14 Prozent, an der Nase in 9 Prozent.

Je jünger Ihre Tochter ist, umso weniger ist sie in der Lage, gesundheitliche und andere Folgen einzuschätzen. Sie als Mutter tragen die Verantwortung!

Schönheitsoperationen

Es gibt Bestrebungen, schönheitschirurgische Eingriffe bei unter 18-Jährigen gesetzlich verbieten zu wollen. Ob es dafür tatsächlich eines Gesetzes bedarf, mag man sich fragen. Natürlich können beispielsweise sehr große Brüste bei sonst schlanken Mädchen oder Segelohren die Psyche so belasten, dass eine chirurgische Behandlung nicht nur vertretbar, sondern sinnvoll ist.

Alles, was aber dem Wunsch entspringt, das eigene Aussehen einem durch die Medien vermittelten Schönheitsideal anzupassen, ist für Minderjährige und besonders für Mädchen in der Pubertät überaus fragwürdig. Grund für den Wunsch, sich unter das Messer eines Schönheitschirurgen zu legen, ist oft ein in der Pubertät labiles Selbstwertgefühl. Und genau diese Labilität beseitigt eine Schönheitsoperation eben nicht.

Die richtige Ernährung

Die 15-jährige Franziska quetscht Haut an ihrer Taille zwischen Daumen und Zeigefinger. »Ich bin sooo fett«, stöhnt sie. Ihre Freundin Laura nickt. Sie findet sich auch zu dick. »Ich lass mir bald Fett absaugen«, sagt Annika, die Dritte im Bunde.

Alle drei Mädchen sind schlank, und dennoch reden sie übers Dicksein. Koketterie oder eine sich anbahnende Essstörung? Bloß ein typischer Teenager-Dialog, der zeigt, wie wichtig es ihnen ist, schön zu sein, und wie unsicher junge Mädchen sind? Auf jeden Fall ein Zeichen der Zeit.

Wenn Essen Mangelware ist, dann ist Beleibtheit ein Zeichen des Wohlstands. Gibt es für alle genug, wird das Zuviel ein Problem, dann ist Beleibtheit ein Zeichen von Disziplinlosigkeit. Entsprechend hat sich das Schönheitsideal in den westlichen Industrieländern gewandelt. Besonders gut erkennt man das, wenn man alte Kino- und Fernsehfilme betrachtet. Viele weibliche Stars wirken aus heutiger Sicht rundlich.

Aber nicht nur Schönheitsideal und Frauenbild haben sich verändert, auch die Essgewohnheiten selbst. Nahrung gibt's im

Überfluss, aber in vielen Familien keine regelmäßigen Mahlzeiten mehr. Wo früher gemeinsame Mahlzeiten den Tag strukturierten und alle Familienmitglieder disziplinierten – jeder sah, was die anderen von den vorgegebenen Mengen aßen, und »zwischendurch« gab's nichts –, muss sich heute jeder selbst zügeln. Auch viele Kinder und Jugendliche. Die Erwachsenen sind ihnen dabei längst nicht immer ein gutes Beispiel, manchmal nicht mal mehr ausreichende Versorger. Seit Langem klagen Lehrer, viele Kinder würden ohne Frühstück zur Schule geschickt.

Immer mehr Kinder sind zu dick, heißt es. 6 bis 8 Prozent sollen adipös, also krankhaft übergewichtig sein. Andere wiederum sind viel zu dünn oder wollen es werden, weil sie den Magermodels nacheifern. Das Bundesministerium für Gesundheit lässt verlauten: Jedes fünfte Kind weist Symptome einer Essstörung auf, und 56 Prozent der 13- bis 14-Jährigen wollen dünner sein. 56 Prozent! Im Juli 2008 präsentierte die Gesundheitsministerin eine Selbstverpflichtung der Modebranche: Ab sofort sollen nur noch Models beschäftigt werden, die mindestens einen Body-Mass-Index von 18,5 haben und mindestens 16 Jahre alt sind.

Grundsätze gesunder Ernährung

Zwischen dem 11. und 20. Lebensjahr verdoppelt sich das Körpergewicht beinah. Deshalb ist für den wachsenden Organismus eine abwechslungsreiche, gesunde Kost besonders wichtig:

- Viele pflanzliche Lebensmittel wie frisches Obst, knackiges Gemüse und eine große Auswahl an Vollkornbrot, Kartoffeln, Naturreis und Vollkornnudeln.

info

Der Body-Mass-Index

Ab wann jemand als übergewichtig gilt, wird mit dem sogenannten Body-Mass-Index bestimmt. Dieser steht für das Verhältnis zwischen Körpergröße und Gewicht und wird berechnet, indem das Körpergewicht in Kilogramm durch die Körpergröße in Metern zum Quadrat geteilt wird. Bei Erwachsenen entspricht ein BMI zwischen 18 und 25 einem normalen Körpergewicht. Bei einem BMI zwischen 26 und 30 sprechen Mediziner von Übergewicht, bei einem BMI von über 30 von Fettleibigkeit (Adipositas). Ein Rechenbeispiel: Bei einer Größe von 1,70 m und einem Gewicht von 78 kg teilt man 78 durch 2,89 (1,70 x 1,70). Dabei erhält man einen BMI von knapp 27, was als übergewichtig gilt. Ob aus Übergewicht Gesundheitsschäden entstehen, hängt von der individuellen Veranlagung und etlichen weiteren Faktoren ab.

Bei Kindern und Jugendlichen gelten andere Grenzwerte für den BMI. Sie zeigen, dass die Bandbreite bei ihnen größer ist als bei Erwachsenen und spiegelt, was die Lebenserfahrung zeigt: Kinder in der Entwicklung können besonders schlank und schlaksig sein oder etwas Babyspeck ansetzen, das ist dann alles noch normal. Für Mädchen sind die Werte für ein normales Gewicht (gerundet):

10–11 Jahre ...... BMI 14–23
12–13 Jahre ...... BMI 16–24
14 Jahre .... BMI 17–26
15 Jahre ...... BMI 17–28
16 Jahre ...... BMI 18–24
17 Jahre ...... BMI 18–26

- Weniger tierische Lebensmittel.
- Möglichst wenig sehr zucker- und fetthaltige Lebensmittel. Deshalb nur sehr begrenzt: Chips, Pommes frites, Fertiggerichte, Saucen, Paniertes, Pizza, Süßigkeiten oder Limonaden.

Gute Beziehungen sind wesentlich fürs Wohlfühlen

Tragfähige Familienbeziehungen wirken sich positiv auch auf das Körperempfinden aus: Eine Befragung der Bundeszentrale für gesundheitliche Aufklärung von 2006 ergab: »Die Hälfte der Mädchen mit einem guten Vertrauensverhältnis zu ihren Eltern fühlen sich wohl in ihrem Körper, während es schon bei einer nur mittleren Vertrauensbasis lediglich noch 37 Prozent sind.« Auch das Alter spielt natürlich eine wichtige Rolle: Mädchen fühlen sich mit 16 und 17 Jahren weitaus wohler in ihrem Körper als mit 14.

Solange Sie keinen Grund zu ernsthafter Sorge haben, problematisieren Sie es nicht, wenn Ihre Tochter mal weniger Appetit hat oder mal tüchtig zulangt! Je klarer Sie ihr zeigen können, dass Sie zuversichtlich davon ausgehen, dass sie sich normal und gesund entwickelt, umso besser kann sich ihr Selbstbewusstsein entwickeln. Kritik an Figur und Gewicht begünstigt hingegen Selbstwertprobleme und Stress und damit – genau wie Diäten – Übergewicht. Wichtig zu wissen ist auch, dass Körperbau und Gewicht zu einem großen Teil genetisch vorgegeben sind. Die grundsätzlichen körperlichen Gegebenheiten wie zum Beispiel ein breiteres Becken sind mit keiner Diät außer Kraft zu setzen.

Eine Mutter, die dauernd Diät hält, bestätigt der Tochter, dass eine Frau fortwährend an ihrer Figur »arbeiten« muss. Verzicht auf Dickmacher und bewusstes Einkaufen gesunder Lebensmittel sorgen hingegen für ein gutes Vorbild.

info

Essstörungen

Magersucht (Anorexia nervosa)

Magersucht ist die gefährlichste Essstörung und tritt vor allem bei leistungsorientierten Mädchen zwischen 14 und 18 Jahren auf. Die Betroffenen sind zwanghaft darauf konzentriert, ihr Gewicht zu kontrollieren und zu steuern. Dabei verlieren sie die realitätsgerechte Sicht auf ihren Körper und das Gefühl für seine normalen Bedürfnisse. Trotz Untergewicht finden sie sich zu dick und bekämpfen ihr vermeintliches Übergewicht weiter, manchmal auch durch ausufernde sportliche Betätigung und Abführmittel, vor allem aber durch Mangelernährung. Rund 90 Prozent der Erkrankten sind weiblich. Ungefähr jede Zehnte stirbt an den Folgen der Magersucht.

Oft beginnt die Krankheit in der Pubertät. Das Bestreben, sich von den Eltern zu lösen, Perfektionismus und ein geringes Selbstwertgefühl – all das drückt sich auf verhängnisvolle Weise im Essverhalten aus. Gleichzeitig besteht ein stiller Wunsch, kindlich, zerbrechlich und hilfebedürftig zu bleiben. Die sich entwickelnde Weiblichkeit führt zu inneren

Konflikten; die Rolle als Frau wird abgelehnt. Die Mädchen belastet die Unmöglichkeit, das Schönheitsideal zu erreichen, die Sehnsucht, attraktiv zu wirken, und das gleichzeitige Gefühl des Ungenügens. Diese schwere psychische Krankheit hat viele Facetten. Alarmsignale sind unter anderem

- starker Gewichtsverlust in kurzer Zeit,
- eingeschränktes Essen und Hyperaktivität,
- Untergewicht,
- Perfektionismus,
- ständige Beschäftigung mit den Themen Nahrung, Kalorien, Übergewicht,
- Ausbleiben der Regelblutung.

Das Problem für Angehörige ist, dass Magersüchtige nicht einsehen können, dass sie krank sind. Unternehmen Sie alles in Ihrer Macht Stehende, damit Ihre Tochter fachgerechte ärztliche Hilfe bekommt, wenn Sie befürchten, sie sei gefährdet oder tatsächlich magersüchtig.

Ess-Brech-Sucht (Bulimie)

Von der Anorexie zur Bulimie gibt es fließende Übergänge. Hier kommt es immer wieder zu Heißhungeranfällen, bei denen heimlich, zwanghaft und innerhalb kürzester Zeit riesige Mengen an Essen verschlungen werden. Durch absichtlich herbeigeführtes Erbrechen, Fasten, Missbrauch von Appetitzüglern oder Abführmitteln versuchen die Betroffenen, der gefürchteten Gewichtszunahme entgegenzuwirken.

Binge Eating Disorder
Kommt es zu wiederholten Essanfällen (»Binge« = »schlingen«), die nicht bewusst gesteuert werden können, wird dafür der Begriff »Binge Eating Disorder« verwendet. Die Betroffenen vertilgen innerhalb kurzer Zeit ungewöhnlich große Mengen. Ihr Sättigungsgefühl wird von der Esssucht völlig unterdrückt. Im Gegensatz zur Bulimie werden nach dem Essanfall keine Maßnahmen ergriffen, um eine Gewichtszunahme zu verhindern. Deshalb geht diese Essstörung meist mit Übergewicht einher.

Warum ausreichend Schlaf so wichtig ist

Eltern beobachten, dass ihre Kinder von der Pubertät an immer später schlafen gehen, dafür aber am Wochenende gar nicht mehr aus dem Bett wollen. Kann das gesund sein, fragen sich viele.

Schlaf-Wach-Rhythmus in der Pubertät

Die Zirbeldrüse im Gehirn verhilft dem Schlafbedürfnis zu seinem Recht. Sie produziert das Schlafhormon Melatonin in einem Tag und Nacht umspannenden Rhythmus. In der Pubertät steigt die Konzentration dieses Hormons deutlich an – mit dem Ergebnis, dass das Schlafbedürfnis zunimmt. Allerdings liegt dessen Gipfel bei Jugendlichen 2 Stunden später als bei Kindern, sodass sich ihr Schlaf-Wach-Rhythmus verschiebt. Tatsächlich können sie oft erst gegen 11 Uhr abends einschlafen und werden erst nach 9 Uhr morgens richtig wach. Forschungen in Schlaflabors haben all dies belegt, auch, dass Pubertierende vor 9 Uhr noch sehr müde sind. Erwartet wird von ihnen aber, dass sie um 7.30 oder 8 Uhr in der Schule putzmunter sind. Deshalb häuft sich oft ein ziemlicher Schlafmangel an. Der Körper wartet auf die nächste Gelegenheit zum Ausgleich: Die gibt es dann am Wochenende.

Ein regelmäßiger Schlaf-Wach-Rhythmus kann sich so nicht einpendeln. Wie neuere Untersuchungen zeigen, sind 13-jährige Schweizer Jugendliche ein Viertel ihrer Anwesenheitszeit in der Schule schläfrig. Anderswo dürfte das genauso sein.

Gehirnstrukturen stabilisieren sich im Schlaf

Genügend Schlaf ist in der Zeit der körperlichen Entwicklung besonders wichtig. Das Gehirn ist überaus aktiv mit Umbauprozessen beschäftigt, und **die Bildung neuer Verknüpfungen der Nervenbahnen setzt sich im Schlaf fort, die Gehirnstrukturen stabilisieren sich so. Tagsüber aktivierte Gehirnzellen verarbeiten und festigen neu Erworbenes im Schlaf weiter.**

Natürlich gibt es genauso wie bei uns Erwachsenen individuelle Unterschiede: Manche Jugendliche sind Nachteulen, andere sind abends zu nichts mehr zu gebrauchen.

Folgen von Schlafmangel

Jeder weiß: Schlafmangel führt zu Beeinträchtigungen der geistigen und körperlichen Leistungsfähigkeit. Dazu zählen: Interesselosigkeit, Unruhe, Reizbarkeit, Niedergeschlagenheit, Erschöpfung. Wenn Sie solche Symptome bei Ihrer Tochter beobachten, sollten Sie an einen möglichen Zusammenhang mit vorübergehenden Schlafstörungen denken.

Ihre Tochter wird vermutlich Ihre Befürchtungen weit von sich weisen. Aber ein Arztbesuch – zum Beispiel im Rahmen der J1 oder für eine Impfung – ist eine Gelegenheit, bei der Sie vorab oder in Begleitung Ihrer Tochter auf das Problem hinweisen können, um zu erfahren, ob etwas getan werden muss. In den meisten Fällen erledigt sich das Problem früher oder später allerdings von allein.

Nicht vernachlässigen: Bewegung und Sport

Bewegung kräftigt die Muskulatur, sorgt für einen besseren Stoffwechsel und eine ausgeglichene Energiebilanz. Bewegung ist in der Pubertät besonders wichtig.

- Sport kann helfen, mit den neuen Körperproportionen vertraut zu werden und die körperliche Leistungsfähigkeit zu spüren. Das stärkt – zusammen mit der Erfahrung, auch den »neuen« Körper beherrschen zu können – das Selbstbewusstsein.
- Sport ist mit Grenzerfahrungen verbunden. Es geht um Kon-

kurrenz und Teamgeist, um Leistungsfähigkeit und Ausdauer. Kindern und Jugendlichen hilft das dabei herauszufinden, wer sie sind, und es fördert ihre sozialen Kompetenzen.

- Sportvereine und Jugendgruppen bieten Gemeinschaftserlebnisse in festen Strukturen.
- Die Menge an Knochenbälkchen in den einzelnen Knochen und deren Festigkeit, **die Knochendichte, nimmt bis zum 20. Lebensjahr zu. Bewegung und Sport fördern das und beugen so Osteoporose im späteren Lebensalter vor.**
- Beim Sport kann man seine Aggressionen in Leistung verwandeln. Und man lernt, dass das nur mit einer guten inneren Steuerung funktioniert, weil man seine Energien bündeln und zielgerichtet einsetzen muss.
- Für Mädchen in der Pubertät hat sich der Reitsport aus psychologischer Sicht besonders bewährt, und er findet in dieser Gruppe ja auch eine große Anhängerschaft. Viele Pubertätsprobleme werden beim Umgang mit Pferden verarbeitet: Der Wunsch, ein Lebewesen zu umsorgen, ein starkes Wesen zu lieben, aber auch zu kontrollieren, das macht den Pferdestall für Mädchen zu einem Schonraum und Experimentierfeld zugleich.
- Beim Sport muss man nicht viel reden und kann doch aus sich herauskommen.
- Bewegungsfreude ist Lebensfreude, sie führt zu Ausgelassenheit, zu Unbeschwertheit. Sie kann mit intensiven Naturerlebnissen verbunden sein. All das ist mit Glücksgefühlen verbunden.

Plötzlich Sportmuffel?

Manche Mädchen verlieren in der Pubertät jede Lust an sportlicher Betätigung und versuchen regelrecht, sich davor zu drücken. Das ist oft Folge der tiefen Verunsicherung durch die körperlichen Veränderungen. Sie führen zu Schamgefühlen, die es einfach nicht erlauben, sich unbefangen im Bade- oder Sportzeug zu zeigen.

Koedukativer Schulsport ist vielen pubertären Mädchen ein Gräuel (vielen Jungen übrigens auch). Mädchen schämen sich dann vor allen, besonders aber vor den Jungen in ihrer Klasse, denn deren Blicke werden immer wichtiger für die große Frage: Bin ich attraktiv? Erwachsene haben oft vergessen, wie intensiv diese Schamgefühle in Sporthalle oder Schwimmbad, aber auch im Umkleideraum vor den anderen Mädchen sein können. Mädchen erzählen mir sehr häufig davon, nicht aber ihren Lehrerinnen und Eltern, weil sie sich auch noch für ihre Schamgefühle schämen. Abfällige Bemerkungen von Jungen sind heute an der Tagesordnung. Mädchen, die dem in den Medien vermittelten Schönheitsideal nicht entsprechen – und das sind die meisten –, werden in Sportstunden oft zusätzlich verunsichert statt gestärkt.

Setzen Sie sich in der Schule Ihrer Tochter dafür ein, dass während der Pubertät Sport und Schwimmen für Jungen und Mädchen getrennt unterrichtet werden! Das kommt auch den Jungen zugute, denn sie möchten in diesem Alter nicht auf Mädchen Rücksicht nehmen, sondern ihre Grenzen austesten.

Fragen und Antworten zum Thema Gesundheit

Frage: Muss ich zum Frauenarzt, wenn ich meine Tage kriege?

Dr. Schoonbrood: Nein, seine Tage zu bekommen ist ja keine Krankheit, sondern ganz normal und Zeichen einer gesunden Entwicklung. Zum Frauenarzt, zur Frauenärztin würdest du gehen, wenn du Beschwerden im Unterleib oder in der Brust hast. Du würdest hingehen, wenn du dir Sorgen über irgendetwas machst, was mit deinen Tagen zusammenhängt, oder einfach, um etwas dazu zu fragen.

Kann bei Brustwarzenpiercing irgendwas Schlimmes passieren?

Ja. Die Brustwarzen sind empfindlich, es kann also zu dauerhaften Schmerzen kommen. Schlimmer ist, dass die kleinen Milchkanäle, die beim Stillen die Milch aus dem Brustdrüsengewebe sammeln, durch das Piercing meist zerstört werden. Dann kann man später nicht Stillen. Das Schlimmste ist, dass Piercings ausgedehnte Entzündungen verursachen können und Abszesse. Dann muss die Brust sogar operiert werden.

Wird man auf dem Stuhl festgeschnallt?

Nein. So wie ein Armsessel Lehnen für die Arme hat, hat der gynäkologische Untersuchungsstuhl Lehnen für die Beine. Die Frau kann ihre Beine während der Untersuchung bequem auf diese Lehnen legen, aber sie kann sie jederzeit wieder runternehmen. Sie kann also auch jederzeit von dem Stuhl aufstehen.

Stimmt es, dass männliche Frauenärzte besser sind als Frauen, weil Frauen das ja alles selbst haben und deshalb nicht so vorsichtig damit sind?

Das stimmt nicht. Es gibt sehr nette Ärztinnen und sehr nette Ärzte, die überaus vorsichtig untersuchen und einfühlsam sind. Natürlich kann es sein, dass man mal auf einen Arzt oder eine Ärztin trifft, bei dem oder der man sich nicht wohlfühlt, aber das hat meist nichts mit dem Geschlecht zu tun.

Ich war dabei, als meine Mutter beim Frauenarzt untersucht wurde, und habe gesehen, wie der einen Handschuh anzog und mit der ganzen Hand da unten reinging. Wozu soll das gut sein?

Vielleicht war es nicht angenehm für dich, bei der Untersuchung deiner Mutter dabei zu sein, und vielleicht mochtest du deshalb nicht so ganz genau hinsehen. Der Arzt untersucht durch die Scheide nicht mit der ganzen Hand, sondern mit einem Finger. Damit schiebt er die Gebärmutter ein wenig nach oben, sodass er sie mit der anderen Hand von außen erfühlen kann. So ist zu ertasten, ob die Gebärmutter in Ordnung ist.

Meine Freundin hat eine Rötung und Jucken an den Schamlippen. Sie benutzt Babycreme, aber es geht nicht weg. Was soll sie tun?

Sie sollte rasch zu einer Frauenärztin oder einem Arzt gehen. Sie muss sich auf keinen Fall schämen. So etwas gibt es sehr häufig, auch ganz von selbst. Wichtig ist, dass sie sich sofort behandeln lässt, damit sich die Entzündung nicht ausbreitet.

Ist Oralverkehr gefährlich?

Beim Oralverkehr können die gleichen Krankheiten übertragen werden wie beim Vaginalverkehr. Deshalb sind immer zwei Dinge wichtig. Erstens die Frage: Will ich das wirklich? Und zweitens, wenn ja, dann nur mit Kondom.

Darf man fettige Haare jeden Tag waschen?

Ja, denn es ist am wichtigsten, dass du dich wohlfühlst. Haare werden durch tägliches Waschen nicht fettiger.

Ich möchte ein Tattoo, aber meine Mutter erlaubt das nicht. Was kann ich machen?

Es wäre gut, wenn du das akzeptieren könntest, denn deine Mutter verbietet das vermutlich, weil sie denkt, dass du es irgendwann bereuen könntest, ein Tattoo zu haben. Denn das passiert später womöglich. Eine 18-Jährige, die bei einer Model-Casting-Show gewonnen hatte, erzählte, sie hätte mit 15 Jahren unbedingt ein Tattoo haben wollen, und nun sei sie ihrer Mutter unheimlich dankbar, dass sie das damals nicht erlaubt hatte. Mit einem Tattoo hätte sie nämlich keine Chancen gehabt als Model.

7. Pornografie und Gewaltdarstellung

Die Kommerzialisierung der Sexualität hat die Kinderzimmer erreicht – mit beunruhigenden Folgen. Hier ist Gleichgültigkeit Gift! Lesen Sie, wie Sie Ihren Kindern den richtigen Umgang mit Medien vermitteln und sie gegen schädliche Einflüsse wappnen können.

»Solche Bilder will ich gar nicht sehen«

Gleichgültigkeit ist Gift!

»Was ist blasen? Warum soll das toll sein?« – »Wenn man keinen Freund findet, nimmt man dann einen Dildo?« – »Was ist Analverkehr?«

Ungefähr vor fünf, sechs Jahren stellten mir plötzlich 11- und 12-jährige Mädchen solche Fragen. Pornografie war in den Kinder- und Klassenzimmern angekommen – Pornografie und Gewaltdarstellungen – in Form von Videos aus dem Internet und als Rap-Musik.

Womit werden Kinder und Jugendliche konfrontiert?

Bilder nackter Körper faszinierten Menschen zu allen Zeiten. Und immer wieder wird neu bestimmt, was erlaubt und was verboten ist. Aktfotos waren vor 100 Jahren sensationell, heute nehmen in Pornofilmen Geschlechtsteile den ganzen Bildschirm ein. Vor dreißig Jahren war ein unbekleidetes Paar beim

Geschlechtsverkehr in der Missionarsstellung sehr aufregend. Heute zeigt ein Hetero-Porno mindestens, wie eine Frau anal und oral penetriert wird.

Was ist Pornografie?

Nach der Definition des Oberlandesgerichts Düsseldorf ist Pornografie eine »grobe Darstellung des Sexuellen, die in einer den Sexualtrieb anstachelnden Weise den Menschen zum bloßen, auswechselbaren Objekt geschlechtlicher Begierde degradiert. Diese Darstellungen bleiben ohne Sinnzusammenhang mit anderen Lebensäußerungen und nehmen spurenhafte gedankliche Inhalte lediglich zum Vorwand für provozierende Sexualität.«

Pornografie ist eine Ware, inzwischen Teil einer Industrie mit riesigen Umsätzen. Das Internet hat diese Industrie, vor allem aber den Pornografiekonsum, verändert. Jeder kann alles ansehen, ohne als Kunde aufzufallen, zu jeder Zeit, von jedem PC aus. Keiner kann die Nutzer sehen, kann das Angebot kontrollieren. Und alles ist kinderleicht. Zwei, drei Klicks, und Fotos und Filme sind auf dem Schirm, vieles kostenlos und höchstens mit der Frage verbunden, ob man 18 Jahre alt sei. Wer Ja anklickt, kann anschauen, was er möchte.

Weil Pornografie überall zu sehen ist, müssen Jungen und Mädchen wissen, was Pornografie ist und bewirkt. Erwachsene müssen ihnen das sagen – zu Hause und in der Schule.

Kein Halt ohne klare Haltung

Eltern, Lehrerinnen und Lehrer wollen und sollen Kindern und Jugendlichen Maßstäbe vermitteln und so Halt geben. Dazu bedarf es einer klaren Haltung. Die aber ist gar nicht leicht zu gewinnen, denn auch viele Erwachsene fühlen sich überfordert davon, auf die ständigen pornografischen Reize mit Gegenwehr zu reagieren. Und muss man das überhaupt? Macht man sich nicht lächerlich?

Jeder wird mit pornografischen Angeboten überschwemmt. Jeder bekommt Porno-E-Mails – einfach wegklicken. Natürlich ärgert man sich über sexistische Werbung, wenn man sie denn überhaupt noch wahrnimmt. Manche Erwachsene gucken selbst ganz gern mal Pornos (gäbe es sonst in Hotelzimmern Pay-TV-Pornos?), aber in Bezug auf ihre Kinder schieben offenbar viele Gedanken an Pornografie möglichst weit von sich – ist ja alles nicht so wild und nicht so wichtig und ohnehin nicht zu ändern.

Zudem unterliegen auch Erwachsene leicht dem Mythos einer ewig jugendlichen, ewig sexuell leidenschaftlich aktiven Gesellschaft. In der Realität aber halten Paare in mittleren Jahren ihr Liebesleben insgeheim oft für recht eintönig und fragen sich deshalb womöglich, ob ihre Beziehung noch gut ist. Dazu gehört – glaubt man den medialen Einflüsterungen mehr als den eigenen Gefühlen und der Lebenserfahrung – wilder Sex.

Wenn man wüsste, dass es bei Nachbarn und Freunden auch nicht aufregender zugeht als im eigenen Bett, könnte man sich anderen Fragen zuwenden. Aber gerade in Liebesdingen möchte niemand zu den Unterprivilegierten zählen. Und Sex zu haben, sexy zu sein gehört einfach zum guten Ton. **Was vor wenigen Jahren noch als geschmacklos und beschämend gegolten hätte, scheint heute normal.** Wer es anders sieht, hält die Klappe, denn niemand möchte als prüde oder sexuell verklemmt angesehen werden.

» DAS MUTTER-TOCHTER-GESPRÄCH «

»Wenn man Frauen und Männer dabei filmt, wie sie möglichst grob und lieblos Sex machen, und es um gar nichts anderes geht, dann ist das Pornografie. Pornos sind erregend, vor allem für Jungs, für Männer. Deshalb sind manche bereit, Geld dafür auszugeben.

Pornos sind ein Geschäft, mit dem sehr viel Geld verdient wird. Auch die Pornodarsteller verdienen Geld damit, dass sie sich auf schamlose Weise nackt zeigen und vor einer Kamera Sex haben. Sie machen Sex ohne Lust und ohne Liebe für Geld, so wie Prostituierte das auch tun. Männliche Pornodarsteller nehmen Pillen, damit ihr Penis steif wird. Und wenn eine Frau im Porno stöhnt, so als sei sie unglaublich erregt oder so als habe sie einen Orgasmus, dann ist das nur gespielt, so wie alles andere in den Filmen auch.

Nichts davon hat mit wirklicher Lust zu tun, sondern nur mit Geld. Schlimm ist auch, dass in Pornos so getan wird, als hätten Frauen und Männer einfach so, ohne Liebe, immer Spaß an Sex. Weil das für die meisten Menschen gar nicht zutrifft, sind alle Pornos für Kinder und Jugendliche verboten. Aber durch das Internet klappt es mit der Kontrolle dieses Verbots nicht mehr, und Minderjährige sehen das leider trotzdem.«

Da braucht es Mut, wenn jemand sich eine klare Haltung erlauben will, denn sie setzt ihn leicht dem Verdacht aus, jungen Leuten den Spaß verderben zu wollen, der für ihn selbst vielleicht nicht mehr selbstverständlich ist.

Ich bin sicher, dass wir diesen Mut aufbringen müssen, wenn wir wieder mit mehr Würde leben, vor allem aber unsere Kinder vor großem Schaden bewahren wollen.

Die Rechtslage

In Deutschland ist nur die Verbreitung bestimmter Arten von Pornografie verboten:

- Gewalttätigkeiten (damit sind zum Beispiel Vergewaltigungen gemeint),
- sexuelle Handlungen von Menschen mit Tieren,
- sexueller Missbrauch von Kindern.

Davon abgesehen ist das Herstellen und Verbreiten von Pornografie in Deutschland nicht strafbar, aber aus Jugendschutzgründen stark eingeschränkt. Das Gesetz sagt: **Pornografie darf Kindern und Jugendlichen keinesfalls zugänglich sein. Durch das Internet ist diese Bestimmung vollständig ausgehebelt worden.**

Auch der Schutz vor Gewaltdarstellungen funktioniert nicht mehr. Grundsätzlich ist es verboten, Darstellungen, die grausame oder sonst unmenschliche Gewalttätigkeiten verherrlichen oder aber verharmlosen, herzustellen, zu verbreiten oder zugänglich zu machen. *Jeder*, der das tut, macht sich strafbar. Der Gesetzgeber weist dennoch ausdrücklich darauf hin, dass insbesondere Personen unter 18 Jahren vor solchen Gewaltdarstellungen geschützt werden müssen.

Umgekehrt müssen Eltern im Rahmen ihrer Aufsichtspflicht darauf achten, dass ihre Kinder sich nicht strafbar machen. Interessant ist in diesem Zusammenhang ein Urteil des Landgerichts München I (Az. O 16402/07). Da waren Eltern, deren 16-jährige Tochter urheberrechtlich geschützte Fotos aus dem Internet für ein eigenes Video genutzt und das dann selbst ins Internet gestellt hatte, auf Schadensersatz verklagt worden. Das Gericht gab der Klägerin Recht und wies darauf hin, dass »die Nutzung eines Computers … erhebliche zivilrechtliche Haftungsrisiken birgt, von den Gefahren, die durch jugendgefährdende Inhalte ausgehen, ganz zu schweigen«. Sie hielten den Eltern vor, dass ein mit dem Internet verbundener Computer einem »gefährlichen Gegenstand« gleiche und die Eltern ihre Tochter über die damit verbundenen Gefahren hätten belehren und laufend hätten überwachen müssen, ob die Tochter sich in dem »durch die einweisende Belehrung gesteckten Rahmen bewegt«. Rechtskräftig war das Urteil im August 2008 noch nicht. Aber es ist zu erwarten, dass solche Fragen zur elterlichen Aufsichtspflicht die Gerichte mehr und mehr beschäftigen werden.

Kinder und Jugendliche ohne Schutz

Sexualwissenschaftler sagen, Erwachsene würden nur die Pornos schauen, die ihren Vorlieben entsprächen. Kinder können jedoch noch gar keine sexuellen Vorlieben haben. Im Gegenteil: Sie finden Darstellungen von Sex jeder Art ekelhaft, schon Zungenküsse.

Pornofilme bedrängen sie mit Bildern, die sie nicht verarbeiten können. »Das will ich gar nicht sehen«, sagen Mädchen häufig. Erwachsene wissen oft nicht, dass Kinder auch keine vermeintlich harmlosen Bilder sehen wollen, beispielsweise die Nacktfotos in der »Bravo«. »Da blättere ich ganz schnell drüber weg«, sagte mir neulich wieder eine 11-Jährige. Für das kindliche Gemüt sind sexuelle Darstellungen nicht zu fassen. Das sind Botschaften aus einer fremden und befremdlichen Welt, vielleicht vergleichbar mit Informationen über exotische Essgewohnheiten für Erwachsene. Europäer schütteln sich normalerweise bei dem Gedanken, gekochte Tieraugen, Rattenbraten oder verfaulte Eier essen zu müssen.

Lange gehörte es zu einer intakten Kindheit, dass Erwachsene sexuelle Themen und Darstellungen möglichst vollständig von Kindern fernhielten. Die Jugendschutzgesetze fordern dazu immer noch auf. Durchzusetzen sind sie nicht mehr. *Jedes* Kind kommt heute mit Sexbotschaften der unterschiedlichsten Art in Berührung und *muss* sie verarbeiten. Die MTV-Videos der Porno-Rapper aus Berlin sind im kleinsten Dorf zu sehen, und überall können Pornoclips auf Handys gezeigt werden. Eltern haben das Gefühl, gegen die Flut von sexualisierenden Einflüssen nichts mehr ausrichten zu können. Oder sie nehmen gar nicht wahr, was ihre Kinder sehen und hören, weil ihnen deren Medienwelt unzugänglich ist.

Porno-Rap

Per Ohrstöpsel vom MP3-Player, iPod oder Handy gehen Songs direkt in die Gehörgänge der Kinder und Jugendlichen, ohne dass Erwachsene mitbekommen, was besungen wird.

Schon die Namen mancher Interpreten lassen keinen Zweifel an ihren Absichten: »Frauenarzt« oder »King Orgasmus One«. Viele rappen auf Deutsch. Aber kein Kind versteht auf Anhieb, was »arschficken« oder »Gangbang« bedeutet oder warum Frauen ständig »Nutten« oder »Schlampen« genannt werden. Trotzdem können schon Viertklässler die Songs Wort für Wort mitsingen.

In vielen dieser Lieder geht es um Gewalt, in vielen um sexuelle Gewalt, um Massenvergewaltigung (»Gangbang«), um Frauen als Objekte, deren Körperöffnungen ganz nach Belieben benutzt werden – und zwar so, dass es Frauen gewiss keinen Spaß macht. Porno-Rapper transportieren sexualisierte Gewaltphantasien.

Immer wieder werden Songs von der Bundesprüfstelle für jugendgefährdende Medien indiziert. Dem kommerziellen Erfolg schadet das nicht. Der ist enorm und füllt die Kassen vermeintlich seriöser Unternehmen, von Plattenfirmen, Konzertveranstaltern, Jugendzeitschriften. Scheinheilig wird behauptet, die Texte seien ironisch gemeint, auch die, in denen es um Hass und Gewalt auf Schwule und Obdachlose geht. Die Rapper selbst sagen es mitunter ehrlicher: Nein, sie würden ihren Kindern nicht erlauben, ihre Songs zu hören, bekennen manche. Einerseits. Andererseits seien sie nicht verantwortlich dafür, dass einige Kids die Texte wörtlich nähmen und Mädchen sich damit brüsten, »Gangbang« mit so und so vielen Jungen ausgehalten zu haben.

»Bravo« feiert die Star-Rapper, beschäftigt einen von ihnen als Reporter und übrigens auch Dieter Bohlen als Ratgeber in Sachen »Liebe, Schule, Taschengeld«. **Auch Medien, die sich als Verbündete der jüngsten Teenager im Dschungel der Ju-**

gendkultur ausgeben, verraten sie. Ihr Vertrauen wird missbraucht und ausgebeutet.

Das sehe ich auch an den Kommentaren von Schülerinnen zum »Bodycheck« in »Bravo«, mit jeweils ganzseitigen Fotos von einer nackten jungen Frau und einem nackten jungen Mann. 11-, 12-Jährige mutmaßen, die Jungen und Mädchen, die sich dort nackt präsentieren, täten das, um einen Freund, eine Freundin zu finden. Sie schauen mich entgeistert an, wenn ich ihnen erzähle, dass die das wohl vor allem deshalb tun, weil sie Geld dafür bekommen.

Opfer oder Täter

Und auch Gewalt ist allgegenwärtig. Der aggressive Jungmacho, der »Gangster«, ist angesagt (und macht den meisten Jungen große Angst). Vor ein paar Jahren wollten Jugendliche nicht als »Loser«, als Verlierer, dastehen. Heute fürchten sich alle davor, »Opfer« zu sein, und liebäugeln deshalb damit, zu den »Tätern« zu gehören. Und die profilieren sich auf Kosten der vermeintlich oder tatsächlich Schwächeren. Dazu muss man sie machen, das heißt, muss sie entwerten. Mädchen werden »Schlampen«, »Nutten« und »Fotzen« genannt. »Geil« und »ficken« sind Allround-Wörter geworden, das heißt, alles wird mit Geschlechtsverkehr, mit Prostitution in Verbindung gebracht, oft ohne dass es noch richtig bewusst wird.

Seine Lieder seien »für die Kinder so wie Rauschgift«, brüstet sich der Rapper Bushido in einem Song und lässt nebenbei das Wort »Faustfick« fallen. Wer das nicht kennt und alt genug für eine Internetrecherche ist, lernt, dass es Leute gibt, die anderen eine komplette Faust in Vagina oder Anus stopfen und »girls« das angeblich »supergeil« finden. Und zu allem und noch viel mehr, zu Sex mit Tieren oder Exkrementen, zu sadomasochistischen Praktiken, um nur einige zu nennen, gibt es mit einem Klick das entsprechende pornografische Anschauungsmaterial.

- So hören Kinder und Jugendliche heute von sexuellen Praktiken, die Eltern und Lehrern in vielen Fällen vermutlich weitgehend unbekannt sind.
- So wachsen Mädchen und Jungen mit der Vorstellung auf, es sei normal, dass Männer Frauen sexuell benutzen, quälen, anal penetrieren, in ihren Mund oder in ihr Gesicht ejakulieren.
- So wachsen sie mit ekelerregenden und beängstigenden Bildern sexueller Gewalt auf.
- So wachsen sie mit Bildern von Männer- und Frauenkörpern auf, die es in der Realität nicht gibt, von stets verfügbaren Frauen mit Silikonbrüsten und Männern mit monströsen Penissen und Dauererektionen.
- So wachsen sie mit Ängsten auf, diesen Bildern entsprechen zu müssen, wenn sie selbst Sex haben werden.

Songs, Bilder und Filme, die Pornografie und Gewalt transportieren, gewinnen Macht über die Phantasien von Kindern und Jugendlichen und können auch ihr Tun bestimmen. In der Pubertät, in dem Lebensabschnitt, in dem sich moralische Standpunkte, in dem sich die erwachsene Persönlichkeit überhaupt erst entwickelt, ist das besonders gefährlich.

Was Pornos und Gewaltdarstellungen bewirken

In Schulen sind die sexuelle Verrohung und Verwahrlosung längst mit Händen zu greifen. Das erlebe ich regelmäßig. Nicht nur die Fragen von Kindern und Jugendlichen sprechen Bände, auch ihr Verhalten: Schon in 5. und 6. Klassen berühren Jungen Mädchen an Busen oder Po. Sie geben vor zu masturbieren, deuten Geschlechtsverkehr an. Und nicht immer bleibt es beim So-tun-als-ob: Jungen onanieren in der Schule, und manchmal »probieren« Mädchen und Jungen Sex aus. Sie spielen das nach, was sie gesehen haben, gewissermaßen in aller Unschuld. Ein Vorwurf ist ihnen deshalb kaum zu machen. Es ist vielmehr eine dringliche Aufgabe von Eltern und Lehrern, mit größtem Nachdruck dafür zu sorgen, dass Jungen und Mädchen sich möglichst weitgehend frei von pornografischen und gewalthaltigen Texten und Bildern entwickeln können.

2006 führte die Kriminalstatistik bei Vergewaltigung 768 jugendliche Tatverdächtige, mehr als doppelt so viele wie zehn Jahre zuvor. Beim Missbrauch von Kindern stieg die Zahl jugendlicher Tatverdächtiger von 887 im Jahr 1996 auf etwa 1600 im Jahr 2006 (»Spiegel« 9/2008).

Die Gewaltkriminalität von Jugendlichen hat insgesamt erheblich zugenommen. In der Polizeilichen Kriminalstatistik für das Jahr 2007 heißt es: »Insbesondere bei der gefährlichen und schweren Körperverletzung wurde ein Anstieg von 6,3 Prozent registriert. Diese Entwicklung zeigt, dass bei Teilen der Jugendlichen eine erhöhte Gewaltbereitschaft bei gesunkener Hemmschwelle und teilweise brutalem Vorgehen festzustellen ist.« Auch bei jungen Mädchen steigt die Gewaltbereitschaft. Die Kriminalpolizei weist ausdrücklich darauf hin, dass *alle* gesellschaftlichen Kräfte dieser Entwicklung verstärkt entgegenarbeiten müssen.

Wenn sich verantwortliche Erwachsene einig wären, könnten sie viel bewirken, zumindest bei den legalen Medienangeboten. Ein Beispiel: Bei der Kommission für Jugendmedienschutz gingen so viele Beschwerden aus der Bevölkerung über Dieter Bohlens »herabwertende« Kommentare während der RTL-Sendung »Deutschland sucht den Superstar« ein, dass die Kommission dem Sender 2008 ein Bußgeld in Höhe von 100 000 Euro auferlegte. Begründung: »Beleidigende Äußerungen und antisoziales Verhalten werden in dem TV-Format als Normalität dargestellt. So werden Verhaltensmodelle vorgeführt, die Erziehungszielen wie Toleranz und Respekt widersprechen.«

Auch der Gesetzgeber ist gefragt: Es kann und darf nicht hingenommen werden, dass durch neue Medien die Jugendschutzgesetzgebung permanent außer Kraft gesetzt wird, ohne dass Anbieter Sanktionen befürchten müssen.

Ohne Tabus keine gesunde Entwicklung

Männliche Jugendliche haben immer schon Pornografie als »Lehrmaterial«, als »Scharfmacher« und Masturbationsvorlagen genutzt. Heimlich. Ihnen war klar, dass sie etwas Verbotenes oder doch zumindest Anrüchiges taten. War die Neugier groß genug, brachten sie den Mut auf, Verbote zu übertreten, und unterzogen sich der Mühe, an die Objekte ihrer Begierde, meist Pornohefte, die ja für Minderjährige nur schwer erreichbar waren, heranzukommen. Ganz unabhängig davon, was es dann zu sehen gab, war das allein schon ziemlich aufregend. Da zu jedem Zeitpunkt klar war, dass Grenzen überschritten wurden, gab es keinen Anlass, die Welt der Pornos mit der wirklichen Welt zu verwechseln. **Verbote machen es nur reizvoller, sagen viele. Das ist falsch. Reizvoll ist vieles so oder so. Aber Verbote helfen bei der Wertung.**

Heute bekommen Kinder Pornografie zu sehen, *bevor* auch nur das geringste Interesse an Sexualität in ihnen entstanden ist. So verursacht Pornografie nicht nur Ekelgefühle, sondern auch Angst, nicht zuletzt Angst vor der eigenen Zukunft als Erwachsener, in der – so sagen ja alle – man selbst so etwas wird tun müssen. Kinder können durch pornografische, durch gewaltträchtige Bilder traumatisiert, also dauerhaft psychisch geschädigt werden.

Untersuchungen über die mittel- und langfristigen Folgen dieser Entwicklung gibt es noch nicht. Wie dramatisch junge Leute durch Pornografie in ihrer sexuellen Entwicklung gestört werden können, zeigte jedoch der Themenabend »Generation Porno«, den Arte am 28. 5. 2008 ausstrahlte. Da schilderten Jugendliche und junge Erwachsene ihre Erfahrungen mit seelenlosem, beziehungslosem Sex. Zum Schluss wurden sie nach ihren Wünschen gefragt. Die Antworten: Eine echte Liebesbeziehung, später eine Familie mit Kindern. Ihr Sexualverhalten, das seit Jahren pornografischen Drehbüchern folgte, stand dem jedoch im Wege. Und sie glaubten selbst, dass das durchaus ein dauerhaftes Problem sein könnte.

Jacques Waynberg, Leiter eines französischen Instituts für Sexologie, wird von Arte mit der Sorge zitiert, es könne eine ganze Generation heranwachsen, die »unfähig sein wird, sich ein reiches und erfülltes Sexualleben aufzubauen« (www.arte.tv). Eine ganze Generation – und keineswegs nur in Deutschland.

Phantasie und Wirklichkeit

Wenn für Pubertierende pornografische Bilder vorherrschen, entsteht der Druck, so aussehen zu müssen, so zu sein wie die Pornodarsteller und Sex nach diesen »Vor«-Bildern zu absolvieren. Dann ist die Gefahr groß, dass keine eigenen Phantasien mehr entstehen, Jungen und Mädchen von ihren Gefühlen entfremdet werden, eigene Gefühle und Phantasien ihnen als falsch erscheinen.

Erwachsene wissen, wie groß der Abstand zwischen Phantasien und Realität ist und bleiben muss. Wer sagt: »Am liebsten würde ich ihn erwürgen«, tut das glücklicherweise fast nie. Und so ist es auch mit sexuellen Phantasien. In einer zivilisierten Gesellschaft bleiben sie für die meisten Menschen mehr oder weniger bewusste Geheimnisse, mit denen sie in Gedanken spielen, die ihre gelebte Sexualität positiv oder negativ beeinflussen. Aber ihre Phantasien werden nicht vollständig Wirklichkeit.

Macht und Unterwerfung, Hingabe und Eroberung spielen in sexuellen Phantasien eine zentrale Rolle. Sie können zu einem mächtigen erotischen Schwungrad werden. **Wer keine erotischen Phantasien mehr entwickeln kann, liebt sozusagen im Leerlauf und landet in der seelischen Unberührbarkeit.** Von dieser Unberührbarkeit spricht Pornografie: Man kann sämtliche Körperöffnungen noch so weit spreizen, dehnen, beäugen und reizen – ganz schnell wird das öde. Die Seele bleibt unberührt, und der Körper wird deshalb nur mechanisch befriedigt. Dafür braucht man zudem immer stärkere Reize. Da, wo einst der Anblick nackter Brüste Erregung (weil Phantasien) auslöste, reicht nun nicht einmal mehr eine Vulva. Pornografie täuscht, entwertet die eigenen Phantasien als naiv oder falsch, tötet die eigenen Phantasien ab oder verfälscht sie.

Nur das Unsichtbare, das Geheimnisvolle erlaubt persönliche erotische Phantasien, die in der Begegnung mit einer anderen Person zu einem Liebes-»Spiel« führen können, zu einer Berührung von Körper *und* Seele. Deshalb ist es folgerichtig, wenn der französische Sexologe Jacques Waynberg warnt: »Das Hauptproblem besteht darin, dass sich die Sexualität [bei jungen Pornokonsumenten] nicht über die Phantasie ausbildet. Dies kann verheerende Auswirkungen auf junge und sexuell unerfahrene Jugendliche haben« (www.arte.tv/de).

Gewaltdarstellungen jeder Art verletzen Kinder

Die Fragen, die Mädchen mir stellen, zeigen: Kinder müssen das, was ihnen gezeigt wird, gefühlsmäßig für die Wirklichkeit halten. Das gilt in besonderer Weise auch für Gewaltdarstellungen. Ob eine Frau in einem Pornovideo tatsächlich gequält und vergewaltigt wird oder sich von mehreren Männern »freiwillig« in jeder nur denkbaren Form benutzen lässt, ist juristisch gesehen ein beträchtlicher Unterschied, aber nicht für zuschauende Kinder und Jugendliche. Kinder verstehen schon lustvolles Stöhnen, Lustschreie nicht als das, was sie sind, sondern interpretieren sie als Schmerzenslaute. Was wie Gewalt aussieht, *ist* für Kinder Gewalt. Deswegen haben wir Jugendschutzgesetze.

Zudem bekommen Kinder und Jugendliche Pornobilder zu sehen, ohne das Gefühl zu haben, es handele sich um etwas Verbotenes. Auch das hat Folgen: Sie verbreiten sie vollkommen ungeniert weiter. Und sie nehmen oft mit großer Naivität an, diese Bilder seien konkrete Anweisungen fürs wirkliche Leben. Mädchen glauben, bestimmte Dinge tun zu *müssen*, wenn sie einen Freund haben.

»Mit Anfang 20 hatte ich einen Freund, der mit mir in Pornoheften blättern wollte. Für mich war das schrecklich. Zum einen, weil ich sehr verliebt in ihn war, ihm das aber doch übel nahm. Es stieß mich ab, auch von ihm. Zum anderen, weil ich mir so spießig und verklemmt vorkam.«

Gabriele, 52 Jahre

Wenn Pornodrehbücher die Wirklichkeit bestimmen

Ein typischer Dialog, der sich in 6. Klassen, die ich besuche, so oder so ähnlich immer wieder abspielt, ist der folgende:

»Warum wollen die Jungs immer einen geblasen bekommen?«

»Weil die Jungen das angenehm finden. Außerdem haben viele von ihnen das schon in Pornos gesehen und glauben, das ist normal. Und ihr? Wie stellt ihr euch das vor?«

»Iiiih!«, »Bäh!«, »Eklig!«

»Würdet ihr das machen?«

»Wir nicht, aber zwei Mädchen aus der 7. Klasse, das haben wir gesehen, die gehen dann mit Jungs ins Gebüsch neben der Turnhalle und machen das.«

»Warum tun die das, wenn Mädchen das in Wirklichkeit widerlich finden?«

»Weil die Angst haben, den Jungen zu verlieren.«

»Haben die Spaß dabei?«

»Wahrscheinlich nicht.«

Pornografische Vorbilder setzen Mädchen unter enormen Druck: Sie meinen jetzt oder irgendwann später etwas tun zu müssen, was sie ekelhaft finden, weil sie den Jungen, an dem ihnen liegt, sonst verlieren würden und weil sie denken, dass alle anderen das auch machen. So baut sich auf beiden Seiten eine Erwartungshaltung auf – die Jungen fordern es, die Mädchen tun es –, die den Start ins Liebesleben vollständig verdirbt, für Mädchen *und* für Jungen. Dabei geht es um weit mehr als um sexuelle Praktiken, nämlich um das grundlegende Frauen- und Männerbild.

Jede Generation ist genötigt, das, was als sexuell üblich gilt, auch für sich selbst zunächst einmal als Orientierungsrahmen zu akzeptieren. Das war so, als jeder bis zur Ehe warten sollte. Das war so, als die 68er und die Aufklärungswelle dafür gesorgt hatten, dass junge Männer ungefähr wussten, was einen guten Liebhaber auszeichnet und Frauen ihre Lust entdeckten. Das ist heute so, wo bereits bei Grundschulkindern mitunter Begriffe wie »arschficken«, »blasen«, »abspritzen« und »notgeil« zum Vokabular gehören.

Mädchen drohen zu Objekten zu werden

Mädchen, die vor allem mit der Vorstellung aufwachsen, Sexualität sei etwas, was Jungen nach ihren Vorlieben bestimmen, was Männer körperlich befriedigt, aber Frauen nur in der Objektrolle vorsieht, sollten erfahren, dass solche Leitbilder vor wenigen Jahren, als es noch nicht überall Pornos gab, undenkbar gewesen wären. Denn es handelt sich dabei ja nicht um beide erfüllende und befriedigende Sexualität, um Ausdruck gemeinsamer Leidenschaft, sondern um sexuelle Ausbeutung. Der zweite Teil des Begriffs »Blowjob« zeigt es ja: Es geht um einen Job. Genau genommen geht es also um Prostitution.

Manchmal reden 11-, 12-, 13-jährige Mädchen, als seien sie auf dem Weg genau dorthin: auf dem Weg in die Prostitution. Ganz normale, romantische Mädchen, deren Sehnsucht missbraucht wird von Jungen, die ebenfalls missbraucht werden als Konsumenten einer florierenden Porno- und Sexindustrie. »Ich hab im Fernsehen gehört, Sperma schlucken ist gesund. Sind da Vitamine drin?«, fragte mich eine 15-Jährige.

Wir erleben eine neue sexuelle Revolution, die sich allerdings gewaltig unterscheidet von der zuvor: Die sexuelle Revolution der 68er war eine Freiheitsbewegung, die Liebe und Lust befreien wollte (mit Begleiterscheinungen, die durchaus kritisch zu sehen sind). Gegenwärtig findet die vollständige Kommerzialisierung der Lust statt. Das führt zu Gefahren: Das

- droht die Liebe zu verdrängen,
- führt zu einer Verrohung der Sexualität,
- macht beide Geschlechter zum Spielball einer gigantischen Geschäftemacherei,
- entwürdigt Männer und Frauen,
- verringert oder zerstört sogar ihre Fähigkeit zu subtilerem erotischem Erleben,

- entwertet »normalen« Geschlechtsverkehr,
- holt die ältesten sexistischen Klischees aus der Klamottenkiste,
- führt dazu, dass Frauen Sex wieder über sich ergehen lassen, statt ihn selbst zu genießen.

So drohen neue Standards, die wir nicht wollen können.

Pornodarsteller und -darstellerinnen als Vorbilder

»Junge Zuschauer eines Pornofilms identifizieren sich mit den Darstellern, die Sex von Berufs wegen praktizieren«, sagt Jacques Weinberg. **Der Mann als Superkerl mit gigantischem Penis, Waschbrettbauch, steroidgepäppelten, mühsam trainierten Muskeln, so wie seine Partnerinnen ohne ein einziges Körperhaar, und die Frau als williges Weibchen, das ihre Silikonbrüste und Genitalien entblößt, sich hinkniet, ihm After und Vulva entgegenstreckt und ruft: »Fick mich! Fick mich!« – das sind die Vor-Bilder, die sie von Männlichkeit und Weiblichkeit speichern.** Ja, das ist drastisch.

Die Welt der Pornos ist dabei, die Rolle von Mädchen und Frauen auf unvorstellbare Weise zu verändern, auch wenn sie selbst sich der Pornowelt weitgehend entziehen (was die allermeisten versuchen). Pornografie drängt Mädchen in die Rolle der ausschließlich Gebenden. Gerade weil das so gefährlich ist für die seelische Entwicklung vor allem der Mädchen, müssen Erwachsene sich eindeutig und nachdrücklich zu diesem Thema äußern.

Jungen werden durch Pornografie und Sexualisierung seelisch ganz ähnlich verletzt und ausgebeutet. Und wenn sie sich einigermaßen gesund entwickeln konnten, dann versuchen auch sie, diesen Bildern keine Macht über sich zu geben. Dann wollen auch sie wissen, was Liebe ist, wie Mädchen wirklich sind und wie sie mit einer jungen Frau glücklich werden können.

Mädchen und Jungen muss erklärt werden – zu Hause und in der Schule –, dass kein Paar beim Sex etwas tun muss, was es ekelhaft findet, sondern nur das, was beiden Lust bereitet. Was zwei als schön empfinden, können sie nur gemeinsam herausfinden. Für die meisten Menschen ist ganz »normaler« Sex erregend und befriedigend, das heißt, es gibt ein Vorspiel, ein Liebesspiel, das *beide* erregt, und dann legt sich der Mann auf die Frau oder die Frau auf den Mann, und sie nimmt seinen Penis in ihre Scheide auf.

Es geht nicht darum, sexuelle Praktiken zu bewerten, sondern darum, Kindern und Jugendlichen klarzumachen, dass das, was in Pornos zu sehen ist, nicht dem entspricht, was Erwachsene normalerweise beim Sex zusammen erleben.

Auch junge Erwachsene suchen neuerdings Rat

Können Sie sich vorstellen, dass Sie mit 18, 19 oder 20 Ihre Eltern gefragt hätten, welche sexuellen Praktiken normal sind? Unvorstellbar, nicht wahr? Heute passiert das. Nichts könnte besser beweisen, das etwas aus den Fugen geraten und die Verunsicherung riesig ist. Denn normalerweise erörtern junge Leute solche Fragen unter sich und suchen auf keinen Fall Rat dazu bei ihren Eltern. Junge Erwachsene in Berufsschulen fragen auch mich. Sie haben inzwischen oft so viele einschlägige Pornobilder im Kopf, dass sie wissen möchten, was »richtig«, was »normal« ist, was sie mit ihrem Partner, ihrer Partnerin machen »müssen« oder »dürfen«. Gehen Sie auf solche Fragen erwachsener Kinder ein! Sprechen Sie auch *ungefragt* darüber, was Pornografie grundsätzlich bewirkt, welche Gefühle sie auslöst, welche Probleme sie bewirkt. Diskutieren Sie darüber, warum Pornografie menschenverachtend ist und was es so schwer macht, über all das zu sprechen.

Vielleicht mögen Sie konkreter werden. Sie könnten beispielsweise sagen, dass orale Praktiken bei Liebesleuten zum Vorspiel gehören können, jedoch nicht nur einseitig, und dass die meisten Frauen es vermutlich nicht möchten, dass ihr Liebster ihnen in den Mund ejakuliert. Sie können auch sagen, dass es für viele Paare ein Ziel ist, gleichzeitig zum Orgasmus zu kommen, auch wenn das nicht immer klappt. Dass erfüllte Sexualität etwas mit seelischem und körperlichem Gleichklang zu tun hat und es deshalb auch sehr schöne Begriffe dafür gibt: »Liebe machen« beispielsweise.

»Pornografie empfinde ich als durchaus ambivalent. Sie kann mich erregen, aber beleidigt meinen Sinn für Ästhetik. Die Erregung findet quasi unter Niveau statt. So als würde man über einen dümmlichen Witz wider Willen doch lachen.«

Saskia, 29 Jahre

Medienerziehung ist heute ein wichtiger Teil der Aufklärung

Die Warnungen mancher Lehrer und Sozialarbeiter, die wie ich hautnah die Auswirkungen der zunehmenden Verbreitung von Gewalt- und Pornofilmen spüren, wurden lange verharmlost.

Inzwischen hat sich herumgesprochen, was alles auf Handys und iPods läuft, und dafür braucht man nicht einmal mehr einen PC. 1998 besaßen 8 Prozent der 12- bis 19-Jährigen ein Handy. 2006 waren es bereits 92 Prozent, und auch die 6- bis 13-Jährigen besaßen schon zu 44 Prozent eines. Und die kleinen Telefone sind zu Alleskönnern geworden. Zu Alleskönnern, die überaus diskret zu handhaben sind, buchstäblich hinter dem Rücken der Erwachsenen, die oft keine Ahnung von den vielfältigen Funktionen der Geräte haben und für die vielleicht schon die entsprechenden Begriffe rätselhaft sind. WLAN? Bluetooth?

Aufklärung bedeutet heute auch, Kinder und Jugendliche fit zu machen im Umgang mit den alten, vor allem aber mit den neuen Medien. Natürlich sind sie den Erwachsenen in der Handhabung meist ohnehin überlegen, aber die Wertung fällt in den Verantwortungsbereich von Eltern und Lehrerschaft.

Wichtig ist zunächst eine gesunde frühkindliche Entwicklung. Das heißt: Kinder sollten, bevor sie in die Schule kommen, so wenig wie möglich, am besten gar nicht fernsehen, da sie Fiktion und Wirklichkeit noch nicht unterscheiden können.

Eigene Aktivitäten, dazu gehört auch das Zuhören, wenn Geschichten erzählt oder vorgelesen werden, sind immer weitaus besser als eine noch so lehrreiche Sendung, weil sie dem Kind erlauben, sich selbst ein Bild zu machen, eigene Phantasien zu entwickeln. Wenn Kinder fernsehen, dann sollten sie das bis zum Ende der Grundschulzeit nicht allein, sondern mit Erwachsenen zusammen tun, die kommentieren und werten können, was zu sehen ist. Deshalb sollten Kinder auch auf keinen Fall einen eigenen Fernseher in ihrem Zimmer haben.

Wie sollen wir mit dem Internet umgehen?

- Staffeln und limitieren Sie die Zeit, die Ihre Tochter online sein darf nach ihrem Alter. Anhaltspunkte könnten sein: Eine Grundschülerin darf nicht allein ins Netz, eine 5.- und 6.-Klässlerin höchstens 30 Minuten täglich, 14- und 15-Jährige maximal eine Stunde. Wird die Zeit nicht genutzt, verfällt sie, sonst sitzt Ihre Tochter am Wochenende womöglich stundenlang vor dem Schirm. Natürlich spielt der Anteil der Nutzung für schulische Belange eine wichtige Rolle, und je älter Ihre Tochter ist, je größer ihr Problembewusstsein und ihre Medienkompetenz sind, umso unpassender sind starre Regelungen. **Zeitliche Begrenzungen sind aber zunächst wichtig, damit Ihr Kind sich nicht irgendwann mehr in der Welt des Netzes aufhält als in der Wirklichkeit.** Die entscheidenden Erfahrungen machen Kinder und Jugendliche mit Menschen, mit denen sie sprechen und die sie dabei sehen können, sonst droht ihr Einfühlungsvermögen zu verkümmern und ihre Gesprächsfähigkeit auch.
- Platzieren Sie den Rechner so in Ihrer Wohnung (beispielsweise im Flur, im Wohnzimmer, vor dem Küchenfenster), dass Ihre Kinder nicht ungestört im Netz unterwegs sein kön-

nen, sondern damit rechnen müssen, dass ihnen jemand über die Schulter schaut. Überlegen Sie bei der Anschaffung eines Rechners, ob ein Laptop in dieser Hinsicht günstiger ist oder nicht.

- Lassen Sie sich von einem Fachmann beraten und Filter einbauen, die für Kinder ungeeignete Seiten unzugänglich machen. Auf solche Schutzprogramme ist nur bedingt Verlass, aber sie sind besser als gar keine Vorkehrungen.
- Sagen Sie Ihrer Tochter, dass sie Seiten, auf denen es um Sex oder Gewalt geht, nicht nutzen darf und sofort wegklicken soll, wenn sie zufällig dort landet.
- Lassen Sie sich zeigen, wie Sie sehen können, welche Seiten Ihre Kinder im Internet geöffnet haben. Wenn Kinder wissen, dass das möglich ist, hilft ihnen das, Grenzen zu respektieren.

Chatrooms

Kinder und Jugendliche tummeln sich gern in Chatrooms, auf Plattformen und in Foren. Machen Sie Ihrer Tochter klar, welche Gefahren es dort gibt, dass Leute sich dort einschleichen und als jemand ausgeben können, der sie nicht sind, weil man in Chatrooms lügen kann, ohne ertappt zu werden. Schärfen Sie Ihrer Tochter ein:

- Alles, was sie im Internet von sich preisgibt, ob in Text- oder Bildform, steht dort womöglich für alle Zeiten.
- Sie darf niemals ihren wirklichen Namen, ihre Adresse, ihre Telefonnummer mitteilen, da ihr dann gefährliche Leute, die das Netz missbrauchen, auflauern könnten.

- Sie muss Sie oder andere vertrauenswürdige Erwachsene sofort verständigen, wenn ihr Mitteilungen im Chat merkwürdig vorkommen, insbesondere dann, wenn es um sexuelle Inhalte geht, um Sexfotos oder Beleidigungen.
- Dass es immer verdächtig ist, wenn deutlich ältere Männer Kontakt zu jungen Mädchen suchen.
- Sie darf sich nie ohne Weiteres mit einer Internetbekanntschaft zu einem Treffen verabreden. Sollte jemand oder sie selbst diesen Wunsch haben, muss sie Ihnen das mitteilen.

Handys

Handys verbinden Kinder und Jugendliche besonders intensiv miteinander, und sie nutzen sie auf vielfältige Weise zur Übertragung, Speicherung, Produktion und Wiedergabe von Musik, Spielen, Fotos und Filmen. Handys sind zurzeit *das* Medium der Jugendkultur. Wer nicht simsen und downloaden, wer nicht hören, schicken und schauen kann, steht sozial im Abseits. Ein Handy, möglichst ein Fotohandy, gewährt Kontakt, Prestige und individuelle Gestaltungsmöglichkeiten. Das Internet ist meist nur noch die Basis, von der Videofilme aufs Handy wandern. Von dort werden sie im Freundeskreis von Handy zu Handy geschickt, oder man guckt sie sich gemeinsam an. Zunächst waren es fast ausschließlich Jungen, die Gewalt- und Pornovideos über ihre Handys weiterverbreiteten, inzwischen sind solche Videos auch bei einer wachsenden Zahl von Mädchen angekommen.

Petra Grimm, Professorin an der Hochschule der Medien in Stuttgart, und Dr. Stefanie Rhein haben Handynutzung und -missbrauch unter Kindern und Jugendlichen erforscht und in ihrem Buch »Slapping, Bullying, Snuffing! Zur Problematik von gewalthaltigen und pornografischen Videoclips auf Mobiltelefonen von Jugendlichen« beschrieben: **Neben Pornovideos kursieren vor allem unter Jungen Videoclips, die Gewalttaten zeigen, zum Teil unvorstellbar grausame Gewaltakte:** Verstümmelungen, Folterungen, Selbsttötungen, Enthauptungen. Die Jungen haben selbst große Angst vor den Bildern, manche auch Angstlust, und sie spüren, dass sie sie nicht vergessen werden. Das Anschauen ist eine Mutprobe. Wer zeigt, dass er sogar das Allerschlimmste erträgt, erweist sich als cool. Cool sein, ungerührt bleiben – ich halte es nicht für einen Zufall, dass gerade das als erstrebenswert gilt. Kinder und Jugendliche könnten all die Schreckensbilder noch schlechter ertragen, wenn sie nicht trainieren würden, sie gar nicht an sich heranzulassen. Da man sich das Fühlen aber nicht nur teilweise abgewöhnen kann, verringern sie ihre Sensibilität insgesamt. Das passt zu der Feststellung von Kriminologen, dass jugendliche Gewalttäter immer erbarmungsloser geworden sind. Die Vermutung liegt nahe, dass das wiederum auch mit einer weiteren Handynutzung in Zusammenhang steht:

Handys als Kamera

Kinder und Jugendliche stellen mit ihren Handys selbst kurze Filme her. Relativ harmlos ist noch, was mir 12-jährige Mädchen nach einer Klassenfahrt erzählten: Da hatten Jungen ihr gemeinsames Onanieren gefilmt und es mit ihren Handys den Mädchen später vorgeführt. Härter ist schon: Wenn sich eine Schlägerei entwickelt, zücken Umstehende sofort ihre Handys und filmen das Geschehen. Mehr noch: **Schlägereien werden**

inszeniert oder sogar provoziert, um sie filmen und hinterher auf die Handys der Freunde schicken zu können. Manchmal landen solche Filme auch in Videoportalen im Internet, ein ewiger Pranger für die Opfer, denn es kann zwar jeder Filme ins Netz stellen, aber was dann damit geschieht, ist nicht mehr zu beeinflussen.

Grimm und Rhein haben etliche Fälle dokumentiert, in denen Kinder und Jugendliche andere körperlich verletzten, quälten, demütigten, vergewaltigten, um das Geschehen zu filmen und die Videos anschließend anderen zu zeigen oder zu senden. Grimm und Rhein berichten auch von dem Fall einer Schülerin, die von dem Jungen, an dem sie Oralverkehr vornahm, ohne ihr Wissen gefilmt und der Film weiterverbreitet wurde. Auch ich habe schon einige Male von Mädchen gehört, dass sie auf solche Weise Opfer geworden waren – immer auf dem Schulgelände, auch in Gymnasien. Keine hatte bis zu dem Gespräch mit mir bei Erwachsenen Hilfe gesucht. Auch in diesen Fällen ging es um sexualisierte Gewalt, um Oralverkehr und um eine simulierte Vergewaltigung, wobei das Mädchen festgehalten, ja, gefesselt wurde.

Mädchen können in mehrfacher Hinsicht Opfer von Handystraftaten werden:

- wenn sie sich dem Betrachten solcher Filme in der Gruppe nicht entziehen können,
- indem sie Porno- oder Gewaltvideos gegen ihren Willen auf ihr Handy geschickt bekommen,
- wenn ihnen (sexuelle) Gewalt angetan wird, um sie zu filmen und die Filme anderen zu zeigen oder ins Internet zu stellen.

Sie könnten aber auch zu Täterinnen werden, indem sie selbst verbotene Videos aus dem Internet herunterladen oder ins Internet stellen, indem sie verbotene Sex- oder Gewaltvideos verbreiten oder an deren Herstellung freiwillig mitwirken. Jugendliche, die Porno- oder Gewaltvideos herunterladen und verbreiten, machen sich strafbar ebenso wie jene, die Gewalt anwenden, um das per Handy zu filmen.

»Viele hatten keinerlei Unrechtsbewusstsein«, sagte der Staatsanwalt in einem Fall, der 2006 Schlagzeilen machte. Den hatten Schüler selbst ins Rollen gebracht – im beschaulichen Allgäuer Ort Immenstadt: Sie hatten sich über Videoclips mit Tierpornos und schlimmsten Gewalttaten auf Mitschülerhandys beschwert und über den Gruppendruck, sich diese Entsetzlichkeiten ansehen zu müssen. Eine Mutter informierte den Schulleiter, der wiederum schaltete die Polizei ein. Die Ermittler trauten ihren Augen nicht, als sie rund 200 Schülerhandys inspizierten, und schließlich landeten etliche 15- bis 17-Jährige vor Gericht, darunter zwei Mädchen.

Diese Vorkommnisse und ähnliche im nahe gelegenen Kaufbeuren führten zu einem Handyverbot an bayerischen Schulen. **Regeln für den Umgang mit Handys gibt es inzwischen wohl in jeder Schule. Aber das reicht bei Weitem nicht, denn oft geht es dabei nur um das Eindämmen von Störungen und Ablenkungen im Unterricht, und spätestens in den Pausen ist es mit dem Schutz dann vorbei.**

Sowohl die Schule als auch das Elternhaus müssen Kinder und Jugendliche über die strafrechtliche Situation informieren und ihnen moralische Maßstäbe für die Mediennutzung vermitteln und als Ansprechpartner in problematischen Situationen ausdrücklich zur Verfügung stehen. Und nur die Eltern können (aus rechtlichen Gründen dürfen Lehrer das nicht) und müssen kontrollieren, was für Material ihre Kinder auf ihren Handys haben.

Petra Grimm und Stefanie Rhein berichten, es sei vor allem die Sorge, von ihren Eltern erwischt zu werden, die Jugendliche davon abhalte, illegale Videos auf ihren Handys zu speichern. Die Wissenschaftlerinnen haben aber auch ermittelt: Nur 17 Prozent der Eltern erkundigten sich bei ihren Kinder nach Videofilmen auf ihren Handys.

Wie Sie Handymissbrauch vorbeugen können

Erklären Sie die Gefahren ausführlich und sprechen Sie mit Ihren Kindern darüber, was Selbstachtung und Würde und was der Respekt anderen gegenüber gebieten.

Manchen älteren Kindern und Jugendlichen macht es Spaß, Grundschulkinder mit Handyvideos in Angst und Schrecken zu versetzen. Deswegen müssen auch die Jüngeren gewarnt werden: »Wenn euch ältere Jungen oder Mädchen etwas auf ihrem Handy zeigen wollen, guckt es nur an, wenn sie nett und vertrauenswürdig sind. Wenn ihr merkt, das sind Bilder, die euch Angst machen, dann geht weg und sagt das sofort Erwachsenen. Das dürfen die Großen nämlich auf keinen Fall machen.«

Verbote allein greifen zu kurz, aber im Zusammenhang mit Handymissbrauch sind sie unbedingt nötig:

- Sagen Sie Ihrer Tochter, vor allem aber Ihrem Sohn klipp und klar, dass Sie Gesetzesverstöße auf keinen Fall dulden und das Handy in einem solchen Fall für lange Zeit von Ihnen eingezogen werden würde.

- Knüpfen Sie den Kauf eines Handys oder Ihre Beteiligung an den Handykosten an Zusagen Ihrer Kinder, nichts Verbotenes damit zu tun.
- Oder entscheiden Sie, kein Fotohandy zu kaufen.
- Kontrollieren Sie unregelmäßig und nicht vorhersehbar, was Ihre Kinder auf dem Handy an Fotos und Videos speichern, indem Sie sie bitten, Ihnen das zu zeigen.
- Erklären Sie solche Kontrollen damit, dass die mit dem Handy verbundenen Gefahren zu groß und Erwachsene verpflichtet sind, Kinder und Jugendliche davor zu schützen.
- Machen Sie sich mit den Funktionen der Handys so weit vertraut, dass Ihre Kinder Sie nicht hinters Licht führen können.

Zu bedenken ist dabei auch Folgendes: **Auch coole Jungs fürchten sich vor horrorartigen Gewalt- und Pornovideos.** Sie bieten ihnen durch Verbote und Kontrollen eine willkommene Möglichkeit, sich von all dem fernzuhalten, so gut es geht.

Jedes einzelne Schreckensbild kann langfristig schaden. Aber sicher spielt auch die »Dosis« eine Rolle. Je mehr Jungen und Mädchen erzählen, dass ihre Eltern ihr Handytreiben ansprechen und kontrollieren, umso größer ist die Chance, die Menge schädlicher Bilder zu beschränken, umso mehr wachsen aber auch Unrechts- und Problembewusstsein unter den Gleichaltrigen und die Angst vorm Ertapptwerden. Das bedeutet für die einen Furcht vor Strafen und für die anderen das Gefühl, geschützt zu werden und zu Recht Abscheu zu empfinden.

Das Handy ist für viele Mädchen und Jungen nicht nur ihr wichtigstes, sondern auch ihr intimstes Eigentum. Es ist Statussymbol und Ausweis persönlicher Lebensäußerungen und -gestaltung. Deshalb gilt es, die Handynutzung zwar entschlossen, aber doch mit großem Fingerspitzengefühl und nur bei handfestem Verdacht ohne Wissen der Kinder zu kontrollieren. Ein guter (aber keineswegs vollständiger) Schutz sind Handys, die bestimmte Funktionen (beispielsweise Bluetooth zum Datentransport von Handy zu Handy per Funk) gar nicht haben. Und: Erkundigen Sie sich bei den Mobilfunkanbietern nach speziellen Verträgen ohne Internetzugang für Kinder und Jugendliche.

Da Mädchen illegale Videos oft ohnehin ablehnen, müssen sie eher vor Verletzungen als vor Taten geschützt werden. Aber bei Söhnen kann Kontrolle dringend nötig sein. Wenn Sie erleben, dass Ihr Kind offen mit Ihnen über problematische Handyvorfälle spricht, sich verantwortungsbewusst verhält, gegebenenfalls Lehrer informiert hat (das ist kein Petzen!), dann werden Sie natürlich mehr Freiheiten zugestehen: vielleicht dann doch das Fotohandy, den Internetzugang, weniger Kontrolle. In jedem Fall aber gilt: Bleiben Sie am Ball! Benennen und erörtern Sie die Probleme immer wieder! Fragen Sie, fragen Sie nach!

Prävention in Schule und Elternhaus

Alle verantwortlichen Erwachsenen müssen an einem Strang ziehen! Voraussetzung ist, dass sich Eltern, Lehrer und Lehrerinnen über die Funktionen und Nutzungsmöglichkeiten neuer Handys und des Internets kundig machen.

In allen 5. und 6. Klassen und immer dann, wenn Vorkommnisse es sonst nötig machen, sollten Jungen von einem männlichen Lehrer und Mädchen von einer Lehrerin die wichtigsten

» DAS MUTTER-TOCHTER-GESPRÄCH «

»Vielleicht wirst du erleben, dass andere Mädchen, vor allem aber Jungen, Videofilme von Handy zu Handy schicken, dass sie in Grüppchen zusammenstehen, um sich einen Clip auf einem Handy anzusehen. Dagegen ist nichts zu sagen, wenn es erlaubte Filme sind. Verboten sind alle Sex-Filme und Filme, die Gewalt zeigen, egal ob sie aus dem Internet kommen, von einem anderen Handy oder ob sie selbst gefilmt werden. Das heißt, jeder der über 14 Jahre alt ist und solche Handyvideos zeigt oder schickt, kann vor Gericht gestellt und bestraft werden. Solche Filme sind deshalb verboten, weil sie großen Schaden anrichten. Schreckliche Bilder machen Angst, und man kann sie nicht vergessen. Sie können die Seele krank machen. Ebenso kann es einen krank machen, körperlich und seelisch, wenn man auf die eine oder andere Weise daran beteiligt ist, besonders gemeine Videos mit anderen Kindern und Jugendlichen zu filmen und zu verschicken oder gar ins Internet zu stellen. Das alles ist schlimmer, als du vielleicht denkst, und deshalb musst du mir oder einer Lehrerin, einem Lehrer sofort sagen, wenn du mitbekommst, dass so etwas in der Schule oder anderswo auftaucht. Auch wenn du nicht persönlich betroffen bist. Denn alle *sind verantwortlich dafür, Eltern und Lehrer. Aber auch Kinder und Jugendliche selbst müssen dafür sorgen, dass niemand Prügeleien beginnt oder irgendwelche Sexdinge, um sie zu filmen. Niemand darf durch Schreckensbilder gequält und geängstigt werden.«*

Fakten über Pornografie und Gewaltdarstellungen erfahren. Wenn das nicht von selbst geschieht, sprechen Sie das Thema beim nächsten Elternabend an. Wenn Ihnen das schwerfällt, können Sie dem Klassenlehrer, der Klassenlehrerin eine Weile vor einem Elternabend schreiben und darum bitten, das Thema auf die Tagesordnung zu setzen. Sprechen Sie mit Ihren Kindern auch zu Hause unbedingt über die im Info-Kasten auf Seite 361 genannten Punkte.

Medien sind weder gut noch schlecht – nur ihre Nutzung kann es sein

Handy und E-Mail, Internet, CD und DVD – all diese technischen Möglichkeiten sind bereichernd. Sie ziehen besonders Jugendliche in ihren Bann. Für alle kommt es darauf an, Medien sinnvoll und souverän zu nutzen, zur Unterhaltung, zur Bildung, zur Kommunikation. Erwachsene können dabei viel von der nachfolgenden Generation lernen, müssen deren technische Kompetenz jedoch in konstruktive Bahnen lenken.

Mein Tipp: Platzieren und installieren Sie Fernseher, DVD-Player und PC möglichst so, dass sie von allen oder mehreren Familienmitgliedern genutzt werden können. Dann ergibt sich das Reden über technische Möglichkeiten und Medieninhalte nahezu von selbst. Das ist nicht immer nur vergnüglich, sondern kann zu Konflikten führen und ist für Eltern längst nicht so bequem, als wenn die Kinder sich in ihr Zimmer zurückziehen und dort durch Medienkonsum »ruhig gestellt« sind. Dafür aber wird das Familienleben belebt und gestärkt und die Gefahr von schädlichem, oft auch süchtig oder einfach nur müde und schlapp machendem Medienkonsum drastisch gemindert.

info

Was Kinder und Jugendliche über Pornografie wissen müssen

1. Das Jugendschutzgesetz verbietet, dass Kinder und Jugendliche Pornografie und Gewaltdarstellungen zu sehen bekommen. Und zwar in jeder Form. Als Text, als Bild, als Film. Das hat früher ganz gut geklappt. Aber seit es Videos im Internet gibt und man Clips von Handy zu Handy schicken kann, klappt das nicht mehr.
2. Jeder, der Pornos oder Gewaltdarstellungen verschickt oder rumzeigt, macht sich strafbar. Wer über 14 Jahre alt ist, kann deshalb von der Polizei vernommen und vor Gericht gestellt werden.
3. Pornos sind für Kinder und Jugendliche schädlich, weil sie Sex auf gemeine Weise darstellen, oft auch brutal. In Wirklichkeit verhalten sich Männer und Frauen anders beim Sex, denn sie lieben sich normalerweise und wollen sich auf keinen Fall schlecht behandeln und wehtun, weder körperlich noch seelisch.
4. Pornodarsteller stellen das dar, wovon die Filmproduzenten sich Gewinn versprechen. Deswegen zeigen Pornos Sex möglichst reißerisch, so, wie er zwischen Liebespaaren nicht üblich ist. In Pornos gibt es aber gar keine Liebespaare. Das sieht man daran, dass die Darsteller sich nicht küssen, sich nicht umarmen, nicht zärtlich

miteinander sind. Es geht nur um Sex, um möglichst ungewöhnlichen Sex und um das Zeigen der Geschlechtsteile.

5. Pornos stumpfen die Gefühle ab. Das heißt, je mehr Pornos jemand guckt, umso härter müssen sie sein, damit der Zuschauer erregt wird. Das ist eine fiese Falle, denn je mehr Pornos jemand guckt, desto weniger aufregend kommt ihm die Wirklichkeit vor, Sex mit einer ganz normalen Frau, Sex mit jemandem, den man liebt und mit dem man deshalb gemeinsam etwas erleben möchte, was für beide schön ist.

6. Im wirklichen Leben sehen Menschenkörper anders aus. Frauen haben keine Silikonbusen und Männer keine Riesenpenisse mit Dauererektionen. Manche Bilder von Körperteilen in Pornofilmen sind nachträglich gefälscht worden.

7. Pornos führen zu völlig falschen Vorstellungen, deshalb machen sie Kindern und Jugendlichen auch häufig Angst. Das ist normal. Normal ist auch, dass sie sich vor Pornos ekeln. Das geht auch vielen Erwachsenen so.

8. Jugendliche, besonders Jungen, werden durch Pornos aber auch sexuell erregt. Um sexuelle Gefühle für schönere Situationen, für die Liebe zu erhalten, ist es wichtig, sich selbst zu schützen, wegzuklicken oder wegzugehen, wenn andere verbotene Filme auf Handys rumzeigen.

9. Gewaltdarstellungen machen Angst und sind genauso schwer zu vergessen wie Pornos. Beides kann die Seele krank machen.
10. Alle tragen Verantwortung dafür, dass keine Straftaten begangen werden, auch ihr selbst. Deshalb müsst ihr Erwachsenen mitteilen, wenn Pornos oder Gewaltdarstellungen rumgezeigt oder rumgeschickt werden.

Sexuelle Gewalt

Pornografiekonsum führt seit einiger Zeit verstärkt zu sexuellen Belästigungen unter Pubertierenden, hauptsächlich von Jungen an Mädchen. Besonders heikel ist für Mädchen, wenn in der eigenen Schulklasse Übergriffe vorkommen. Davon höre ich immer wieder: »Zwei Jungen klatschen uns immer auf den Hintern. Und einer checkt dauernd, ob man einen BH anhat, indem er am Ausschnitt zieht und von oben ins T-Shirt guckt.« »Einer kommt immer so von hinten an und drückt seinen Penis gegen meinen Hintern.«

Ob die stark gestiegene Anzahl Jugendlicher, die einer Sexualstraftat verdächtigt werden, mit dem Konsum von Pornografie- und Gewaltfilmen zusammenhängt, kann noch nicht eindeutig beantwortet werden. Bei Taten, die ausgeübt werden, um sie per Handy zu filmen, dürfte das der Fall sein.

Beängstigend ist, dass sich die Vorstellungen von Mädchen und jungen Frauen selbst über das, was normales sexuelles Verhalten ist, verschoben haben, denn Sexualstraftaten werden meist nicht von einem Fremden verübt, sondern finden in einer Beziehung statt. Das wiederum führt dazu, dass viele solcher Straftaten nicht angezeigt werden. Was wir sicher wissen, ist: Straftaten gegen die sexuelle Selbststimmung haben 2007 um 7,8 Prozent zugenommen. Und: Mädchen und junge Frauen zwischen 14 und 21 Jahren sind laut Kriminalstatistik weitaus am stärksten gefährdet, Opfer einer solchen Straftat zu werden.

In ihrer repräsentativen Wiederholungsbefragung zum Thema Jugendsexualität der Bundeszentrale für gesundheitliche Aufklärung von 2006 wurde gefragt: »Hat ein Junge/Mann schon einmal versucht, Sie gegen Ihren Willen zu Sex oder Zärtlichkeiten zu bringen, indem er Sie unter Druck gesetzt hat?« 13 Prozent der befragten 14- bis 17-jährigen Mädchen antworteten mit »Ja« (und 3 Prozent der Jungen auch). Von den sexuell erfahrenen Mädchen dieser Altersgruppe hat sogar fast jede Vierte, nämlich 22 Prozent, eine solche Erfahrung gemacht. Von den Mädchen, die ihren ersten Sexualpartner kaum oder gar nicht kannten, waren es noch mehr: Da hatten 37 Prozent schon sexuelle Gewalt abwehren müssen. Nur etwas mehr als die Hälfte der Mädchen (62 Prozent) konnte die Situation meistern, ohne dass es zu sexuellen Handlungen kam.

Aufklärung ist die beste Vorbeugung

Mädchen, die mit einem Jungen, den sie nur flüchtig oder gar nicht kennen, Zärtlichkeiten austauschen, laufen Gefahr, sexuell bedrängt zu werden. Auch unter diesem Gesichtspunkt ist es überaus wichtig, dass ein Mädchen im Voraus klar entscheidet, wie weit sie gehen will. Denn wenn ihre Gefühle widersprüchlich sind, ist das Risiko groß, Druck nachzugeben, ohne es eigentlich zu wollen. Besonders kritisch sollte ein Mädchen sein, wenn sie sich mit einem deutlich älteren Jungen oder Mann trifft. Dann kann sie leichter in eine unterlegene Position geraten und womöglich zusätzlich Angst bekommen, sich als »kleines Mädchen« zu blamieren. **Sagen Sie Ihrer Tochter, dass die Übergänge zwischen Verführung und Nötigung manchmal schwer zu bestimmen sind.** Selbstverständlich muss für ein Mädchen sein, dass sie sich mit einem Jungen oder Mann, den sie nicht so gut kennt, dass sie ihm absolut vertrauen kann, nicht an Orte begibt, die sie nicht jederzeit aus eigener Kraft verlassen kann: Keine Besuche in Wohnungen, in denen sonst niemand ist! Keine Ausflüge an abgelegene Orte!

Ihre Tochter sollte wachsam sein und unbedingt bereit, sich im Notfall entschlossen zu wehren. Ob Berührungen durch Fremde in einem gedrängt vollen Bus, ob verbale oder körperliche Angriffe durch Mitschüler oder Berührungen gegen ihren Willen durch einen Freund, Verwandten oder irgendjemanden sonst – sie sollte auf der Stelle Krach schlagen, andere um Hilfe bitten und sich so schnell es geht in Sicherheit bringen. Vielleicht hat Ihre Tochter Lust, an einem Selbstverteidigungskurs teilzunehmen. So ein Training stärkt das Gefühl, sich von niemandem etwas Unrechtes gefallen lassen zu müssen. Wehrhaftigkeit (auch eine Trillerpfeife, mit der ein Mädchen im Falle eines Falles mächtig Radau machen kann, oder Pfefferspray) vermindert Ängste und verringert das deprimierende Gefühl, Jungen und Männern den öffentlichen Raum überlassen zu sollen, um nicht in Gefahr zu geraten.

Sagen Sie Ihrer Tochter auch, dass *jeder* Verstoß gegen die sexuelle Selbstbestimmung eine Straftat ist und angezeigt werden sollte. Die gesamte Gesellschaft muss das Grundrecht auf körperliche Unversehrtheit und sexuelle Selbstbestimmung verteidigen, damit Kinder, Frauen und Männer sicher leben können.

Fragen und Antworten zu Pornografie und Sex

Frage: Werden Pornos gezeigt, damit wir lernen, wie man Sex macht?

Dr. Schoonbrood: Nein. Pornos werden gezeigt, weil man mit Pornos viel Geld verdienen kann. Wer Kinder und Jugendliche über Sex aufklären will, würde ihnen niemals einen Porno zeigen, denn da fehlt ja immer das Entscheidende: die Liebe, die Zuneigung, der Respekt, die Gleichberechtigung beim Sex.

Ficken muss ziemlich wehtun. Die Frauen schreien ja manchmal.

Wenn ein Paar sich liebt, ist Geschlechtsverkehr etwas Schönes. Dann stöhnen die beiden, weil sie Lustgefühle haben. So wie man juchzt, wenn man sich freut. Stell dir vor, ihr bekommt eine Klassenarbeit zurück. Du klappst das Heft auf und siehst: eine Eins. Dann rufst du: Ahhh! Wow! Super! Dann stöhnst und schreist du aus Freude, aus Vergnügen und nicht, weil dir etwas wehtut. So ähnlich ist das auch beim Sex.

Ist Sperma gesund?

Sperma ist eine ganz besondere Körperflüssigkeit, denn darin schwimmen ja die männlichen Samen, die eine weibliche Eizelle befruchten können. Sperma ist genauso gesund oder ungesund wie andere Körperflüssigkeiten, wie Speichel, Scheidensekret, Tränen. In Körperflüssigkeiten können sich aber auch Erreger von Krankheiten befinden. Deswegen ist beim Geschlechtsverkehr ein Kondom so wichtig, auch wenn man die Pille nimmt. Ein Kondom sollte auch immer über den Penis gezogen werden, bevor man ihn womöglich mit dem Mund berührt. Dabei ist allerdings als Erstes die Frage zu stellen: Möchte ich das überhaupt? Ein Mädchen möchte das meistens nicht und sollte das dann auch nicht tun. Schon gar nicht, wenn sie das Gefühl hat, der Junge verlangt das einfach mal so, weil er das in irgendwelchen Pornos gesehen hat.

Abends sind im Fernsehen Frauen mit ganz dickem nacktem Busen, die sagen »Ruf mich an«. Mein Bruder sagt, die machen Telefonsex. Wie soll das denn gehen am Telefon?

Du hast ganz recht. Am Telefon kann man keinen Sex haben, aber man kann über Sex sprechen oder stöhnen, so als hätte man Sex. Manche Männer finden das erregend und bezahlen die sehr teuren Telefongebühren, damit die angerufene Frau irgendwas über Sex sagt und stöhnt. Die Frau findet das nicht erregend. Sie macht das, um Geld zu verdienen. Im Fernsehen gab es mal einen Film über Telefonsexarbeiterinnen. Da konnte man sehen, was die in Wirklichkeit machen, wenn sie mit Kunden telefonieren. Eine bügelte dabei, eine andere kochte. Die spielen den Anrufern also nur etwas vor.

Ist ein Dildo so was Ähnliches wie ein Tampon?

Nein. Ein Dildo ist ein Gerät, mit dem sich Frauen selbst befriedigen können. Es hat ungefähr die Form eines Penis und kann meistens mit Hilfe einer Batterie und eines Schalters in Bewegung gesetzt werden. Wenn die Frau den Dildo in die Scheide steckt und anstellt, soll sich das so ähnlich anfühlen wie Geschlechtsverkehr.

Nutten sagen immer: »Fick mich! Ich bin so geil!« Haben die am meisten Spaß am Sex? Mehr als andere Frauen?

Nein, denen macht Sex überhaupt keinen Spaß, die tun nur so. Nutte ist ein anderes Wort für Prostituierte, und Prostituierte verkaufen ihren Körper, verkaufen Sex. Und weil es Männer, die zu Prostituierten gehen, mehr erregt, wenn die Frauen so tun, als ob sie selbst auch Lust dabei empfinden, spielen sie das den Männern vor. Genauso wie die Frauen in den Pornofilmen.

Meine Freundin sagt: Wenn man mit einem Jungen Sex macht, bis er kommt, verliebt er sich in das Mädchen. Stimmt das?

Ein Orgasmus ist kein Beweis dafür, dass Liebe im Spiel ist oder Liebe daraus wird. Es ist nicht mal ein Beweis dafür, dass das Mädchen sexuelle Dinge besonders gut kann, denn es gibt ja auch Selbstbefriedigung. Gemeinsamer Sex kann einen Jungen und ein Mädchen aber womöglich tatsächlich enger aneinander binden. Und deshalb ist es gut, wenn sie sich vorher überlegt haben, ob sie das möchten und was es für sie bedeutet.

Register

Hervorgehobene Seitenzahlen verweisen auf den Haupteintrag wichtiger Begriffe.

Bildnachweis

CC Vision: 20/21, 150/151

Fancy: 218/219

Goodshoot: 74/75

PhotoDisc: 178/179, 266/267, 326/327